◎ 著

新价值论

中国出版集团有限公司
China Publishing Group Co., Ltd.

研究出版社

图书在版编目 (CIP) 数据

新价值论 / 李德顺著. -- 北京 : 研究出版社,
2022.5
ISBN 978-7-5199-1242-0

Ⅰ.①新… Ⅱ.①李… Ⅲ.①价值论(哲学) – 研究
Ⅳ.①B018

中国版本图书馆CIP数据核字(2022)第075335号

出 品 人：赵卜慧
出版统筹：丁　波
责任编辑：范存刚

新价值论

XIN JIAZHI LUN

李德顺　著

研究出版社 出版发行
（100006　北京市东城区灯市口大街100号华腾商务楼）
北京云浩印刷有限责任公司印刷　新华书店经销
2022年5月第1版　2023年3月第2次印刷
开本：710毫米×1000毫米　1/16　印张：20.75
字数：284千字
ISBN 978-7-5199-1242-0　定价：68.00元
电话（010）64217619　64217652（发行部）

国家治理研究丛书编委会

目　录

导言
永恒的诱惑

说起"价值",大概不少人都会有一种似曾相识、既熟悉又陌生的感觉。说对它熟悉,是因为它是与人类同时产生的,古老得不能再古老了;还因为我们每天都会听到它、说到它、接触它,它对我们来说,又是现实得不能再现实了。说对它陌生,是因为它似乎刚刚在不久前才进入我们的意识和语汇的中心,风起云涌的各种"价值热"显得新鲜而又新鲜;还因为我们虽然越来越频繁地谈论这个"价值"、那个"价值",但我们若认真地思考起来究竟什么是"价值",却又感到多少有些茫然,它显得那么抽象而又抽象……

既古老又新鲜,既现实又抽象,这就是"价值"带给我们的印象。当我们把目光对准它,想要把这种印象中的矛盾统一起来,想要看透其中的奥秘的时候,我们就在走一条使自己的深层意识觉醒之路,就已经开始追求我们人类的"追求之谜"了。

一、上帝的禁果和人类的原罪

人类关于"价值"意识的觉醒,可以追溯到《圣经》中那个古老而又神秘的故事发生的时代。

伊甸园的故事

基督教《圣经》之首——《旧约全书》的"创世纪"篇中想到,耶和华上帝创造了世界万物，也创造了人。然后——

耶和华上帝在东方的伊甸建了一个园子，把他造的人安置在那里。

耶和华上帝使各种各样的树从地里长出来，不仅使人悦目，树上的果子也可作为人的食物。园中又有生命之树和分辨善恶之树……

耶和华上帝将那人安置在伊甸园，让他修理并看守它。

耶和华上帝对他说，园中各种树上的果子，他可以随意吃。只是分辨善恶之树的果子，他不能吃，因为吃了以后，他必定会死。

我们知道，上帝造的第一个人，是个男人，名叫亚当。上帝怜悯亚当孤独，就用他的一根肋骨又造出一个女人，名叫夏娃，给他做妻子。

亚当和夏娃吃着生命之树的果子，做着上帝要他们做的事，生活过得很平静，没有死亡的威胁，也不知道世上有罪恶，无忧无虑……

可是有一天，狡猾的蛇来诱惑人了。蛇向女人提出了一个极富挑战性的问题——

蛇对女人说：上帝说过你们不能吃园中所有树上的果子吗？

女人说：园中树上的果子，我们可以吃，只有园中央那棵树上的果子，上帝曾经说过，我们不能吃，也不能摸，否则，我们会死。

蛇说：你们不一定会死。因为上帝知道，你们吃了以后，眼睛就明亮，你们会和上帝一样知道善恶。

于是，女人看到那棵树上的果子，又好看，又可爱，能使人有智慧，就摘下来吃了。她又把果子给了她的丈夫，丈夫也吃了。

偷吃了分辨善恶之树的果子以后怎样，大家都知道。结局是十分矛盾而又悲壮的：一方面，蛇没有说错，亚当和夏娃并未马上死去，反而眼睛明亮，知道善恶了。他们首先产生了羞耻之心，看见彼此裸露的身体就想到要遮盖起来。可是另一方面，上帝却震怒了，将亚当和夏娃逐出了伊甸园。从此以后，人类便有了生的痛苦、活的艰难和死的归宿，再也不能享受那天堂乐园中无知无识、无忧无虑的生活。这便是世俗的人类历史的开端，是这部既悲惨又辉煌、由人类为自己的生存和发展而付出和获得的一切构成的历史源头。

"禁果"的真情

如果你相信《圣经》和上帝，那么面对上面这个既庄严又哀婉的故事，你会想到什么？

也许，你会为祖先由于一念之差使人类失去了天堂乐园而惋惜；

也许，你会觉得上帝像一个心胸狭隘、专横粗暴的老人，为他给予人类如此严酷的惩罚而感到不平；

也许，你正在陷入沉思，力求使自己从"蛇的诱惑"这一暗示中得到道德上的启迪；

也许，当然这是更可能的，你对这个故事不以为然：神话毕竟是神话，甚至是迷信，何必当真！

…………

千百年来，人们为了弄懂这个故事包含的深奥启示，有过各种各样的解释，有宗教的、哲学的，也有历史学的、文化学的、人类学的和伦理学的解释，所说的远不止上述这些。

但是不论怎样，对我们来说，有一点是必须首先明确的，就是要用科学的态度来对待这个故事和《圣经》。我们既不会像天真的孩子那样对一切故事完全信以为真，也不会像虚无主义者那样对各种文化一概嗤之以鼻。

《圣经》，尤其是它的这个故事，与其说是神话，倒不如说是一部富有哲理的、形象化的历史反思录。它是在一定历史条件下，人类对自己的历史和前途、本性和命运的一种反思。虽然上帝并非真的存在，伊甸园的故事也毕竟是出于想象，但是这个故事告诉我们的却是一个真实而深刻的道理：追求价值是人类的本性；而追求和创造价值的历程，则是现实人类生活（由智慧与无知、成功与失败、欢乐与痛苦、光荣与罪恶交织起来的生活）的真谛。

善与恶，就是后来所说的"价值"中最典型的代表。道德上的善恶、功利上的利弊得失、审美的美丑雅俗等，在哲学上都属于价值。伊甸园中的分辨善恶之树，后人又称它为"智慧之树"，其实就是"能知好坏之树"或"通晓价值之树"。这种树及其果实，象征着认识和掌握价值的能力。

伊甸园中那条蛇，象征和代表着人的本性中的欲望。人生而具有血肉之躯，就会产生各种需要和欲望。在欲望的驱使下，人能够干出各种明智和不明智之举。夏娃和亚当被蛇诱惑，其实就是抵御不住自己内心欲望的驱使，干出了违背上帝意志的事。

上帝绝非一位心胸狭隘、专横粗暴的老人。理性地认识上帝，我们不妨把他看作信仰者心目中人类最高智慧和人世间最高真理、最强力量的化身。《圣经》中记述的上帝的意志和一切言行，可以看作是产生《圣经》的那个时代的人们悟出的关于宇宙和人生的最高知识的表述。

那时的人类比我们现在有更多的认识局限，所以他们塑造的上帝，在我们看来有许多不合情理和难以理解的表现。这并不奇怪，也不影响我们对故事本身的思考。

上帝为什么要把分辨善恶之树的果子列为"禁果"呢？吃了它会分辨善恶，通晓价值，知道好坏，这难道不好吗？上帝无疑是爱自己的儿女——人类的，那么，为何亚当和夏娃偷吃了禁果，他们就要遭受如此严厉的惩罚呢？问题就在这里。

按照《圣经》的说法，原来情况是这样的：当人被上帝创造出来的时候，他的面前摆着两条不同的道路——

一条是慈爱的上帝希望给予人的、伊甸园的生活道路。在这条道路上，一切都由上帝按照最佳的选择安排好了。上帝爱人，知道善恶，无所不能，他给人提供一切善的价值，使人不受任何罪恶的侵扰。人只要以上帝为唯一的最高目的，不超越上帝规定的任何限度，便可以世世永生，无忧无虑，幸福美满。

另一条则是上帝不希望的，然而却由人自己选择的尘世的生活道路。在这条道路上，人受自己的本性和欲望的驱使，想要像上帝一样自己把握价值，然而却不能摆脱死亡，并且增加了生的痛苦、活的艰难。人类世世代代都注定要在生与死之间挣扎，为自己的生存发展奔波劳碌，甚至产生冲突。在饱受种种磨难和考验之后，人重新认识了上帝的伟大之爱和智慧，才能在死后重返乐园和天堂。

这后一条道路，也就是"原罪"的道路。

基督教的教义告诉我们，亚当和夏娃所犯的罪是"原罪"，意指人类最初犯的、根本性的错误，人类世世代代从出生起就负有其罪。由于"原罪"，我们人类才有了自己的世俗史。不然的话，也许人类至今仍生活在天堂般的伊甸园中，过着无知无识、无忧无虑的宁静生活，如今世上的一切麻烦都不会出现。

把两条道路加以比较，我们就可以理解"上帝的苦心"（其实也就是人自己事后的省悟）了。上帝并不是不愿让人也和他一样具有分辨善恶、通晓价值的智慧，而是不愿让人类受苦。他知道，一旦人类开始自己去寻求价值、创造价值，伴随而来的并不仅是智慧、功绩、光荣和欢乐，必然还有放纵、迷惘、欺诈、倾轧、堕落，以及一切罪恶和痛苦。可见，上帝对人的处理、残酷惩罚并非其本意，而是不得已地"顺其自然"罢了。

"原罪"仍在继续

如此理解《圣经》中的故事，即可以把它看作人们对自己价值生活经验的一种体会和省悟。正是由于这种省悟，尚处在幼年的人类才创造出伊甸园那样的神话，以此来表达自己的愿望。

当然，愿望毕竟是愿望。人类不可能再退回到亚当夏娃的时代，不可能再重新选择了，只有沿着一条道路走下去。

况且，亚当和夏娃选择这条道路也是必然的。因为事实上人并非是上帝创造的，而是人类自己依靠劳动从自然界中诞生的。伊甸园式的现成的美满生活从未有过，人类从一开始走的就只有一条路——自己满足自己的需要，依靠自己的能力去分辨善恶是非，去创造价值。

于是，"原罪"就是整个人类永远无法摆脱的本性之"罪"、人类独立之"罪"、人类智慧和创造之"罪"、人类自由之"罪"、人的价值之"罪"！

于是，人类就有了比不死的生命更重要的追求，这就是独立、自由、正义、幸福、真理和智慧——人类向往的价值；人类就有了比死亡更不能忍受的痛苦，这就是无知、愚昧、贫乏、丑恶、不自由和无所作为——人类鄙弃的负价值、无价值。

价值，对人类来说是永恒的诱惑、永恒的追求！

人类生存发展到今天，已有几百万年。而"原罪"的表现及其后果似乎并未减弱，反倒强化了。如果说，在进入近代文明社会以前，人类还主要是寻找和种植"生命之树"（人类生存发展需要的一切价值的源泉），依靠自己的劳动获得物质的和文化的价值。那么，进入文明社会以来，人类的部分思考（哲学的目光）已经越来越明显地朝向了那个"分辨善恶之树"本身——人们想要从根本上解决价值究竟是什么的问题，而不是仅获得和享用它。人们想要建立关于价值的一整套科学的理论和方法，培植起自己的"分辨善恶之树"，让人吃了它的果子就心明眼亮，而不是只在价值的山路上埋头拉车……

这种对"分辨善恶之树"的胆大妄为的觊觎，表现在古今中外不少学者的身上，就是试图建立关于价值的理论。特别是近百年来，这种努力已成为哲学上的一股强大的潮流。世界上相关的著作、会议不胜枚举，它带来的理论收获和思想混乱也是空前的。困惑和发现、共识和分歧、沟通与辩论交织在一起，又一次显示了精神领域探索"原罪之路"的艰难。

在我国，解放思想、实事求是和改革开放的强劲东风也吹醒了理论界，他们有了大胆求索的科学意识。许多人开始探讨"分辨善恶的智慧"这个人类之谜。他们不畏"原罪"的重负，力图用自己的观点、方法和语言回答有关价值的各种问题，在中国这块土地上培植起自己的"分辨善恶之树"或"通晓价值之树"。

和世界上不少国家相比，我国这方面的研究起步甚晚。目前，这里才刚刚埋下种子，最多能算是初发嫩芽，离长成参天大树尚有漫长的时日。不过可以确信，经过人们辛勤的耕耘和精心培植，又有中国大地上蓬勃发展的社会实践和 14 亿人民智慧的土壤，这片嫩芽终究会以不可遏止之势成长起来，成为中华民族新的精神瑰宝。

二、哲学谱系上的新分支

在我们的生活中，哲学曾经很受重视。自 20 世纪 50 年代以来，由于曾多次掀起的学哲学的热潮，人们对哲学已经有了相当广泛的了解，人们对不少原理和结论耳熟能详。但是，唯独对于价值论这一哲学基础分支，人们却很少听说。甚至一些多年从事哲学专业的人，对它的性质、地位、意义如何也不甚肯定。

其实，哲学价值论领域的形成，不仅对哲学本身来说是一个重大的结构性发展，而且这意味着人类思维对现实世界的认识，朝着与人类命运密切相关的方向又一次大幅度地迈进。

这就涉及对哲学的理解。

完整的哲学包括什么？

说起什么是哲学，人们会立刻告诉你："哲学是系统化理论化的世界观和方法论。"那么如果再进一步提问，从其组成部分来看，哲学究竟包括哪些内容？人们的回答可能就不尽相同了。

哲学本身的内容和它的历史形态，是不断发展变化着的，也可以从各种不同的角度去理解哲学理论体系的结构和组成部分。但是，正如人体的构造是多方面的，并且也在千百万年中逐渐变化着，但总归有一定的基本构造和形态，否则便不是完整的、现实的人体一样，完整的世界观方法论体系也有它最基本的组成部分和逐渐完整的构造。

从现代的观点来看，划分和确定一种哲学理论体系的结构，主要有三种不同的角度或逻辑标准。简要地说，它们是：

（1）按对象领域划分。"哲学是自然知识、社会知识和思维知识的概括总结。"据此，一个完整的哲学体系就包括自然观、社会历史观和思维观三大方面。

（2）按元理论分支划分。迄今为止，整个人类在哲学上已经形成的元理论分支在国际上通常被概括为三大方面的基础理论：存在论、意识论、价值论。

（3）按学说立场、观点的派别划分。这样的分类就有许多种，如唯物主义和唯心主义、经验主义和理性主义、科学主义与人本主义等，数不胜数。但这是最现实的也是综合的划分角度。通过这种划分角度，我们可以具体地判断一种哲学的性质和倾向如何。

上述三种划分角度都有其相对独立性。但是在实际的哲学理论中，三者总是结合在一起、彼此不可分割的。以马克思主义哲学（这是按派别划分的名称）为例，它的完整形态必然要有自己（按对象领域划分）的自然观、历史观和思维观，同时也要有自己（按元理论分支划分）的存在论、意识论、价值论。把它画成一个图表，也许会更清楚些（见表1）。

表1　哲学体系的基本结构

	自然	社会历史	思维	马克思主义哲学
存在论				唯物论、辩证法
意识论				能动的、全面的反映论
价值论				马克思主义价值论
一般哲学结构	自然观或 自然哲学	历史观或 历史哲学	思维观或 精神哲学	实践的唯物主义

对哲学上各种问题的研究，都可以在这个框架中找到它们的位置。各种线索的接合部或交叉区是产生各种理论的空间，并且这些理论在历史地变化着。

在这个图里，价值论成为哲学元理论（即最具普遍性的基础理论）层次上的一个分支。元理论是任何哲学都不能没有的结构，没有元理论就不可能成为哲学。而元理论结构不完整，则意味着哲学基础理论体系不完整，即世界观和方法论上存在着重大空缺。

那么，关于价值的理论原本是人们比较陌生的，今天它何以在哲学上占有了如此重要的地位，它又是怎样在人们未曾注意到的情况下形成的？这是一个非常有意义的重要问题。

分解后的综合

简单回顾一下哲学的历史，有助于理解价值论是个怎样的分支。

大家知道，人类历史上最初产生的科学只有一门，就是哲学（"爱智慧"）。那时的哲学，其实是当时人们获得的全部知识的总汇。关于天地、万物、人生，所有那些很有限的知识都集中在一起，叫作哲学。古希腊的哲学家曾对这个知识总汇做过粗略的划分，把它们分为"关于世界存在的知识""关于精神事物的知识"和"关于人世生活的知识"。

后来，随着生活实践的发展和科学知识的增长，作为唯一科学和知识总汇的哲学逐渐分化了。具体科学，特别是自然科学学科一个个独立出去了。原有的三个部分都发生了具有历史意义的变化。哲学本身的"领地"似乎越来越少，但它的学科特色却越来越鲜明、理论层次越来越高。

"关于世界存在的知识"，各门自然科学瓜分了它的全部实证领域。天文学、地质学、物理学、化学、生物学、医学等一个个宣布独立，给哲学留下的只是一个最抽象的领域——存在论，意为"关于存在的理论"。存在论最初是思考世界本原问题的理论，后来发生了很大的变化。在马克思主义哲学中，存在论是关于现实世界共同本质和客观基础的理论，即物质观。

"关于精神事物的知识"也有同样的经历。首先是逻辑学，即关于思维的形式和规律的科学独立了。现代逻辑学已经脱离了哲学母体，成为一门有庞大分支系统的形式科学。到了21世纪初，心理学也分化出去了，成了介于自然科学与人文科学之间的一门独立科学。"关于精神事物"的哲学理论，在17—18世纪被命名为"认识论"或"知识论"，表明它已演化成为一个关于人类知识的理论领域，目前它仍处在新的分化和组合的过程之中。

与前两方面的知识相比，"关于人世生活的知识"发生的变化要更复杂、更缓慢。一方面，这里同样出现了具体的社会科学从哲学母体中独立出去的过程。有关历史、经济、政治、艺术、法律、宗教和日常生活的知识，很早就分别具有了专门的理论形式，同仅作为一般历史观的哲学有所区分了。今天的经济学、政治学、法学、历史学和社会学等，就是这样从哲学中分化和独立出来的。

另一方面，关于人世生活的各方面知识和科学之间，又呈现出一种割不断的综合化趋势。这一点以伦理学和美学的发展最为明显。伦理学和美学至今仍是未能割断哲学母体"脐带"的两门具有独立性的学科。它们的共同特点是比其他社会学科有更高层次的理论抽象性和普遍性。伦理学研究人与人之间的伦理道德关系，"善与恶"是它的基本范畴。美学则研究人在一切关系上的美感现象和审美过程，"美与丑"是它的基本范畴。二者的覆盖面都极广，并且越来越需要同哲学的元理论相联系。

古代的伦理学和美学基本上是"规范伦理学"和"规范美学"，即注重说明和解释现实中"什么样的事物是善的、美的，什么样的事物是恶的、丑的"，致力于建立各自的规定和说明体系。随着这两门学科的发展，它们都先后遇到了各自的元理论问题，即美和善的"本质究竟是什么，它的根据和标准在哪里"等这类更深层次的问题。于是，在美学界，18世纪就有人提出"美学是关于审美价值的学说"；在伦理学界，则在20世纪初就开始步入了"元伦理学"研究的新时代。元伦理学的一种主张，就是把道德关系看作一种价值关系，认为善就是一种价值。由于元伦理学把价值论看作伦理学的元理论，对它做了较有声势的渲染，所以至今仍有人认为，价值论属于伦理学的领域。

事实上，美学和伦理学向自己的"元理论"层次的进军，也就是它们向哲学的回归。价值问题不仅在美学和伦理学中存在，在经济学、政治学、法学、社会学和历史学等其他社会科学门类中也都普遍存在价值问题。只不过长期以来，有关价值问题的思考和观点一直以"潜台词"的方式，或在各学科中分散地讲述着罢了。如今，随着美学，特别是伦理学在理论上做的工作，价值问题才被明确地集中起来、突出出来。而能够以较完整、普遍的方式对它加以研究和回答的，只有哲学。

于是，哲学中的这个重要的基础理论分支——价值论，就这样于20世纪初正式形成了。它比它的"兄弟分支"——存在论和认识论，晚出生了2—3个世纪。

三、面对人自己的挑战

价值论正式产生的过程，同"价值"本身在人们心中的印象一样，都说明了一个道理：越是在日常生活中和人们关系密切、须臾不离的东西，人们越是容易对它习以为常，熟视无睹。造成的结果是人们对它常常知道得最少、发现得最晚、看法最不容易一致。这是为什么呢?

显然，这与人的主体自觉性和自我意识能力有关。中国的老百姓曾发明了"手电筒——照人不照己"和"台风眼""灯下黑"这类语汇来描述这种现象。台风眼是指台风的中心，它处于狂暴气流旋涡的中心，本身却极其平静，而且阳光明媚。灯台和烛台是带来光明的物体，而它们本身却和手电筒一样难以被照到。

价值，正是人自己处于中心地位的一种关系状态，所以很容易形成这样一种情况：在人看来，属于价值方面的问题，似乎和其他科学中的问题一样，都只是弄清对象、外界物、客体本身的情况，然后让它们为人服务的问题；而在人自己这方面，则一切都是不言而喻的、无妨大局的和无须分辨的。既然如此，人们也就长期让价值问题处于"潜台词"的地位，而把注意力放在研究外物、研究各种具体规范上面去了。

然而，随着各门科学的一步步深化，也随着哲学关于人的主体性地位及其影响的发现，人们终于意识到，凡是属于价值这一类的问题，人类面对的挑战，主要不是来自客体、外界物、人以外的任何对象，而恰恰是来自人本身。

在以后的叙述里，我们会有很多例子说明价值或"好坏"问题的复杂性、特殊性。细心而善于思考的读者不难发现，所有的复杂性和特殊性表现都有一个共同特点：与人自己有关。而我们探究复杂性的思路，也是要从"价值"本身走到"人""主体"的问题上来。

请看，正是，也仅仅是在一切有关价值的问题上，才总是存在着

"因人而异"这种不能排除的普遍现象。也就是说，凡是价值问题，都有一个共同的特点：它的产生、消失、矛盾、冲突和变化，总是主要源于、依赖于作为主体的人这一方，而不是客体一方。

例如，没有人的一定需要和相应的能力，任何物的存在和属性也不构成价值。"水火无情""物本无美恶"，离开了人对它们的需要和掌握，就无法判断它们究竟为害还是为利。

又如，客体的事物并无不同，而对于不同的人而言，它的价值却不一样，其原因就在于主体人本身的不同。在我国，3岁的孩子都知道的《小马过河》故事中，老牛说河水很浅，松鼠说河水很深，而小马实践的结果却是既不浅也不深。"深浅"之别，不正在于它是以具体主体的尺度为标准的吗？

再如，道德上的"善恶"和艺术中的"美丑"，总是有争论不休的关于判断标准的问题。人们已经发现，这个问题总是与人们自己的社会立场、文化背景、民族传统和个人特性等有关。这不就是说，在道德价值、审美价值的领域，真正的挑战是来自判断者主体本身吗？

…………

总之，人类对价值问题的发现和在价值问题上遇到的挑战，实质上是人对自己的挑战，是人的实际生活对人类理论思维的挑战，是人的主体地位对人的自我意识能力的挑战，是人的本性和自发状态对人的实践自觉性的挑战。

哲学价值论的诞生，意味着人类的理智开始正视这种挑战，面对和迎接这种挑战。这要从最高的理论层次——哲学上概括和提出问题，并探讨如何回答这些问题。

价值论是在综合了伦理学、美学和各门社会科学的普遍共性问题的基础上形成的。它是哲学通往各门具体价值科学的"结合部"，是这些具体学科最直接的哲学前提和理论基础。价值论的建立和发展，必然与这些学科的繁荣和发展相互联系、相互促进、相互影响。

价值论的诞生，使哲学有了一个更贴近、更直接地面对现实社会生活和人们日常情感体验的领域。在这个领域中，哲学特有的抽象性和玄远思绪，将和人们最现实、最迫切的情感意趣实现沟通，就人的命运和选择问题进行别开生面的对话，以便探索追求人类幸福和光明前途的合情合理的途径。

第一章
价值是什么

价值论，是关于价值及其意识的本质和规律的学说。因此，回答"价值究竟是什么"的问题是它天经地义的责任。然而，正像人类学回答"人是什么"的问题、医学回答"健康和疾病是什么"的问题一样，这是个乍一看容易，却越想越复杂的问题。各种哲学流派的价值理论之间的争论，总是从这里开始，又在这里结束。为了得到"价值"的一个明确的定义，我们需要经过一番艰苦的理论工作。

一、捕捉一个平凡的视角

要从理论上弄清我们经常说的"价值"究竟是什么，我们应该首先面向实际，看一看生活中同"价值"相联系的现象究竟是什么、有多少，以及它们有何个性和共性。这有助于我们选取同这个问题相适应的观察立脚点和视角，站在统观全局的高度认清它们的面貌。

层出不穷的价值概念

在我们的现实生活中，一旦找到了"价值"这个字眼，人们就会发现，可以用它来表示的现象数不胜数、无穷无尽。

例如，一个物品有用无用，可以叫作它的"使用价值"；一个人的言行是否符合道德规范，就是说其"道德价值"如何；一部文艺作品是否给人以美的享受，或者是否符合艺术规则的要求，就称其是否具有某种"审美价值"或"艺术价值";一项技术成果能产生多大的经济效益,是它有多高的"经济价值";一篇论文对学术研究的意义,常被冠以"学术价值"之名;一项实验对科学发展的影响,就成为它的"科学价值";而一个行动、一条意见、一个组织对社会的政治意义,往往用"政治价值"来评量;一个新近发生的事件有通过新闻媒介加以披露的必要,就是它有"新闻价值";甚至一个东西仅仅需要保留下来,待以后看它能否发挥作用,也给个名义叫作"保存价值"。近年来,人们还发明了一个叫作"生态环境价值"的词,是指某种活动的结果在保护或破坏生态环境方面的作用等。前面加上一个定语,它就能表示一种特殊的意义,这是使用"价值"概念最常见、最没有止境的一种情况。这说明,"价值"是一个在我们生活中可以普遍使用的概念。

另外,"价值"这个词还可以和各种特殊的人称相结合,专门用来表示"谁的价值"和"对谁的意义"。例如,"人的价值"和"人类的价值","个人的价值"和"群体的价值","阶级价值"和"时代价值","社会价值"和"自我价值"等。这表明,"价值"这个概念是在与人有关的相互关系中普遍存在的内容。对任何人来说,价值关系都是存在的。

最后,人们还常常用"价值"来修饰、限定某些动词、动作,指明人的行为的某种性质和范围。例如,"价值追求""价值选择""价值导向""价值评估""价值判断""价值比较""价值重构"等。它们说的都是人在"价值"这个领域、这个范围内发生的行动,它们指的是具有价值关系性质的行为。这样,"价值"又意味着人类生活的一个特殊的、具有相对独立意义的层面或领域。

在这些层出不穷的价值概念系列中,包含着一个既特殊又普遍的概念,这就是"价值"。如果我们撇开它前面和后面附加的一切限定成分,抓住这个普遍的、一般的提法本身,思索一番"价值"究竟是什么,这就是从哲学上要回答的问题。价值论所说的价值,既不是单指使用价值,也不是单指人的价值，更不是单指其中任何一种特殊价值现象，而是它们的共性、普遍性的内容，指在各种场合下都适用的"价值"本身。

这是我们要捕捉的视角和理论感觉的第一个特征：概念的普遍性，也叫共性问题。

理论解读的"文本"

就共性来思考，似乎是一种只在哲学中才能办到的抽象玄思，其实不然。哲学的能力是来自生活的。"价值"这个概念的抽象形式和表达方式，早就在人类对自己生活中最重要、最普遍的现象的关心和思考中形成了。

什么是人们在实际生活中关心的最普遍、最经常、最重要的事情呢？"欲知心里事，且听口中言"。在世界上，无论中国还是外国，人们的口头语言中使用得最多的，除了一些并无独立意义的连接词和代词，恐怕就是"好"这个字眼了。

婴儿出生时，不论他是否听到助产士的一声"好了"，他以后也会从父母那里首先接受"好宝贝"这个字眼。"好"是人生学习的第一个判断词；此后，"好好生活"的教诲和愿望将带着"好不好"的不时疑惑铺满他的人生旅途，并在他的遗言和忠告中传给后代。"好"这个字眼总是这样或那样地伴随人的一生。

"好"这个词有各种各样的具体含义，存在于社会生活的方方面面。道德上的善，人们自然称之为"好人好事"；艺术境界中的美，人们也为之叫"好"；经济活动和日常交往中的收益，可以统称为"好处"；政治和军事上的高明之举，也恰似胜负之争中的"好棋"……

"好"的另一面是"不好"或"坏"。"好"与"不好"或"坏"联袂，几乎成了人们在各种场合中都可以使用的字眼，用来指评人们表示肯定或否定的一切。在这种使用中，它们能够承担一大批专用词汇的功能。善与恶、美与丑、利与弊、得与失、优与劣、成与败、功与过、是与非、智与愚、福与祸、荣与辱、喜与忧、贵与贱、重与轻、该与不该、当与不当、有用与无用等，在一般情况下人们都可以代之以口语中的"好与坏"。甚至在严格讲究真假之辨的科学领域内，科学家也往往不由自主地把"真"叫作"好"，而把"不真"或"假"叫作"不好"或"坏"。

一个字眼能够被人们应用得如此普遍和有效，说明了什么？

无疑，这说明了"好坏"问题在人类生活中的普遍性。语言是思想的外壳，思想是对现实的反映。没有生活实际中最普遍的现象和关系，就不会有如此普遍的语言形式通行于世。"好坏"问题纵贯每个人的一生，说明它是人生始终都会遇到的问题。"好坏"问题能够覆盖生活的各个领域，说明它是人类活动中方方面面的共性问题。

"好坏"就是"价值"

"好"是什么，"坏"是什么，"好与坏"的问题是个什么问题？这个问题如此普遍，在哲学上不能没有表现，也不能没有概括和研究。那么，在哲学上是怎样表述这个问题的呢？

把"好与坏"变成一个哲学术语，把"好与坏"覆盖的这个领域概括成一个哲学的对象问题，这就是价值问题。"好坏"就是口语中的"价值"。"价值"，就是学术化的"好坏"。

"价值"这个词的来历，马克思曾专门考证过。原来，这个词源于古代的梵文中一个词"wal"，意思是"掩盖、加固"。后来传到欧洲，它和拉丁文中的"堤、护堤"结合在一起。护栏和堤岸，是人建造的，它们的作用，就是对人和人的财产进行"遮盖、掩护、保护、维护和加固"。这个词的本义就是指"对人起保护作用，有掩护和巩固作用"。之后又进一步引申，"价值"就成了一个专用词，指对一定人的"好处、益处、有用"或"珍惜、可宝贵、可重视"等。一句话，这个词本来就是"好"的意思。变成正式学术用语后，这个词的意思变得更全面了。单说"价值"，就是指"好坏的价值"，它是个中性概念。其中"好"的这一面，可以叫作"正价值"，或简称"价值"；"不好"或"坏"的一面，则叫作"负价值"或"无价值"。

可见，"价值"与"好坏"是完全相通的。问题在于，不知从何时起，人类就在说"好坏"、用"好坏"了，而人类把"好坏"问题正式提出来，给它一个理论的名称，并专门加以研究，却是很晚才发生的事。

不论人们是否知道"价值"这个哲学术语，人们都一直在普遍地、实际地谈论它、接触它。明白这一点，我们就会懂得"价值"并不神秘，它就是我们现实生活中最常见、最普遍、最重要的一个内容。我们在思考价值问题时，需要找到的理论感觉、精神视角的第二个特征就是它的现实性。"价值"不是一个脱离实际的、无根无据的玄秘抽象观念，而是最现实的、在生活中处处会遇到的问题。

人类生活的"颜色"

"好坏"问题的普遍性和现实性，证明了人类世界中存在着一个既寻常又因其寻常而不易被觉察的层面。

这个层面不同于我们已知的那些社会结构层面。社会的结构是由各种社会实体因素构成的。阶级和阶层、个人和群体、民族和国家、物质生产和精神生产、生产力和生产关系、经济基础和上层建筑、文化团体和文化机构等，都是通过确定的人、物、组织机构、专业化设施和专门活动等来体现的。它们都是"有形"的，有具体的空间、时间标志的。而"好坏"却不这样。虽然上述一切都有好有坏，但是这一切都既不是"好"本身，也不是"坏"本身。世界上既没有摸得着、称得出的"好坏"，也没有什么专门生产"好"或"坏"的机构。人们既无法确定什么是"好"的固定载体，也无法确定什么是"坏"的固定载体。一句话，"好坏"是"有形"事物中存在的"无形"内容。它在人类生活的各个方面存在并表现出来，但没有自己独立的特殊存在物态。

打个比方，如果社会生活的结构及其实体要素是人类世界的"形状"

因素的话，那么"好坏"就像是人类世界的"颜色"因素。

生活有颜色吗？这是个很奇怪的问题。我们知道，生活中的一切具体事物，包括人的皮肤都是有颜色的。但是，颜色只能和具体的物体相结合。而生活是个什么样的物体呢？它并非一个物体，所以不能说生活有颜色。但是，人们却总是相信生活是有颜色的，并用种种说法来描述生活的种种"颜色"。例如，"多彩的人生""火红的青春""金色的年华""洁白的气质""黄色的诱惑""黑色的幽默"等。当然，这些颜色都不过是比喻，并非真的指某种电磁波在视网膜上的反应。但是，比喻也是有所指的。人们用来形容生活的各种颜色指的是什么呢？

显然是指价值，指生活中各种现象的"好坏"。给现象赋予某种"颜色"，是人们对它们的价值进行的一种带有感情色彩的评价。人们用自己喜爱的、理解的颜色形容自己认为好的、有价值的东西，用自己厌恶的、抗拒排斥的颜色形容自己认为坏的东西。人们能够赋予"颜色"的事物，就是人们与它们有价值关系的事物，是人们对它们有好坏标准的事物。好与坏，就像天平两端的秤盘、温度计上的正负刻度，随时标记着所言事物在人自己心目中的分量和炎凉；就像人的智慧和情感发出的一束光，人们可以用它去照亮任何事物，使它们显出人们易于鉴别的颜色。

颜色，在生活中是无处不在的，世间万物均有颜色。但是，任何事物本身都不是"颜色"，人不能在万物之外找到单独的"颜色"，至少也得依靠某种波长的光，才能找到某种颜色。这个特点，很像是"好坏"和价值的存在方式。我们用颜色来比喻价值在人类生活中的存在，正是为了显示它的这种特征。同以往我们熟悉的一切实物相比，价值有自己的特征，它不是实物和生活中一切有形的因素本身，而是它们之中的无形的"内容"。

这是我们思考价值问题时要找到的特殊视角和理论感觉的第三个特征：概念的特殊性。

二、扑朔迷离的价值天地

以实际生活中的"好坏"问题为价值问题的原型，这样郑重其事地讨论价值问题，岂不是有讥人"不知好歹"的嫌疑吗？其实不然。

欲说好歹谈何易

"不知好歹"无论是在中国还是在外国，都是一句很严厉的斥责。可见，知"好"知"坏"本应是做人应该掌握的起码的本领，而掌握它似乎也不是很难做到的事。果真如此吗？那么，有多少人能够确切地说出"好"和"坏"本身究竟是什么意思。世界上究竟有没有实实在在的"好"和"坏"这种东西，它在哪里。人们是怎样知道它的，又怎样才能毫无困难地把握它，到处都能做到准确无误地"得到好的，去掉坏的"呢？……如果这样提出问题，恐怕不少人的回答就不那么乐观、不那么自信了。

实际上，这种情况在生活中随处可见，无数大大小小、正正反反的事例可以证明，问题绝不像想象的那么简单。"好"与"坏"并不是那样一目了然、一成不变的。因此，事到临头，人们对"好与坏"的问题一时不知所以、争论不休、莫衷一是，甚至出现事与愿违的情况，倒是比较常见的，也并不奇怪。

让我们举一个虽有些极端，但很典型的例子：

著名的古希腊寓言家伊索曾是一名奴隶。有一天，他的主人突发奇想，要伊索去买"世界上最好的东西"来做酒菜，会聚宾客。聪明的伊索买回来的是舌头，他用一番精彩的解说使主人大为信服：舌头能说出最美的语言，体现最高的智慧，描绘一切最美好的东西，所以它是"世界上最好的东西"。接着，主人又让伊索去买"世界上最坏的东西"，伊索买回来的仍是舌头。他用同样精彩的解说使在座者心服口服：舌头能颠倒黑白，说出世界上最丑恶的语言，所以它是"最坏的东西"。结果是不论自恃高贵的奴隶主如何自作聪明，他们也只能用不怎么有味道的"嚼舌头"来下酒……

这个未必真实的故事的本意固然是显示伊索的智慧，但也很能激发人们对"好坏"本身的思索："好与坏"究竟是怎么回事？为什么同一种东西既可以是好的，又可以是坏的？

好坏之分缘何起

"世界上的每一种事物，本来就不一样，有的好，有的坏。"我们常常听到这样的解释，这种解释似乎能说明一点儿问题，但深究下去会使人更加疑惑。

首先，是否任何一种事物本身都存在着好坏之分？

水和火，是人类生活中不可缺少的两样东西。没有水就没有生命，人体重量的70%是水，可见水是对人极宝贵的好东西。然而，暴雨连绵、洪水泛滥、物品发霉生锈、冰雪迷雾威胁交通，谁又能说水只有好处没有坏处呢？同样，没有太阳之火就没有地球上的一切运动，没有取火的发端就没有今天的人类文明。然而，太阳黑子的爆发、地下熔岩的喷发、各种火灾的危险、燃烧产生的辐射、气体和残渣带来的污染等，又何尝不使人对火时时怀有警惕防范之心。难道我们能够因此把世界上的水火分成两部分——"好水好火"和"坏水坏火"吗？

其次，即便能够划分，又怎样呢？我们能够确定，"好"东西就只有好，"坏"东西就只有坏吗？

科学技术和垃圾，可以说代表了人类造物的两极。人类发展到今天，实际上已经公认科学技术是人类文明的福祉。然而近年来，关于科技的社会价值问题，正在掀起一场争论的风波。西方有一种叫作"科学悲观主义"或"反科学主义"的观点认为，时至今日，实践已证明科学技术给人类造的福，远不如它带来的危害大。例如，地球上本来没有的生态破坏、环境污染、高科技毁灭性武器等威胁，正是科技发展带来的。更严重的是，生活中一切都在逐渐实现机械化、自动化，结果将使人变成技术的"奴隶"，压抑人的个性和情感，使人在许多方面退化……

这种观点固然片面，但它提出的问题和警告，不也在某种程度上值得重视吗？

垃圾是被人视为全无用处、存之终究有害的东西。因此，它的积累成为人类的一大灾难。然而它真的绝对毫无用处了吗？据报道，世界上有些国家，如荷兰和日本，用垃圾填海建造了人工岛，从而扩大了本国的土地面积。我国浙江省某地最近出现了"抢购城市垃圾热"，据说是发现垃圾可用于某种养殖业……这不禁使人感叹：连垃圾都有可用之处，世界上还有什么东西不能"化害为利""变废为宝"！

看来，把事物分成"好的"和"坏的"这种方法，并不能真正告诉我们"好和坏"究竟是什么，其标准在哪里。同样，仅满足于说"事物都有好的一面，坏的一面"也并非真正回答了问题。因为当我们把事物区分为"好的"和"坏的"，或指出"好的一面"和"坏的一面"时，事先就已经对什么是"好"、什么是"坏"有了一定的见解，有了某种标准了。而这里的问题却是"好和坏"本身究竟是什么，其标准何在？

难解难分的判断之争

纵观世事人生，实际上人们思考最多、分歧最普遍、纷争最激烈、情况最复杂的，莫过于"好坏"的问题。在这个问题上，人们争执的似乎并不是该不该区分"好坏"，也不是究竟要"好"还是要"坏"，谁都会说自己要的是"好"，不要"坏"，而恰恰是对什么是"好"、什么是"坏"，以什么或谁的意见为标准的问题。这种纷争在不同的国家、阶级、民族、群体、个人之间进行着，也在每个个人、阶级和政党自身的思想行动中进行着。自己与他人、理智与情感、愿望与现实、动机与效果、目的与手段、部分与整体、眼前与长远等考虑，都是这种纷争中的重要因素。

这种纷争的最大特点，就是经常出现"公说公有理，婆说婆有理"和"此亦一是非，彼亦一是非"的局面。有人说好，就总会有人说不好，反之亦然。此时见其利，彼时又见其弊，人们甚至常常重新评价已成为历史的东西，连历史教科书也不断重新编写。在"好坏"问题的领域里，孰是孰非的问题往往不能像科学研究中的"真与假"问题那样解决。在科学上，一般可以用对象本身的事实，特别是用判决性观察和实验来确定某种看法是否成立。例如，"阳光中是否有紫外线"是可以通过实验观测来确定的，但在"好坏"问题上，对象本身的事实却不能成为判定价值的主要根据。"阳光中有紫外线是好还是不好"的问题就必须采用个人的标准来回答。而个人的标准总是多样的、变动着的，因此，答案也必然是各种各样的，并随着时间、地点和条件的变化而不同。

由此看来，"好坏"问题确实有它特殊的复杂性。在这种特殊的复杂性面前，人们不能一下子领悟"好与坏"的特殊规律是在所难免的。因此，承认我们自己在一定意义上还未能真正"知好知坏"，虽然有点难堪，但并非耻辱。重要的是"知不足，然后学之"。

三、"价值"的含义

注意到"好坏"问题的复杂性，对于理解哲学价值理论的意义是十分必要的。但是，承认这种特殊性和复杂性并不是目的，我们的目的是要探究这种特殊性和复杂性背后的实质、根源和规律。否则，仅满足于承认复杂性和特殊性，将使人误以为"公说公有理，婆说婆有理，天下无定理"和"此亦一是非，彼亦一是非，唯本无是非"是普遍的真理，从而走向虚无主义和相对主义。

探究"好"与"坏"的背后

"好"与"坏"是怎样形成的，它的奥秘何在？我们不妨先用几个典型的例子来使问题明朗化。

我国著名的漫画家方成曾为《通俗哲学》画了一幅插图，题为《下雨好不好》。画面是下雨了，一个手持喷壶正待浇花的小女孩欣喜地说："下雨真好！"而旁边那个拿着小足球想去玩的男孩则沮丧地说："下雨糟透了！"这个既常见又有趣的场景，原是哲学教学中常用的例子。"下雨好不好"的例子被用来说明"一切要以时间、地点和条件为转移"。现在我们要进一步提出问题：那个使好坏为之转移的"时间、地点和条件"又是指什么，它有没有规律？关于好与坏的争论，还有一个很著名的例子是文学史和戏剧史上的一段逸话。

康·谢·斯坦尼斯拉夫斯基是苏联著名的戏剧表演大师、戏剧理论家。他的戏剧理论，被人们叫作"体验派"理论。贝尔托·布莱希特则是德国著名的剧作家、诗人和戏剧理论家。他的戏剧理论在世界上也很有影响，被人称作"表现派"理论。"体验派"与"表现派"在理论上的差别，可以用一个流传很广的文坛故事描绘出来：一位演员，曾扮演莎士比亚名剧《奥赛罗》中的反面人物——无耻奸佞小人埃古，因演得极其逼真、活灵活现，而被随着剧情愤怒起来的观众当场打死了（这情景很像我国《白毛女》上演时，有的观众向"黄世仁"开枪一样）。这一结果足以证明演员扮演自己的角色是成功的，所谓成功就是演得极像。但是这种"极像"究竟是好还是不好呢？若说好，因为演得如此逼真确实不易；若说不好也是有根据的。一个人因为演坏人自己就被当成坏人，表演的意义何在呢？因此，演员得到的是两种相反的评价。按照"体验派"理论的标准，人们想象给这位演员的墓碑刻上"世界上最好的演员"，而按照"表现派"的标准，却要在墓碑上刻上"世界上最糟的演员"！

之所以会有如此对立的看法，是由于两派的戏剧表演艺术标准不同。"体验派"主张演员在表演时应生活在角色的生活之中，每次演出都要去感受角色的感情。因此，在这派的观点看来，演员不论演什么，都是演得"越像越好"。而"表现派"却认为，戏剧应给观众以理性的启示和教益，通过表演引起观众思考和判断，让观众去分析剧情的是非曲直，而不应把观众拉入剧情中成为其中的角色。因此，它主张，表演应有意识地在角色、演员和观众之间制造一种感情上的距离，好的演员不仅是他扮演的角色的承担者，同时还应是对角色有所批判的"裁判"。可见，在"表现派"看来，并非演得越像越好，而是越给人以理性的启示越好。

这个例子中，两派理论的是非曲直可以留待以后去讨论。我们能够发现的一个有意义的结论是人们对一个事物说好说坏，直接取决于人们的判断标准。标准不同，对同一事物"好坏"的评价也就不同。价值标准是使"好坏"为之转移的一个普遍"条件"。

好坏标准哪里来？

那么，人们判断好坏的标准又是从哪里来的，标准是由什么决定的呢？下面这个更为著名的历史实例，可以从更深的层次上启发我们。

毛泽东的不朽著作《湖南农民运动考察报告》，曾用专门篇幅分析当时的农民运动是"好得很"还是"糟得很"的问题。广大农民反抗压迫，搅动了地主士绅们的酣梦，打乱了几千年的传统秩序。当时许多人都觉得这是"糟得很"。毛泽东用阶级分析的方法揭开了这种论调的实质："糟得很"完全是站在地主阶级利益和封建旧秩序立场上的结论，是反对革命和阻碍社会进步的理论，而"好得很"才是农民大众和一切革命派的理论，是符合劳苦大众利益和国民革命目标的结论。历史最终证明了毛泽东的论断。

从这个实例中，我们可以得到以下两点结论：

第一，"好得很"与"糟得很"两种判断及其标准的对立，实际是来自评论者代表的主体社会地位、利益、根本立场、观点和思想方法的对立。正是由于主体不同，才会有不同的判断标准和结论。

第二，对同一事物，总是有人叫"好"，有人叫"糟"，这是很正常的，但这并不意味着"好坏"永远无法定论。在这个实例中，"好坏"是有定论的。实践证明，农民运动对中国乃至世界的社会进步和历史发展来说，是好得很，而不是什么坏事。这就是说，整个社会的历史发展，人类的全部实践，是最终能够判断"好坏"的最高标准。历史的裁决，是通过封建地主阶级被消灭和人民革命事业的胜利表现出来的。

这两点结论对我们理解"好与坏"的特点有一定的意义，但它只是初步的结论。切不可因这个实例的特殊性而产生误解，以为凡是有"好"与"坏"对立看法的地方，就一定有根本利益和立场的誓不两立；以为要分辨是非曲直，结果就一定是一方消灭、吃掉、彻底否定另一方。例如，在前面《下雨好不好》和两派关于表演的争论中，情况就并非如此。在这两种情况下，"好坏"判断的对立同样是由于主体的特点和需要不同而引起的，并且两种结论最终也是能够统一起来的。但是它们的性质和结局与农民和地主阶级的对立统一方式不同。这里有许多具体的道理有待进一步展开，这是本书后面要做的事。

价值的定义

通过上述种种考察，我们已经比较深入地接触了价值现象的特征和实质。如果考虑到这些情况，应该怎样给"好坏"和"价值"下定义，以概括它的实质和特征呢？现在就来做个尝试。

为了做出理论的表述，我们先要确定两个最重要的概念：客体和主体。

我们看到，凡是人们说好说坏的地方，都是要有一定的对象的，说"它"是好是坏、有无价值和有什么样的价值。这个对象——"它"，在哲学上就叫"客体"或"价值客体"。"客体"是一个极其广泛、灵活的概念，它可以指和人打交道的任何事物、人、现象和关系。甚至当人自己认识自己、改造自己的时候，自己也是自己的对象、自己的客体。什么是价值客体，就看它们是不是什么人的对象，是否同什么人有价值关系。总之，凡是有"好坏"问题的地方，凡是有价值就一定有客体。没有客体就无所谓好坏，也无所谓价值。

同时我们又看到，客体并不等于价值，对象并不是"好坏"本身。"有益的东西"不等于"有益"，药品不等于治病，食物不等于吃饱。"好坏"和价值离不开主体。任何价值都有"对谁的价值"这一根据。

所谓主体，在这里就是判断好坏、说好说坏、体验好坏的人，就是客体对其有用或有益与否的那一方。客体是好是坏、是否有价值，并不是客体本身怎样，而是它对主体怎样。具体地说，就是它是否能使主体某方面的需要得到满足，是否同主体的需要、能力等相一致，是否为主体服务。如果是，那么主体会感到它"好"，说它有价值。如果否，那么主体就会感到它不好，说它无价值或者"坏"。这正是人们说好说坏的秘密。

"主体"也是个非常广泛、灵活的概念。我们说的主体一定是人，而不是物、神、野兽之类的事物。个人、集体、阶级、民族、国家、社会、人类等，都是人的一定现实形态或组织化形式，它们都包括在"人"之内，因此，它们都可以是主体。但是，并非在所有情况下所有的人都一定是主体。什么人是主体，要看它是不是一定对象关系中的行为者，如认识者、实践者。价值主体是指价值关系中的主动活动者，即评价者、创造和享受价值的人。如果这个人并未进行某种对象性活动，那么他虽然是人，但不是这里的主体，就像不劳动的人也是人，但不是劳动者一样。

既然"主体"是这样一个广泛的、灵活的概念，那么现实中的主体一定是多种多样的、具体的。张三去赏花，张三是主体。李四去赏花，李四也是主体。张三和李四在赏花时的相互关系，是不同主体之间的关系。张三是医生，给李四看病，李四就成了张三诊治工作的对象；李四去找张三给自己看病，张三则成了李四求医的对象。总之，主体是非常多的，并且是随时变化的，只有在具体的对象关系中才能确定谁是主体。

这样一来，我们就会看到，由于主体不同，人们说好说坏的情况总是不同的，价值判断也总是有差别的。张三说菊花不美，因为他不喜欢黄色。李四说菊花很美，因为他喜欢黄色。这就像有人说40码的鞋不能穿，是因为他的脚大于40码。而有人说能穿，是因为脚不大于40码一样。同一客体对于不同主体有不同的价值，这是人们在价值和好坏问题上争执不休的根本原因。

但是不论怎样，价值总是一定客体对一定主体的意义、用处等，而这种"意义"和"用处"其实就是是否和主体的需要、能力等一致。这一点在各种场合下都适用。

在理解了"主体""客体"等概念的上述内容的情况下，我们可以根据主客体的关系，给价值下一个初步的定义。

所谓价值，是特指主客体关系的一种内容，这种内容就是客体是否满足主体的需要，是否同主体一致、为主体服务。肯定的答案，就是我们所说的"好"，即正价值；否定的答案，则是我们所说的"坏"，即负价值。

这个定义的特点及其中某些还不明确的问题，后面将要展开说明。在这里，我们只是就"价值""好坏"的实质含义做了一个比较简单的概括。从这个概括中，可以体会出"价值"这个概念的某些特殊的味道。

第二章
价值从何而来

要想透彻、全面地理解价值是什么，首先需要了解它的来龙去脉，弄清它在我们这个现实的世界中是怎样产生的、存在于何处、如何存在等等。这一章就来回答上述问题。

一、自然界本来有价值吗?

价值是从哪里来的，是世界本来固有的，还是因为有了人才出现的，或是仅由人的头脑产生的?

我们的看法是，自然界中本来并不存在"价值"这种现象，但是有和它类似的某种关系。由于人类的产生和活动，自然界的这种关系才成为价值现象。但是，它不是出自人的头脑，而是来自人的客观存在的客观活动。

为了说明这个结论，我们先从世界万物的存在方式谈起。

存在就是相互作用

不论有没有人类，自然界的万物都是客观存在的。"存在"包含两层意思，即"存在者"和"存在方式"。第一层意思是指"什么存在着"或"存在的是什么"。我们说某事物存在，是指它们"有"自己的物质形态，或者它们本身"是"一定的物质形态。例如，宇宙是由天体、粒子和场等构成的，物体是由分子、原子等构成的，生物是由蛋白质、核酸、细胞、器官组织等构成的，社会是由人和人的创造物构成的，等等。在这层意思上，"存在"就是指"是"什么和"有"什么样的物质实体、承担者。世界上的物质形态是无限多样的，不论具体形态多么五花八门、千奇百怪，只要它们有自己的实体和承担者，就意味着它们存在。

第二层意思则是指"如何存在"或"怎样存在"，即存在的方式。在这一层上，唯一有最普遍性的回答是"关系""联系""运动"或"相互作用"。运动是物质存在的根本方式，"存在"意味着运动。任何一个大的天体或小的粒子，它的存在固然表现为它有自己的物质成分、结构、形状、质量及其他种种形态特征，但这一切都只有在内部和外部运动中才能形成和保持。如果不运动，它就不能存在。同样，一个生命体的存在也在于它的运动，在于生物大分子、细胞、组织和器官等不停地进行新陈代谢、同化异化、生长死亡的运动。没有这些运动，细胞等便不能成为生命体。至于人类社会就更是如此了。人类社会正是在物质资料、精神文化和人口"三大生产"的运动中每天重新生产出来的，没有这些生产和社会交往等其他运动，社会将不复存在。可见，运动正是最普遍、最根本的"存在"方式和"存在"的标志。这一层意思解决的是"何为存在"的问题。存在就是运动，不运动就是不存在。

那么，运动又是什么，运动是怎样发生的？如果再追问一下，回答就是运动就在于相互作用。

世界上任何事物的存在和变化，都是通过它内部和外部的相互作用而实现的。微观粒子内部的成分之间、粒子之间、星际物质之间是相互吸引和排斥、凝聚和离散的，张力和压力等是形成天体和物体的原因。蛋白质分子内部和分子之间的相互连接、相互制约，细胞、组织、器官、生物个体内部和与外部环境之间的物质能量交换等，是生命特有的存在方式。社会的"三大生产"与社会交往，无一不是人与自然、人与人、主体与客体相互作用的形式和产物。

可以说，没有任何事物的存在和运动不表现为一定的相互作用。没有一定的相互作用，就没有事物本身的存在和发展。

以上两层意思是说，我们可以从两个角度理解"存在"，即"何物存在"和"如何存在"。在后一层意思上，我们才能知道类似普遍联系、相互关系和规律等的"客观存在"是怎样的意思。这两层意思的"存在"是彼此密不可分的，缺少一层意思就意味着不存在。但是，对于我们将要考察的价值问题来说，牢牢把握第二层意思的存在至关重要。因为，价值正是作为一种关系现象而产生和存在的。

因此，特别要注意自然界中相互关系的存在方式。

熵和负熵：相互作用的效果

既然相互作用是普遍的，那么就可以进一步提出一个问题：一事物同他事物相互作用、相互关系，对该事物本身来说有什么意义，或者说，是一种怎样的情况，有什么影响？

这个问题乍一看似乎有些怪——相互作用就是相互作用，一切事物都如此存在着，承认这一点就是了，难道还有什么别的意义吗？事物的重要性正是在这里。正因为科学家和哲学家不满足于现状，而是像刚才那样提出问题，人类才又获得了一系列新的伟大发现，我们才能找到价值的诞生地。

相互作用，就是不同的物质形态之间彼此交换物质和能量，其中每一方都会"得到"什么，也"付出"什么。对于"得到"的一方来说，它的"所得"究竟意味着什么，有没有规律和特征可循呢？从这个角度提出问题并回答问题的科学成果，当首推自然科学关于"熵"和"负熵"的发现。

"熵"和"负熵"都是专业性很强的术语，但它们的内容十分丰富，在科学和生产上应用广泛。用虽然不是很精确但通俗易懂的语言来解释，"熵"就是指物质系统内部的"无序化程度"或"混乱度"。一种物质本身的结构状态越不确定、不稳定，它的"熵"就越高。譬如同是水，当许多水分子处于挥发于空中的蒸气状态时，它的"熵"就比汇成一股水流时要高。散射的光比激光的"熵"高。我们知道，激光的光子运动是高度集中、有序的，因此，它的能量巨大，温度极高。可见，"熵"是一种与物质体系内部的有序性、运动潜力（能量）和温度（热量）成反比的运动状态的表示。

分子由有序向无序、温度由高向低的变化，叫作"熵增"，反之，则叫"熵减"。物理学中热力学第二定律揭示了自然界运动这样一种普遍现象："熵增"是每一物质体系自发的趋势。就像一杯开水在停止加热后被放在桌上，由于水分子、空气分子相互作用、交换能量，这杯水必然要逐渐冷却，达到与周围气温一致。也像一块质地坚硬的石头在与空气、阳光和水的相互作用下，总要逐渐风化，变得酥松脆弱。"熵增"原理如果应用到生物界，就是指生物体如果停止从外界补充物质的能量（营养、呼吸），它本身就会死亡、分解，从有序程度高的形态变为无序程度高的状态。用来比喻社会人生，则意味着这两句话——"学如逆水行舟，不进则退""思而不学则殆"，即人总要对世界有所发现、有所吸收，否则如果任其自然，就势必会走向僵化、退化。

从哲学上讲，"熵增"就是指相互作用的一种效果，即使某一物质体系越来越无序化，能量消散，运动减弱，整体解体，趋向静止。这是自然界自发运动的一种普遍现象，但不是唯一的现象。在自然界和社会中，我们还看到相反的趋势，这就是"熵减"和"负熵"。

水被加热逐渐沸腾，这是通过补充能量使水分子运动能力增强，使一壶水的分子运动有序化。植物在阳光、空气和水分的作用下不断吸收营养和热量，使自己生长、繁殖；动物通过进食不断吸收营养和热量，使自己发育成长；人类在和自然界的相互作用中，不断有所发现、有所发明、有所创造、有所前进等。这些也都是物质体系不断从外界得到

"负熵"的结果。"负熵"是"系统组织程度（有序度）的标志"，在这里是指使物质体系抵消"熵增"或发生"熵减"的物质能量供应。它是与"熵增"正好相反的效果。在我们的宇宙中，如果只有"熵增"而无"熵减"，那么就会混乱一团、死寂一片，根本不可能有任何规则、有序、生生不息的运动和发展。

从"熵"和"负熵"，"熵增"和"熵减"这样的科学概念中，我们可以看到自然界的相互作用本身就包含着两种不同的性质、方向和效果。这就是对于每一物质形态、物质体系来说，来自外界的他物的作用有的会保障、促进、巩固这一物质形态的秩序、结构和功能，即巩固它的存在，有的则相反。假如这一物质形态像人一样会思考和说话，懂得什么对自己"有利"和"不利"，那么它很可能会把负熵叫作"好的"，而把"熵增"看作"不好"。

信息：相互作用的意义

确切说来，"负熵"这个概念是在 20 世纪科学重大发现之一——信息理论中正式提出来的。在信息论和信息工程中，"负熵"成为研究和应用的中心，得到了更广泛的理解和重视。

什么是信息？按照控制论创始人维纳的说法，信息是控制系统（包括人、动物及机器系统）进行调节活动时，与外界相互作用交换的内容。另外，不少科学家进一步把这种内容明确为信息就是负熵。他们的意思是说，当一个物质系统与外界他物进行相互作用时，通过物质和能量的变换，这个系统的某种不确定性、无序性得以减少或消除（得到"负熵"），那么这种相互作用的内容（物质和能量变换）对它来说就是信息。例如，春天阳光照耀大地，植物得到了萌发生长的能量，解除了冬眠状态，那么春天的阳光就给植物生长提供了信息。再如，我们打开收音机，广播电台发射的电波便通过它的声音变成今天的新闻，使我们消除了"不知道世界上又发生了什么"的"不确定性"，而知道了最近的国内外大事（增强了思想的"有序性"）。这个"新闻"就是信息。

一般来说，信息过程必有三个主要参与者的存在，即信息的发出者"信源"、信息的传递媒介"信道"、信息接收者"信宿"，这三者也叫"信息客体""信息中介""信息主体"。信息是主体与客体通过中介进行相互作用的特定内容，它的本质是客体的作用在主体那里的反映和表现。因此，首先必须有客体即"信源"，才能有信息。从客体方面来说，信息就是客体的存在、运动和属性在相互作用中的表现。客体的存在、运动和属性是客观的、确定的，它的属性和它与其他事物的相互关系是多方面、多种多样的。因此，每一客体对其他事物的作用必然有多种多样的内容和形式，即能够向外提供各种各样的信息。例如，太阳发出的光，本身的成分就很复杂，有七色光和不可见光等，它们本身的比例、强度等也都随着太阳耀斑的活动而变化着，从中可以得到关于太阳的各种不同的信息。

但是，仅客体本身的运动和属性还不等于信息，就像电台和电波、广播员和他们的声音本身还不是新闻一样。只有到了主体那里，给主体带来"负熵"的，才是信息，告诉听众不知道的事实，才是新闻。这就意味着信息有一个不可忽视的特征——信息同信宿即主体有不可分割的关联。没有相应的接受者，客体的属性和运动并不成为信息。客体的同一运动和属性，在不同的主体那里会成为不同的信息。当晨曦微现时，绿色植物都开始从吸进氧气呼出二氧化碳变为吸进二氧化碳呼出氧气。向日葵的头冠开始向阳转动，大多数鸟儿醒来啼啭，各种动物开始活动。而猫头鹰却要闭上眼睛，蝙蝠则早已进入梦乡……这些都是由阳光提供的信息，然而由于"主体"的不同而有不同的意义和效果。

有位信息专家用一个生动的比喻来说明信息的这个特点："我得了儿子！"一个刚刚做父亲的人这样欢呼。如果他是向亲戚朋友宣布，那么大家得到的是个大好信息，一定会皆大欢喜。如果他向大街上的人群宣告，那么一般不会引起多大的反响，这对人群来说信息度就是低了。假如他是向一位正专心工作或睡眠休息的素不相干的人欢呼，那么这不仅不是信息，反而成了令人难以忍受的"噪声干扰"了。对人家来说，这时的欢呼不是消除和减弱，而是增加了主体的"不确定性"和"无序度"，是"熵增"！

当然，信息不一定都是"好信息"。"报喜"和"报忧"都是信息。但是，对于主体来说，信息一定是适合它的、它需要的，或主体本身应该"得到"、应该"知道"的内容。从这一点上说，信息对主体总是"有用的""好的"，而"噪声"才是"无用的""不好的"。

"意义"的意义

"熵"和"负熵"，"熵增"和"熵减"，"噪声"和"信息"，都是关于相互作用对于事物存在的影响和意义的概念。它们反映了在相互作用中，来自他物的物质和能量给此物带来什么样的不同的内容和影响，对此物的状态和变化有着何种不同的意义。简言之，熵和负熵、噪声和信息等，就是相互作用的"意义"。

"意义"这个词，在哲学和科学中有多种不同的用法。有时用来指语言、概念和实际所指，即内容和含义。说"某个概念有意义"，这时就是指这个判断是有实际所指、有切实内容的，它是否成立是可以验证的。说"某个命题没有意义"，就跟说它"等于什么都没说""根本无须也无法讨论"差不多。此外，在大多数场合中，"意义"一词就跟"价值"差不多了。说某事"有历史意义"，等于说它在历史上或对历史有价值；说某事物"有政治意义、经济意义"，是指它在政治、经济方面有价值；"人生的意义"多半是指人生的价值；如果说某物"毫无意义"，那么也往往是指它没有任何积极作用，没有正价值。

当我们说"熵和负熵、噪声和信息等是相互作用的意义"时，上述两种意思都包括在内了。一方面，"相互作用"的实际内容就是指通过物质、能量的交换，使事物得到熵或负熵、噪声或信息，这是"相互作用"的内容所指。另一方面，这种相互作用的内容，对于参与相互作用的一方来说，也就意味着带来类似的正负"价值"的效果。

懂得了相互作用的意义，对我们有什么意义呢？我们为什么要花很多笔墨，甚至动用了深奥的自然科学术语和道理来说明相互作用的意义呢？它同探讨人类生活中的价值问题有什么联系？性急的读者可能早就在提问了。

相互作用的"意义"问题，对我们有十分重要的意义。

首先，注意到这个问题，承认它的存在，意味着我们对物质世界存在的方式有了更深入、更具体的认识。世界万物的存在，都是以运动和相互作用为根本方式的，而运动、相互作用不是空洞的、无结果的，它本身必然产生"意义"问题。所以，对"意义"问题的认识，就是对世界物质存在问题的认识的一个必然的组成部分，一步具体的深入。这是"意义"问题在哲学世界观方面的意义。

其次，注意到相互作用及其意义，使我们对事物的思考从"实体"和"属性"向"关系"转移。以往人们看待事物，总是习惯于以实体为中心，只注意"这是什么"和"有什么"。对相互作用及其意义的注意，则意味着要对事物现实的相互关系，对相互关系的状态、过程和结果进行更多的研究。负熵和信息既不是某种独立的实体，也不是某一实体（主体、客体或中介）的固有属性，既不是物态也不是能量本身，而是通过物质和能量的变换显示的相互作用的内容。就像新闻既不是发射台和电波，也不是广播员和声音本身，更不是听众和听众头脑中的思想，而是世界上发生的事实通过新闻媒介与听众形成一种关系，是这种关系的内容和效果。所谓"意义"，实际是相互作用者之间、主客体之间的"关系状态""关系性质""关系结果"。用一句话来概括就是，"关系"的内容。加强从"关系"方面理解世界，是"意义"问题在方法论上的意义。

再次，相互作用及其意义问题，对自然界和人类社会都适用。在有人类之前，负熵和信息现象就一直存在，它们可以说是人类价值关系产生的自然前提，或者是自然界原始的"价值"现象。这一点有助于我们从人类与自然界统一的高度上理解价值的起源、本质和特性。这是"意义"问题在价值论上的意义。

最后，相互作用意义的研究，给人类社会的实践带来了巨大的效益。别的不说，仅仅由于热力学第二定律——"熵增原理"的发现，就曾经给蒸汽机的发展和整个现代工业、科学技术的发展做出了有划时代意义的理论贡献。信息论的建立和应用，则为电子计算机和信息工程的大发展开辟了广阔的道路，使人类的经济和科学技术、文化生活出现了前所未有的新局面。根据同样的道理我们可以确信，人们社会生活中价值的研究和理论建设，也必将为我们在理解、改进和创造社会生活的价值，发展和完善先进的价值观念，从而推动社会在物质文明和精神文明建设上的跃进提供宝贵的思想武器！

二、人的存在方式

人和社会，作为物质世界大家庭中的一员，与其他万物有根本的相同和一致。人类社会也以自己的运动作为自己的存在方式，也要通过各种相互作用来实现自己的生存发展，因此，人类社会也必然面临着与自然界事物相互作用的意义，即"熵和负熵""噪声和信息"等类似的问题。但是，由于人类社会比自然界的万物要高级、复杂得多，所以这一切表现在人身上，又有许多不同的特点。

在自然界作为"熵和负熵""噪声和信息"而表现出来的相互作用的内容和意义，只是在人类社会中，才部分地成为价值。

实践：人的特殊存在方式

人类的存在和相互作用有什么特点呢？一言以蔽之——社会实践性。

如果单就生命个体的存在而言，一个人与一只猴子、一只熊猫的差距，未必比一只猴子与一条蛇、一头熊猫与一只螃蟹的差距更大。但是谁都知道，人与自然界的全部生物都有着根本的不同。这种不同就是从存在的实体形式和属性来看，人是社会化的存在物，从存在即运动的方式来看，人的存在方式是实践。这两点恰恰是自然界中的动物没有的。

"劳动创造了人"这句话，从两个方面讲都是非常深刻、完全正确的。一方面，最初由猿变人靠的是劳动。另一方面，以后世世代代的人还能作为人而生存和发展，而不会退回到动物状态去，仍然靠的是劳动。试想，如果人类哪一天停止了劳动，不再生产各种物质的和精神文化的生活资料，人还能继续生存吗？还能像人这样而不是像野兽那样生活吗？显然不能。因此，就是在今天，劳动也仍然在时时刻刻地"创造"着人。

劳动的这种意义，也就是社会实践的意义。劳动首先是指社会物质生产劳动，此外还包括社会精神生产劳动和社会服务劳动。劳动是社会实践的最主要的形式，是首要的社会实践。此外，社会实践还包括人与人的社会关系、社会交往的实践和科学研究、发明创造的实践。生产劳动实践、社会关系实践和科学实践，是人类社会的三大基本实践。从根本上说，人和人类社会就是靠这三大基本实践而立足于天地之间得以生存和发展的。没有实践也就没有人和人类社会。所以说，实践是人和社会特殊的、根本的存在方式，就像新陈代谢和遗传变异是生命体的存在方式一样。

不论何种具体形式的实践，都是人的对象性活动，也就是说，是人与世界的相互作用方式，是人进行的物质、能量、信息变换运动。实践必有主体和客体。在实践中，主体一定是具体的人。而对象或客体，则可以是世界上的任何事物，包括人本身。例如，生产劳动实践的主体是社会的人，客体是物，即自然物和人工物。而社会关系实践的主体和客体都是人，如个人与他人、一个群体与其他群体、一个阶级与其他阶级、一个民族与别的民族等。人和人之间在经济、政治、文化上的交往、分工和合作，构成了社会关系实践。科学实践的主体是一部分特殊的人——科学工作者（他们实际是执行人类和社会作为世界探索者的职能），客体则是天上地下一切被探索和实验的对象，如宇宙是宇宙学的客体，人的心理活动是心理学的客体，社会经济关系是经济学的客体。

实践中的主客体关系

实践与世界万物的运动和相互作用、与动物的本能活动的相同之处，就是它仍属于物质的相互作用形式，它遵从物质运动的一切普遍规律。不同之处则在于，实践是人有意识、有目的的社会活动。也就是说，人不仅进行相互作用，而且自己知道且总是在想办法控制、利用这种相互作用。人不仅自己面对外界的客体，而且还在自己的内部即人和人之间结成社会关系，通过社会关系去进行一切相互作用。动物觅食总是个体直接从自然环境中寻求，而人则是靠全社会的生产和交换来解决衣食住行问题。一是有意识、有目的，二是社会性，这二者加在一起，就使实践在本质上不同于自然界的相互作用，使人作为"主体"有了特殊的身份。

人类实践中主客体关系的特殊性，从形式上看主要表现为：在自然界，相互作用的双方之间是简单的外部关系；而在人的实践中，主客体之间不仅有外部的还有内在的关系，主客体的关系不是简单的而是多重、复杂的关系。

首先，人类实践中的主客体并不仅仅是个体与外界的单一关系，这里的主体和客体都有多种层次。其中，有个人主体，这是个人与他以外的任何人和物形成的对象关系。群体主体，这是各种不同的人群共同体如阶级、阶层、集团、集体乃至民族、国家等，与它们的对象形成的主客体关系。人类主体，这是指地球上古往今来的全体人的整体与自然界形成对象关系等。人总是现实的、具体的、社会的人，人的实际存在方式就有多种层次，每个层次都有自己特定的活动对象和范围。例如，阶级斗争和民族斗争既不同于个人之间的私事，又不同于整个人类与自然界的关系，所以它们都在一定层次上成为独立的主体。

其次，人类实践中的每一主客体关系也不是单纯的外部关系和物质关系，而总是有物质和精神双重关系。不论是个人、群体还是人类，都既有自己的物质存在，又有自己的精神存在。因此，作为主体，它们在同客体打交道时，不仅要在物质上相互作用，而且要在意识中反映、认识和调节这种相互作用。例如，人与自然之间不仅交换物质和能量，还要进行科学研究和艺术表现。个人和他人之间不仅有生理生活关系和经济关系，还有道德、政治和文化关系。这样，人类实践中的主客体关系就总是表现为双重的物质关系和精神关系，或者简单地概括为"实践关系和认识关系"。

最后，人类实践中不仅有外向的主客体关系，还有反身内向的主客体关系，这就是自我主客体关系。不论是整个人类还是某个群体或个人，在它与自身以外的事物结成对象关系的实践过程中，同时还以自己为对象，在精神上和物质上不断地认识自己、调节自己、改造自己。"自我意识""自我教育""自我完善""自我改造"等，就是自己以自己为对象，现在的"我"以过去或现在、将来的"我"为客体进行认识和实践。客体是自己，主体也是自己，这就叫"自我主客体关系"。没有这种关系的存在和发展，人类不可能有从古人到今人的变化，群体和个人也不可能进步和发展，任何人都会失去前进的自觉性和主动性。

实践中主客体关系的复杂多样性，也就是人的现实存在方式的丰富具体性。离开这些现实的、丰富的具体关系，就不可能真正了解人是什么、人是怎样存在的，也就不可能弄清"负熵"和"信息"在人这里是怎样成为价值的，以及二者有何不同。

人类活动的"两个尺度"

从形式来看，人的实践与自然界的运动和相互作用确实有很大的不同。那么从内容来看又怎样呢？同样有质的不同。

一般来说，相互作用的内容就是物质和能量的相互交换、相互影响和转化。风助火势，火也助风威；水灭掉了火，火也使水变热乃至蒸发；阳光照射植物，给了植物能量，植物把阳光转化为自己生长的动力，同时也使一部分阳光有了绿色的生命；天敌吃掉一群小动物中的病弱者，剩下较强健的小动物使本群体的适应能力强化，反过来增加了天敌捕食它们的难度……这些都是相互作用。它们的形态各种各样，条件也各不相同。但有两点是普遍共同的：第一，这些相互作用的内容和结果，无一例外都是一定物质和能量的转化；第二，相互作用产生的影响和后果，都是双向的、"相互"的，即每一方都既有所"取"也有所"予"，每一方都以自己的方式"改造"对方，也都受到对方的"改造"，也就是说，相互作用中的"作用"总是"相互"的。在自然界，相互作用的结果是每一方都因受到他方的影响而有所改变，或者熵增，或者熵减。

在自然界，事物的相互作用都是在自发的、偶然或随机的方式下进行的，没有哪一方是有计划、有步骤地主动实施的。概括起来可以说明，自然界相互作用的一个根本特点就是每一事物都有且只有一个尺度。

所谓"尺度"，就是"规律、规定性"和"本性、标准"的意思。在相互作用中，每一方都只按自己的规律和本性运动变化，这就叫"只有一个尺度"。动物是自然界最高级的生命，马克思指出动物的活动只有"它所属的那个种的尺度"。例如，一只蜜蜂只按蜜蜂的本性和规律活动，它只是采蜜，传粉并非它主动的行为，花的生长和凋谢不是它活动的目的；鸟儿筑巢只是拾取现成的树枝和树叶，它绝不知道要种树；猛兽捕猎只是为了进食，却从不理会小动物的兴衰。虽然其他物种的存在处处都实际关系到每种动物的生存，但动物从不会进行"关心"自己对象的活动。

人不同于动物之处，恰恰在于人的活动总是有两个尺度。

揭示人类活动中两个尺度的秘密，是马克思在理论上无数伟大贡献之一。他说："动物只是按照它所属的那个种的尺度和需要来建造，而人却懂得按照任何一个种的尺度来进行生产，并且懂得怎样处处都把内在的尺度运用到对象上，因此，人也按照美的规律来建造。"①

人自然也有人的尺度。在生产劳动中，人也是按照自己的尺度和需要活动的，这既是人和动物大体上相似之处，也是人类作为自然界的一员同万物相联系的共同本性。但是，有两点使人与动物或其他一切自然物有根本的区别：第一，人并非只有一个尺度，主体的尺度同时还有第二个尺度，即任何对象本身的尺度、客体的尺度。人"懂得按照任何一个种的尺度来进行生产"。人跟自然界打交道，懂得按自然界的规律办事，懂得制造适合用于对象的工具。在采摘和狩猎的同时，学会了种植和畜牧。在生产和建造时，懂得按原材料的性质和结构进行加工。在同人打交道时，也懂得要适合人的特点等。这就是人的活动中有对象的尺度、客体的尺度的表现。

第二，这是更重要的，人不仅有两个尺度，而且能够把这两个尺度结合起来、统一起来，使主体的尺度与客体的尺度相互转化、和谐一致地体现在人的活动之中。人类有"按客观规律办事"的自觉意识，并用关于世界的知识和科学武装自己、提高自己，指导自己的行动，这就是把客体的尺度变为主体的尺度。人类又始终都在按自己的需要去选择和改变对象，使客体为主体的生存和发展服务。人类创造的一切都显示了人自己的本性、需要和能力，都是把自己的内在尺度"运用到对象上"的结果。这就是把主体的尺度变为客体的尺度。这两个尺度的结合与统

---

① 《马克思恩格斯全集》第 42 卷，人民出版社 1974 年版，第 97 页。

一，在人类历史上虽然有时成功有时失败，有人成功有人失败，但在总体上始终是人类活动特有的规律。

三、价值的根基

人类活动中的两个尺度，是人的一切对象性活动都必然遵循的尺度。两个尺度的存在，决定了人的活动具有双重内容、双向结构和双重结果。价值，就是在这个双向结构的运动过程中生成的，它代表着其中的一个方向、一种内容和结果。

人类活动的双向内容

如前文所述，自然界的任何相互作用都是双向的、相互的。就像有作用力就有反作用力一样，每一方都影响、改造对方，也都受到对方的影响和改造。这种相互作用持续不断地进行下去，就会造成一种结果：双方相互接近、相互趋向，每一方都带有越来越多的对方影响的痕迹，越来越多地反映出对方的某些特征，并且越来越多地通过对方来表现自己。这种双向内容，在人类的对象性活动中表现得尤为突出。

在人类的实践和认识活动中，主客体之间相互作用的双向内容可以分别称作"主体客体化"和"客体主体化"。

"主体客体化"是指这样的过程和结果：客体的尺度制约、改造了主体，使主体越来越依赖客体或者带有越来越多的客体影响的烙印。简单地说，就是客体本身的尺度变为主体行为的尺度。游泳的人必须遵循水的规律，经常游泳的人的呼吸、肺活量、肌肉、脂肪和皮肤等都会有所变化，这就是受到水的含氧量、温度、压力和阻力等特性影响的表现。俗话说，"各行有各行的架势""三句话不离本行"，正是指一个人受自己职业对象的影响，在行动上和思想上都会有所改变。就像采煤工人的身上总有煤的分子一样，任何主体身上都会有客体的印迹。就连大人教小孩时，大人也不得不说些孩子话、做些孩子的动作，这是必然的。

　　懂得了主体客体化的必然性，就引导着人们尊重客体、了解客体，自觉地探究和服从对象世界的客观本性和规律。对人类来说，这首先意味着全部科学、知识、真理的产生和发展，意味着尊重知识、尊重科学、尊重真理、服从真理，同时也教会了人们怎样利用客体来完善主体、发展主体。有志气的人总是拣重担子挑、选未走过的路走、到艰苦中磨炼自己，就是有意识地通过主体客体化这条途径来发展自己，"曾益其所不能"。

　　"客体主体化"则是指主体按自己的面貌（尺度和需要）改变、影响了客体，使客体越来越适合主体，服务于主体，打上主体的烙印。简单地说，就是把主体的尺度运用于客体，主体的尺度变为客体变化的准则。游泳的人选择水温，改变甚至创造游泳的条件（建造游泳场），利用游泳达到自己的目的（过渡或锻炼），就是客体主体化。人类生产、创造的一切，都是客体主体化的产物，在这些产物中都能见到人自己的尺度。架桥修路，制造衣食住行以及科研和生产的一切物品，甚至连描绘和叙述自然景观，都能从中显示出人自己的眼光、视角、兴趣和愿望。"登山则情满于山，观海则意溢于海"，历来诗人画匠对于山海的吟咏摹状，都是把自己的情感和意境注入其中的。在他们的作品中，每一客体都主体化了。

　　客体主体化让对象为自己的生存发展服务，这是人类一切活动的目的性内容。人们从来都在这样做着。懂得这个道理，就是要人们增强对自己行为的后果负责的自觉性。不能只是自觉或不自觉地强调人有权利改造客观事物，使它们为自己服务，还要懂得人们实践和认识得到的结果，并不是客体本身原来就如此，而是加进了主体的尺度、主体的作用后造成的。"好"也与主体自己有关，"坏"也与主体自己有关，主体应多从自己的方面找出成败原因，而不要把一切功过都归于对象。"不识庐山真面目，只缘身在此山中。"弄清自身所在的位置，是弄清"庐山真面目"的关键。

主客体的动态统一

主体客体化和客体主体化这两个相反方向的过程和结果，是在同一实践或认识过程中同时发生的，不是分别实现的。就拿人类和自然界的关系来说，亿万年来不断相互作用的过程和结果就是自然界的不断"人化"和人类对自然界的依赖性不断"深化"的统一，并非只有一个方向。

诚然，今天的人类可以非常自豪地说，人类自诞生以来，征服自然的努力已经取得遍布全球的成果。地球上的自然界已经相当"人化"了：我们的眼睛要想看见没有打上人类活动印迹的自然景观，我们的口鼻要想呼吸没有人类气息的纯净空气，我们的双脚要想踏上一块尚未留下人类足迹的土地，都已不大容易了。这不是人类单方面改造自然的表现吗？自然界又怎样改造了人呢？其实，这个问题在今天也已十分明显了。大自然在慷慨地给予人以一切资源的同时，也正在悄悄地把人类更深地拉入自己的怀抱，人类对大自然的依赖比以往更紧、更深、更全面了。据科学家统计，古代人类在地球上生存，自然界只要提供 18 种元素就够了，而今天的人类少于 80 种元素就不能生存。例如，石油和它包含的多种元素成分在过去并不影响人类生活。可是在今天，如果没有了石油，那么就会出现停止发电、交通中断、通信失灵、工厂停工、工人失业，黑暗和寒冷笼罩大地，最终导致世界爆发动乱和战争……这种情景不少科幻小说中曾描述过，并不是无根据的想象。可见，人类在改造自然的同时，也使自己得到改造，自然界的"人化"同时也就意味着人对自然依赖的"深化"。

人类与自然界的关系如此，社会生活的其他方面也一样：医生越是能够"改造"病人，也越是离不开病人；警察越是善于制伏罪犯，也就越是了解罪犯，熟悉犯罪的动机和手段；资本家越是要剥削工人，就越是要靠工人养活；政治生活和阶级斗争中的"道高一尺，魔高一丈"，说的正是双方通过相互斗争而使彼此都受到改造。

总之，主体在改造客体的同时，也使自己受到客体的改造。这种改造不仅包括实践的、物质形态的，也包括认识的、观念形态的相互作用。每一具体的对象性活动如此，持续不断的对象性活动就更是如此。人类的生活实践是一个无止境的发展过程。在人的认识和实践中，这种双向过程也永远不会停止。所以，主体客体化和客体主体化永远是人类活动中的必然现象。主体客体化和客体主体化是主客体动态统一的表现，它们的实现就是主体与客体在相互作用的运动中走向具体的统一。

价值的实质

把价值的定义放到人类历史活动的双向内容中，我们就会看到，价值是实质上的人类活动中双向内容的一个方面，是主客体动态统一过程中的一项内容。价值的本质，是指"客体主体化"的过程、结果及其程度，是一种"以主体尺度为尺度的主客体统一"。

想想我们生活中人们说好坏的情况，实际是不是这样呢？如果观察得仔细些、深入些，应该说情况确实如此。在现实中，人们判断事物的好坏确实有一个定律，就是以自己或自己代表的人"是否需要且能够接受"为标准。主体需要的且能接受的东西，对这一主体来说就是"好的""有价值的"，反之则是"不好的""无价值的"。

有时人们并未意识到或者并未说出这个主体，并不等于没有一定的主体。例如，说"阳光、空气和水是最宝贵的"，其实是就正常情况下对整个人类来说的，是以人类生存的一般需要和机能为标准的。在某些特殊的情况下，以主体的个别需要为标准，如果要满足避光、无菌或干燥的条件时，宝贵的就不是阳光、空气和水分了。前面举过的"水和火是好东西还是坏东西"的例子的答案也在这里，即对于需要和能够掌握它的人来说是好东西。对于不需要或不能控制、不会利用它的人来说是坏东西。一切好坏都是如此。正因为这样，才会对同一个事物总是有人说好、有人说不好。这种情况大都取决于以谁为主体、以什么样的主体尺度为标准。"最好的演员"与"最糟的演员"之争，实际是由于"体验派"主要是以满足观众情感和体验的要求为标准，而"表现派"则主要以满足观众的理智需要为标准。双方都以观众为戏剧表演价值的主体，但由于对主体需要和能力的理解不同，所以才有不同的标准、不同的结论。但是，在价值或好坏的本质上，二者的态度却是一致的，即都以适合主体的尺度为标准。总之，从人们说好说坏的实际情况来看，所谓"好坏"或价值，指的正是客体主体化的内容。

肯定了价值的本质是"以主体尺度为尺度的主客体统一"和"客体主体化的内容与程度"，对于我们理解价值这种既普遍又特殊的现象有什么启示，有什么帮助，会得出什么结论呢？主要有以下几点：

第一，我们首先肯定价值是人类生活特有的一种社会性质的现象。

在世界万物中，只有人才称得上严格意义上的主体，其他的不过是借用这个概念。人与自己对象的相互作用和自然界事物的相互作用虽有共性，但只有人才能与对象构成我们所说的主客体关系。前面已经说明，人都是社会的人，只有人类才有两个尺度，因此，只有在人类的社会实践中才会实现两个尺度和双向作用的完整统一。价值虽然与自然界的"负熵"和"信息"有一致性的渊源关系，但它们毕竟属于不同的发展水平和层次，不能被等同看待。就像人与物和野兽都有一致性，但毕竟不能把它们混淆一样。价值的特殊本质，在于人类的社会关系和社会实践之中。离开人的社会关系去泛泛谈论价值，并无多大意义。

第二，我们可以看到价值是主客体统一的一个方面。

人类的各种对象性活动的目的和发展趋势都是达到主体与客体的具体统一。通过对相互作用的分析可以知道，"统一"本身是一个双向的过程，有双重的内容和结果，这就是主体客体化和客体主体化，主客体相互趋向、相互转化、相互接近、相互影响。在这个双向的过程中，价值代表了其中一个方向的内容和结果，即客体主体化的内容及其程度。"客体主体化"意味着相互作用对主体的意义——对主体是肯定还是否定、支持还是削弱、适应还是破坏，给主体带来"熵增"还是"负熵"，对主体来说是"噪声"还是"信息"等，这些就是价值所指的实际含义。

　　价值是主客体统一的两个方面的内容之一，这一点就有双重的意义：首先，价值是人类实践活动内容的一个必然的、普遍的、基本的方面。价值在人类生活中绝不是一个小的、个别的、可有可无的现象，而是一个大的、普遍的、永远必不可少的内容。由此可见，羞于谈价值不是一种实事求是的态度。其次，价值也不是人类生活中唯一的一切，它只是两个基本的方面之一。主客体要达到统一，不仅要使客体主体化，让客体为主体服务；还必须使主体客体化，让主体服从客体的本性和规律。人类实践和认识中的一切事物、现象的问题，不论它们是有利还是有害，给主体带来"熵增"还是"负熵"，也不论主体是否喜欢和能够接受它们，它们都客观地存在着，并且按自己的本性和规律运动，按自己的尺度起作用。人必须面对它们、承认它们、尊重它们，按它们的尺度同它们打交道，否则便不能达到主客体的统一。因此，"主体客体化"也是人类活动中另一方面的基本内容。两个方面的内容之间不能互相代替，不能只有一个而无另一个。就像人的目的和愿望不能代替现实，现实也不等于人的目的和愿望一样。只有处理好二者的关系，才能达到主客体的积极的、有效的统一。由此可见，侈谈价值，把价值夸大为人生的一切，是一种盲目的或狂妄的心态，也很可能是一种空谈。

　　第三，价值的特征是"以主体尺度为尺度"。

　　价值虽然是主客体的一种统一，但是"主客体的统一"并不都是价值。只有以主体的本性、需要和能力为尺度去衡量客体时，主客体之间才构成价值关系，客体的存在和属性才对主体有价值意义。例如，当人仅去认识对象本身，知道对象"是什么，怎么样和为什么这样"的时候，人得到的将是经验、知识、真理。在这个范围内，主客体之间只是认识关系和存在关系，还不是价值关系。知识和真理本身并不是价值。就像对"珠穆朗玛峰究竟多高"的问题的回答一样，这个问题只有一个结论就是以珠穆朗玛峰本身为准，即以客体的尺度为判定答案的标准，并不涉及"多高为好或坏"的方面。但是，当人想了解或实际体验客体对主体的意义，去解决人"应该怎样做为好"或"事情怎样才有利"的问题时，就是在以主体尺度为标准去衡量客体"能给主体提供什么、带来什么"了。这时主客体之间就构成了价值关系。"珠穆朗玛峰的高度对交通、旅游、登山运动等有何利弊"（这是珠穆朗玛峰的价值）和"准确知道珠穆朗玛峰的高度对我们有何意义"（这是关于珠穆朗玛峰知识的价值）这一类的问题才是价值的问题。

知识和真理意味着主客体的一种统一，是人的认识符合对象的实际及其规律。价值也是主客体的一种统一，是客体的属性符合主体的尺度。二者的区别就在于前者是以客体为中心，以客体尺度为尺度的统一，后者则是以主体为中心，以主体尺度为尺度的统一。打个比方，"一双鞋存在不存在，它是什么样的"这种问题的答案，最终只能由鞋本身"说了算"。而"这双鞋是否合适，好不好穿"的问题就得由穿鞋的"脚"来"说了算"。懂得了这个道理，就能分清什么是价值和属于价值方面的问题，什么不是价值和不属于价值方面的问题了。

人类历史的"双螺旋"

人类有一种独一无二的、了不起的大本事，就是会抽象思维，能够给复杂多样的事物及其关系起"名字"。用一个概念、范畴或符号概括，一下子就表达了自己对一大类事物的理解和认识，就是这种本事的表现和应用。有些半带开玩笑的机智，很能显示这种抽象的威力。例如，"全世界古往今来一共有多少人？答曰：2个人——男人和女人。""全中国男女老少一共有多少人？——12个人，分别属于12属相的人。"当然，严肃的科学抽象更多。例如，哲学上的"世界上的东西归根结底只有一种——物质和物质的运动。""无穷无尽的具体变化可以分为两类——量变和质变"等。

仿照上述抽象概括的形式，假如提出这样一个问题："古往今来的人类不断地在实践、在认识、在发展，那么人类究竟在干什么，做哪些事？"该怎样回答呢？根据前面对人类特殊存在方式——社会实践双重内容的分析，我们可以说，自古以来人类为了实现自己的生存和发展主要是做了"两件事"：一是"追求真理"；二是"创造价值"。

有史以来，健康的、进步的人类大多数在不断地探索，渴求知道宇宙的秘密，了解自然界、社会和人自身的真谛，积累、丰富和发展关于一切对象的知识、经验和理论，用它们来反映世界万物的本质和规律。人们不仅要获得真实的知识，在思想上依赖它、依靠它、捍卫它，而且还要在行动上贯彻它、执行它，努力使自己的实践充分体现和符合世界的规律和万物的本性。一旦有了错误，不论多么痛苦也要纠正它，并坚决同一切蔑视真理、违背规律的言行不屈不挠地斗争，以确保自己立于不败之地……这一切都是在追求真理。

有史以来，充满活力、永不满足的人类大多数在不断地挖掘、选择和创造，用自己的大脑和双手去获得保证自己生存发展的一切，造就了只有人类才能享受的文明成果。人们不仅在物质形态方面把自然界的自在物变成为人服务、适合人的"为我之物"，而且在精神方面和观念形态上，把自然界、社会和人本身的各种特征变成了"真、善、美"的载体，使它们为人的精神生活提供丰富的资源。人们进行的经济生产、科学研究、政治斗争、道德建设和艺术创造等，无一不是在运用人类或一定主体的尺度使客体主体化……这一切也就是在创造价值。

当然，古往今来，绝非所有的人都热爱真理、追求真理，人们创造也并非都有正价值。但是，如果在总体上，从本质和主流方面来看问题，人类是靠什么才生存和发展的，历史是靠什么才不断前进的呢？只能说是靠实践和认识，通过实践和认识去追求真理，创造价值。没有这些就不会有过去、今天和未来的文明和人类，这是无可争议的。可见，追求真理和创造价值这"两件事"是人类全部有效活动的基本内容，是社会历史进步的内在保证。

既然如此，我们可以将这"两件事"的发生和发展作为线索，对整个人类历史的过程作一别开生面的剖视。

人类的历史就是人类生存发展的运动，就是人类活动的历史，也就是人类实践的认识的历史。这个历史像一条由无数环节连成的链条，或者像由许多链条立体交织的网络。取出这链条或网络上的任何一个环节、一个片段，我们看到的都是这样一种主客体相互作用的结构。

假如把人的每一对象性活动比作人类活动的"细胞"或单元结构，再把每一主客体关系的动态过程（历史）考虑进去，那么我们会发现：人类对象性活动的过程，即历史，很像是生命体遗传基因"双螺旋结构"。

20世纪，科学上的伟大成果之一是分子生物学揭开了遗传变异现象的物质基础和机制的秘密。它就是细胞中的脱氧核糖核酸大分子DNA。DNA分子的结构形状像是扭成麻花状的梯子；两条核苷酸长链是它的立柱，连接它们的碱基对则是梯级的横梁。这就叫"DNA双螺旋"。就是这种双螺旋结构的生物大分子，掌握着生物自我复制和控制新陈代谢的大权。生命体性状的发育和遗传变异，从生命体本身内部来说，就是由它的情况和变化决定的。DNA的发现具有划时代的意义，所以，在我国首都的科学城——中关村附近，如今立着一座独特的纪念碑——DNA双螺旋模型，它代表了当代科学的光荣。

与这一秘密相似的是，我们人类社会文明和文化的发育、发展和遗传、继承，也有具体的物质承担者，即对象性活动的双方——主体和客体。主体和客体本身都在相互作用中发展着，呈螺旋式上升的面貌，它们就是螺旋梯子上的两根支柱；而实践和认识则是联结主客体的横向关系形式，像是梯子的横梁。毛泽东同志说："实践、认识、再实践、再认识，这种形式，循环往复以至无穷，而实践和认识之每一循环的内容，都比较地进到了高一级的程度。"这里说的实践和认识循环的"内容"，应该理解为主客体相互作用的深度和广度、人类追求真理和创造价值的成果。"进到了高一级的程度"，则是真理和价值的不断丰富、深化和扩展。

人类活动"双螺旋结构"包含着人类文化、社会文明的"遗传信息"和"遗传密码"。每一代人都继承前人追求真理和创造价值取得的物质成果与精神成果，以此为发展的起点和基础。然后又用丰富了的物质精神成果将人类存在的特殊方式——实践方式和思维方式传给后代。真理和价值，就是这个人类历史双螺旋中的社会文明的"遗传信息"和"遗传密码"！

第三章
价值在哪里

对于想弄清楚"价值究竟是什么"的人来说，下面这些问题也是常常引起争论和令人困惑的："价值，究竟是一种东西，还是一种想象？它是存在于有价值的事物之中，还是存在于人的头脑和心灵之中？究竟在哪里才能找到它？"

追求价值和追求幸福是一个意思。人们要追求幸福，就要知道幸福是什么，在哪里。正像对幸福的理解总是各种各样，人们追求幸福的方向也总是互不一致，人们对价值的看法也是各种各样。

一、价值与现实世界

价值与现实世界的事物、它们的存在和属性等的关系如何，是解决"价值在哪里"问题的关键。历来对此有各种说法，每种说法都代表了一定的哲学倾向，都会引导追求价值的活动朝向各自的方向推进。因此，必须对比进行认真的考察和思索。

有一个世外的神秘天国吗？

在宗教信仰中，常常把尘世叫作"苦海"，把美满幸福的生活看作另一个独立的世界，即"天堂"。在哲学上，代表这种观点的价值论叫作"价值实体说"。它认为，价值本身是一个独立的实体王国，这个王国既不在人本身和人的生活中，也不在世界万物之中，而是在它们之外的一个"第三世界"。这是一种客观唯心主义的价值论。

客观唯心主义价值论认为，价值是一种不依赖于现实任何事物的独立本质，价值就是价值，它绝对地存在着，不会为任何人或物改变。相反，是它照亮了万物，使它们反射价值的光芒。对人来说，价值就是一个最高的目标、终极的理想和绝对的标准。人们只能向往它、追求它，经过一番努力最终达到它，犹如进入天堂一样，而不能创造和改变它。按照这种观点，世上的一切都早已被确定好了，什么有价值、什么无价值，人怎样做才能走向价值，怎样做不会走向价值，都有确定不变、永恒如一的标准。

这种唯心主义的价值实体说，带有明显的宗教神秘主义色彩。它实际上取消了人自己创造价值和选择价值的必要，否定了人类创造和实现价值的权利与责任。然而我们知道，它所说的神秘天国是不存在的。在理论上，它经不起反驳；在实践上，它得不到证明。

药品不是"治病"，味精不是"鲜美"

另一种价值实体说，多半为一些相信唯物主义的人所主张。它认为，价值就是有价值的东西本身，或者是价值客体物特有的某种东西。他们觉得，只有这样才能肯定价值是客观的存在。

按照这种观点，找到了有价值的物，就是找到了价值，二者是一回事。这就等于说，药品就是"治病"，食物就是"营养"，经商等于"发财"，书本和文凭等于"学问"。虽然实体论者自己也觉得这样说不通，但他们仍然相信事物之所以有价值，一定是因为事物本身有某种成分、因素之类的存在，它们就是客观的价值。我们有时很难说出这些成分、因素之所在，那是因为还未认识它们罢了。一旦人类找到了它们，就可以提炼出纯粹的"价值"来。他们说："你们看，'鲜美'这种价值的实体不是找到了吗？它就是味精。'甜'的实体也找到了，是糖精……"这种思想方法，很像科学史上曾犯过的一种错误，就是用"燃素"来说明燃烧现象。事实上，味精并不是"鲜美"，糖精也不是"甜"。光吃它们是尝不到美味的。

人们常常觉得，我们创造和占有价值实际上就是创造和占有它的承担者——价值物，因此，把价值和价值物看作一回事没有什么不对。这种看法有一定根据。但是，若因此而忘记了二者的区别，可就要把思想导向一个错误的方向了。一个工厂，如果不懂得自己的产品和产品的使用价值的区别，以为产品就是使用价值，因此，大量生产那些既用不上也卖不出去的产品，只是增加库存积压，这样的"创造价值"是我们应该提倡的吗？一个家庭只是买进各种商品，不论它们是否能解决自己生活中的任何问题，以为这就是占有价值，这样的生活方式能够奉行下去吗？

混淆价值与价值物，在理论上是观念模糊、思维不够深刻的表现。在实践上，它会造成误解，使人以为占有了物就等于实现了价值。殊不知，物虽然有价值，但物本身不等于价值。否则，"东西多了反成累赘"怎样解释呢？更有害的是，这种把价值和物混同的观念，会引导人们只注意物的、有形的东西的价值，而忽视精神文化、无形的东西的价值。一项科学知识、一个好的建议、一种良好的风气，是什么样的物呢？难道它们没有价值吗？

可见，把价值和价值物混为一谈，表面上似乎有利于说明"价值的客观实在性"，有利于坚持价值论上的唯物主义。其实，这至多只是一种庸俗的唯物主义，而不是科学的唯物主义。

有用的"属性"和属性的"有用"

否定了实体说，有些人把目光转向属性说。属性说认为，价值并不是客体事物本身，不是独立实体，而是客体固有的某些属性。因为这些属性能够满足人的需要、使人愉快，所以把它们叫作"价值"。

按照这种说法，价值不过是客体某些属性的别名，价值虽不是客体本身，却仍为客体所固有，是附着在客体身上的。例如，鞋的形状、尺寸、质地等属性，构成了鞋的"可穿性"；食物含有的蛋白质、维生素等的属性，构成了食物的"营养性"；花的颜色、形状、气味等是使人愉快的属性，即"美性"；一个人的品德修养、言行动机等，就是他的内在价值，即"德行"。"可穿性""营养性""美性"和"德行"等，可以统称为"有用性"或"价值性"，即"事物满足人的需要，或使人愉快等的属性"，是客体固有的特征。

这种观点似乎很能说明问题，用起来也很简便；要想知道事物有什么价值，只要知道它有什么属性就行了。然而，许多学者却指出，这种观点并不科学，并不彻底，它还不能真正说明价值。

例如，既然价值是客体固有的属性，那么不论有没有主体、主体是否一样，一个事物的价值都应该是一成不变的。但是，为什么同一双鞋，对甲来说有"可穿性"，对乙来说却有"不可穿性"（不合脚）呢？花的成分就是"使人愉快的属性"，为何对花粉过敏症患者却并未产生让他愉快的效果？为什么同一事物的同一属性在不同情况下却有不同的价值？

分析表明，这种属性说的毛病，是把"有用的属性"和"属性的有用"混为一谈了。"属性"是事物固有本质的表现，它不会随着与他事物的关系不同而有本质的不同，而"有用"却是一种关系、一种效果，它是客体事物及其属性同主体相互联系、相互作用的表现，并不为主客体任何一方所固有。混淆了"属性"与"有用"，是属性说的根本错误。

食物能使人吃饱，这是食物的各种属性对人的效果，食物本身并无"吃饱"这一属性。针刺能使人疼痛，但针尖并无"疼痛性"。"有用性"其实不是一种"属性"。属性说利用"有用性""价值性"这类似是而非的概念，把价值说成事物的属性，其实质和后果，同庸俗唯物主义的实体说是完全一样的，实际上是这种思想方法的继续。

价值只在人心中吗？

大量的事实和理论分析足以说明，种种实体说和属性说都不能成立。于是一些人便走向另一个极端，认为价值纯粹是一种主观的东西，是人的精神和观念的现象。西方一些主观主义价值论者直截了当地宣布：价值只是人的兴趣、欲望、情感、态度、意志等本身，什么东西有价值，就是人们对什么东西有兴趣、有欲求，兴趣和欲求赋予事物以价值，价值产生于、存在于人对事物的评价之中。因此，要找到价值在哪里，就要看主体的兴趣、欲望、情感等在哪里。

这种主观主义观点比较能够说明人对事物的评价同人自己的精神状态、思想观念的联系，破除对客体的迷信和崇拜，也便于显示评价标准的个体性、多元化和相对性。因此，它在西方价值论中有很大的影响。但是，它同样也是一种唯心主义的错误理论，因为它彻底否认了客观的价值，把价值变成了一种主观随意的、相对主义的观念。

这种观点势必导致这样的结果：任何事物，只要你喜欢，它就是好的。你觉得有价值，它就有价值，不需要任何客观的根据，也没有任何客观的标准。在价值领域，人们完全可以不受检验、不负责任。这种极端唯心主义的价值观往往成为意志主义、唯我论、反科学和反真理倾向的武器，其危害自不待言。然而，在理论上，它却有较深的根源和很大的影响，并不是我们只要谴责它的危害，宣布它的结论荒谬，就能一下子驳倒的。要想驳倒它，还需要深入细致地分析和论证。

二、价值是一种关系态

对以上几种观点的分析说明，价值既不在现实的世界、事物之外，又不是任何既成的现实事物和它们的属性本身，同时又不是人头脑和心灵的主观现象。那么，它在哪里呢？回答是价值存在于主客体之间的关系之中，是这种客观关系的状态、内容本身。这种观点可以叫作"关系说"。

"关系"的特点

关系说认为，价值是客观存在的，但价值的客观存在既不是作为一种独立的实体，也不是作为任何实体固有的属性，而是作为一定关系，即主客体关系的状态、内容和效果存在的。在我们的生活中、语言中，作为"关系"的现象和概念是很普遍的。例如，婚姻、友谊、交往、分工、合作、交换、服务等，都是人与人之间的关系；在科学上，相互作用、信息、系统、控制等，则是指特定物质体系之间的相互关系；在哲学上，联系、规律、矛盾、因果等，也都是最普遍的关系范畴。人们事实上早已看惯了关系，用惯了关系，但不一定理解了关系，不一定注意到了关系的特点。

关系有什么特点呢？简单地说就是关系不能离开关系项双方而单独存在，但关系不是关系项或它们其中任何一方本身。关系当然要有关系者，要以发生关系的关系者各自的实体和属性为前提，关系也就是关系者各方的实体、属性之间的关系，但关系不等于实体和属性本身。就拿婚姻来说，它是一位男性和一位女性之间的一种特殊的关系，但绝非一位男性和一位女性或者任何两位异性就是一场婚姻。婚姻可以建立，也可以破裂，它并不是两个人的生命和性别所固有的。

不理解关系的这种特点，总想把关系归结为某一方或双方的实体、属性本身，归结不了就认为它并不存在，而只是人的主观意念、想象，这就是前面列举的各种价值实体说、属性说和主观说的共同原因，是它们在思想方法上的共同特点。它们脱离了主客体关系来谈价值，不用看待关系的眼光来看待这种关系现象，结果必然不能真正理解价值。

关系还有另一个特点，就是关系的全部内容和结果都要由关系者来承担，通过关系的状况和变化表现出来。关系并不像一座桥梁，它自己不是独立的实体，所以，关系中有什么、产生和消失了什么特殊的内容，最终还要到关系者那里去找，看它们各自有什么变化。犹如婚姻一旦建立，对于男性来说，就意味着他有了"丈夫"的种种权利和责任，他的生活有了新的特征；对于女性来说，则意味着她的生活发生了同"妻子"相联系的种种内容。夫妻二人各自出现的这些变化，就是"婚姻"这种关系的内容和效果。要知道"婚姻"在哪里，主要应该在这些效果里去找，除此以外并不存在独立的"婚姻"实体。

关系的上述两方面特征是我们解决"价值在哪里"问题的钥匙。价值就像婚姻一样，是一种"关系"的内容和效果。

花香与鼻子

不理解或不承认价值是一种关系现象，而认为价值归根结底在于客体或它的属性的人常常提出这样的问题："没有客体的属性，能有价值的效果吗？没有任何鼻子去嗅它的时候，花的香味仍然存在，这不是证明了效果只是来自客体的属性吗？"没有客体和它的属性，当然就不会有它同主体的关系及其效果，但这和效果等于属性是两回事。认为"花香与鼻子无关"，实际是还未弄清什么是关系，什么是效果，什么是价值。

什么叫"香"味？我们通常说某物"有香味""很香"，如说"米兰花很香"的时候，实际可能有两种不同的意思、两种不同的所指。一种是，"香"是一种气味、味道的名字，它表示一种化学成分、一种气体分子、一种属性的存在。当"花香"是指一种花粉分子的特性时，这种意义上的"香"并不包含"使人愉快""使鼻子舒服"的意思。它的确是指一种客体及其属性本身，不论有没有鼻子嗅它，也不论是否有人喜欢它，只要这种分子、成分存在，它就是"香"的。例如，化学上一种名为"芳香烃"的化学成分，就是指含有苯分子结构的化学基团，它使人嗅起来有一种类似花香的香甜味道。但芳香烃绝不是"使人愉快"的东西，事实上它对人体来说是有毒的。所以，这里的"香"和"芳香"还不是指价值，而是指一种不涉及好坏价值的存在本身，是指一种中性的科学事实。在这种意义上，花的香味确实可以说与"鼻子"无关。但也正因为如此，这里所说的"香"不是价值，也不是好坏。

另一种"香"才是价值。这时的"香"是指"使嗅之者身心愉快"。说某物"香"，就含有赞美、欣赏、肯定的意思，是指给主体带来一种有益的效果。在这种情况下，"香不香"是和"好不好"相关的。对绝大多数人来说，花粉的气味分子能使人感到身心舒畅，因此，"花香"意味着一种美、好、正价值。对于少数特殊的人来说，这种分子并不意味着好。例如，失去嗅觉的人就不会有对花香的美感，某些患特殊疾病的人则会因接触花粉分子而发生恶性反应。这样，"花香"就不是与一般意义上的"鼻子"即嗅觉主体无关了。因为在这里，"香不香"本身就是指在主体那里引起的效果。不同主体相联系，不在与主体的关系中，就不会有这种效果。

效果本身是主客体关系的产物，它离不开主客体双方，但最终要表现在主体一方而不是客体一方。价值，就是这样作为主客体关系的内容而存在的。

磁铁、靶子与百货商场

围绕价值究竟在哪里，以及主体和客体在产生价值时各起什么作用的问题，西方哲学中曾进行过一场有趣的争论。这场争论的焦点就是："事物是因为它本身有价值才被我们追求，还是因为我们需要它、喜欢它才有价值？"

争论中的两种对立观点，各自可以用一个比喻来代表。一种观点是"磁铁与钉子说"：把客体比作磁铁，把主体比作钉子，"吸引"则意味着有价值。这种观点认为，价值是客体具有的对主体的吸引力。因此，价值本身主要存在于客体之中，对主体的"吸引"不过是客体本性的表现。另一种观点则相反，是"箭与靶子说"：主体的需要、目的、兴趣等是"箭"，客体是靶子。"箭"对准什么，什么就是"靶子"，射中靶子就是实现价值。这个比喻强调价值主要是由主体决定的。二者都把价值看作主客体之间的关系（"吸引"或"中的"），但侧重点显然不同。孰是孰非？

其实，二者都不应片面化。磁铁能吸引钉子，难道与钉子本身是铁的无关吗？磁铁为什么不能吸引木头和玻璃呢？把"吸引力"看作单方面的决定关系显然是有偏差的。同样，箭能够随便射吗？为什么此时此地要射这个靶子而不射别的？如射箭比赛和狩猎，难道与被射的东西本身全不相干吗？完全脱离客体的属性来看主体的指向，也是错误的。

那么，怎样理解才更全面一些呢？如果也打个比方，似乎用"顾客与百货商场的关系"来比喻价值主客体的关系比较贴近。顾客从商场得到自己需要和满意的商品，就比作价值的实现。这个比喻包含着下面的实际情况和道理：

第一，商场即价值客体，是客观存在的，它的各种各样的百货商品，可以看作价值客体固有的丰富多样的属性。这些并不因有无顾客光临而改变。

第二，商场并不能使人一定成为顾客。它对有些人（通常是多数人）有吸引力，而对有些人（如从不逛商场的人）并无吸引力。一般来说，它只对需要它的商品或需要了解市场情况的人才有吸引力。所以，客体并不决定主体，"吸引力"是因人而异的。

第三，逛商场的人，有些是有目的、有准备的，就像用箭对准了靶子一样，他们是专门来选购某些商品（利用客体的某些属性）的。但有些人并无一定的目的和准备，他在浏览中碰见中意的商品就会想买，否则不一定买。这就是说，价值的实现，既有"射靶"式的，也有"吸引"式的，实际情况并非只有一种。

第四，顾客在商场得到满足自己需要的商品，即实现价值，这个完整的过程取决于三方面的条件：一是商店里确实有这种商品，即客体及其属性确实存在；二是顾客确实需要或主观上想要它；三是顾客有足够的钱买，也有办法安置和使用这种商品，即主体有相应的能力。没有这三条，要么是买不到，要么是买了没用，要么是买不起，它们意味着这里并未形成实际的价值。或者说，这时的价值还只是"可能"，实际上并不存在。

总之，对于前面说的争论的焦点问题，我们得出的是第三种方式的回答：事物本身并无所谓价值，也不会仅因为我们需要就有了价值。事物之所以有价值，是因为它的存在和属性，同我们的需要之间有某种一致的关系，或者说，是因为它能够满足人的需要、适合人的能力。

三、价值存在于人的活动之中

经过上述讨论，我们可以得出这样的结论：价值就存在于人的对象性活动之中。

人的对象性活动，是包括主体和客体双方在内的一种相互关系、相互作用的运动过程。作为这种关系中的内容和效果，价值自始至终存在于这个过程之中。

客体是前提，主体是归宿

价值既不是客体和它的属性本身，也不是主体的需要和能力本身，而是它们双方相互结合的形态和产物。这种结合在哪里实现呢？在主体上。

前面关于价值的定义表明，价值是以客体主体化为内容的，是以主体尺度为尺度的主客体的统一。既然如此，那么作为主客体相结合的形态和产物，价值必然表现为在主体身上的"结合"，否则便不是价值。

鞋的使用价值，主要是它穿在脚上的效果；药品的使用价值，就是指病人服用后的疗效；食物的营养价值，等于食物被消化吸收后的作用；艺术品的审美价值，在于它使观赏者赏心悦目；一个人言行的道德价值，要看他是否有利于社会风气、人与人关系的进步；一项政策、决策的政治价值，就是它给一定政治主体的利益带来什么损益；一项科技成果的经济价值，最终要通过提高经济效益、满足社会的经济需要才能表现出来……这里的客体，分别是鞋、药品、食物、艺术品、个人言行、政策和决策、科技成果等，这里的主体则分别是穿鞋的人、病人、进食者、观赏者、社会和他人、政治主体、社会经济主体等。在这里的每一主客体关系过程中，价值的形成和存在都是以客体为前提、以主体为归宿的。

客体是前提。在价值的产生中，客体是必要的基础、是先决条件，它的属性好比是原料、是植物的土壤。没有客体及其属性，想要形成价值犹如"无米之炊"。但是，前提不是结果，基础不是房间，原料不是成品，土壤不是植物。停留在客体本身，还不会形成价值。

主体是归宿。在价值的产生中，主体是目的、是标准。主体的变化效果好比是成品、是植物的成长。"不到灵山不成佛"，不形成主体性的效果，就不能表现出价值。所以，要想找到价值，看它是否存在、是什么样的，最终还要去看主体，看它得到了什么、有了什么变化。就像要看药品的使用价值，最终要看它的疗效；要看药品的商业价值，最终要看销售它所获得的利润。

常常被忽视的事实

得出上述结论，立刻会引起人们的许多联想。在哲学上引起的第一个反应往往是"这样一来，价值还是客观的吗？还有事实根据可言吗？"

提出这样的问题是有原因的。原因就是长期以来，人们习惯于把"客观"和"客体"视为等同，认为只有不依赖于人、主体，在他之外的东西才是客观的。如今，价值却成了以主体为归宿、在主体身上表现出来的变化，自然就难以理解它的"客观性"了。

然而，这种长期习惯的观念并不正确。因为在哲学看来，客观是指"不依赖于人对它的意识的独立存在"，而不是指"与人无关的独立存在"。这二者必须分清，否则就会误解成"凡与人相联系、没有人就不存在的东西，就是主观的"。按照这种理解，整个人类历史、社会、生产力、社会规律、认识中的真理等，就都成了"主观"的东西，何来"历史的客观规律""客观真理"等可言？事实上，这些东西虽然依赖于人而存在，但不依赖于人对它的认识和态度，就像人自己是否呼吸，并不依赖人自己是否意识到它一样。正因为如此，我们才说它们是客观的。这是一种属人的、社会的、主体的客观性。

价值的客观性问题，也应用主体的客观性来理解，即效果如何、是好是坏，要看一种主体性的事实，而不能只看主体对它的观念、态度、兴趣等。吃饱没有，病情如何，鞋是否合脚，教师的讲课是否使学生获得了新的知识，思想工作是否解决了人的思想问题，心理治疗是否解除了患者的心理障碍，一项政策是否实现了预想的效果，一个人的行为是否构成了犯罪等，这些都有事实与非事实的区别，同人们的看法、态度绝不能混为一谈。所谓客观的价值，正是指这些事实，它们是不能用人们的兴趣、想象和判断来代替的。人们对它们的态度是评价，而不是价值。

明确价值的客观存在最终表现为一种主体性的客观事实，我们就可以解放思想，放心大胆地承认价值的科学根据，实事求是地分析价值、创造价值。

价值在于进取和创造

"价值存在于人的活动中"这个结论，给我们提供的一个积极的启示就是要积极地进取、自觉地创造。

"活动"是一个泛泛的概念。人的一切，人的生存都是活动。这里有生理的和心理的、自然的和社会的，也有自发的和自觉的、被动的和主动的。当我们没有意识到价值在哪里的时候，我们也在得到价值、享受价值，甚至在不知不觉地创造价值。但是，由于不自觉，我们可能并不知道自己追求的究竟是什么，它在哪里，是怎样产生的，结果有时就会事与愿违或者颠倒本末，迷失方向。有的人把幸福理解为聚敛财物、追逐名利、享乐安逸等，结果是给自己或他人造成不幸。这往往是同他对价值的盲目性相联系的。

我们要追求和实现价值，首先要树立的一个信念就是在价值问题上，主要的权利和责任在我们自己。有了这个信念，意味着我们要增强在价值问题上的主体意识，包括增强我们的权利感和责任感。

一方面，人类有必要、有权利按照自己的需要和能力去创造一切价值。没有神仙和上帝来替我们创造，自然界也不会自动满足人的需要。人类的生存和幸福，"全靠自己救自己"。现成的一切并不是不可改变的，我们要用自己的智慧和双手来改变世界，创造出地上的乐园。另一方面，我们创造和获得的价值怎样与我们自己的需要、能力，以及我们对它们的自觉性的水平有关，反映着我们自己的面貌和尺度，正像人类对大自然的开发，是人类自己发展水平的显示一样。因此，我们必须不断认识自己、反省自己、丰富和提高自己，永远以向上、进取的态度承担起自己的责任。

这两个方面的统一，是我们理解一切价值问题、处理一切价值问题时应牢记的根本立足点和出发点。

第四章
价值的本性

知道了价值是什么，也知道了它的实际表现究竟在哪里，我们就可以把它作为一个特殊的现象来研究它的特点，即它的本性。

价值作为人类生活特有的一种普遍现象，具有社会性、历史性、实践性、客观性和主体性等特性。其中的主体性是价值的特殊本性，即个性。

所谓价值的"主体性"（也许叫"主向性"或"向主体性"更准确些），意思是说，在主体与客体二者之间，价值产生的根据、标准和归宿更多地在于主体，价值反映着主体的特点，主体不同而价值有所不同，价值总是有主体化的倾向。

让我们来看看它的具体表现。

一、个体性

事物的价值以人为尺度，客体的价值以主体为尺度。在现实生活中，人是各种各样的。不仅有一个个各有其面貌的个人，而且有各种不同层次、不同性质的人的社会集合体，如家庭、集体、各种社会团体、阶层、阶级、民族、国家、社会乃至整个人类。所有这些"人"的不同层次、不同形态，各自都在一定的范围内成为独立的主体与一定的客体结成一定的价值关系。在这种情况下，每一个独立的主体就是一个现实的个体。

价值"因人而易",就是指价值因主体的个体不同而不同。这是价值具有主体性的第一个表现——个体性。

"是好是坏,要看是对谁"

价值既然是以主体为尺度的,那么要判断一个客体的价值,就必须加上一条——它对谁的价值?

因为同一客体对于不同主体的价值事实上不是同一个价值,不能把它们混为一谈。"下雨好不好"要看对在什么地方、什么时候、做什么事的人来说。没有这些,这个问题是无法回答的。这里的"在什么地方、什么时候、做什么事的人",就有多种情况,即多个主体。多个主体因各自的情况不同,其需要和能力不同,从下雨中受益或受害的情况就自然不同,这是不能否认、不能忽视的。旱区的人对涝区的人说:"下雨明明很好,你们为什么说不好?"这就是不懂得或者忘记了价值的个体性。广大人民群众在实践中早已懂得了价值个体性的道理。俗话说,"是好是坏,要看是对谁",就体现了这个道理。

价值的个体性是说,价值的具体形态是同主体的具体个性相联系的,对"谁"的价值就反映"谁"的个性。对阶级的价值有阶级性,对民族的价值有民族性,对于一个时代人类的价值有时代性,对全人类的价值有人类性,对某个人的价值有他的私人性。

拿个人来说,纯属对某个人的价值就表现为他的个体事实。张三吃四两饭就饱,李四却必须吃半斤,一碗饭对他们的价值就是不同的。一出戏,有人看得有兴致,有人看得没有兴致,因为他们各自的欣赏状态和水平不同。"一千个观众就有一千个哈姆雷特。"对一件事情、一种知识,甲觉得很容易、很明白,乙却觉得很难、不明白。明白和不明白、难和易,是甲、乙条件不同造成的。甲可以帮乙做事,却不能代乙"明白"。一个人的生理、心理、人格、智力和其他全部社会文化素质的状况,不论是否与别人相似,都是他本身全部生活条件和经历的凝聚,都有他的个性。因此，对他来说什么好、什么不好，好是什么样子、坏是什么样子，总是有其特殊性的。平时人们感叹"一人一面、千人千面""众口难调"，懂得做人的思想工作要"一把钥匙开一把锁"，就是这个缘故。

世界上的众多价值，并非都是以个人为主体或是对于个人的价值。还有的价值是对一定群体、阶级、民族和社会的价值。对群体的价值和对个人的价值，有时似乎分不清、分不开。例如，我们国家和社会安定、秩序良好，对国家社会有利，对绝大多数个人也有利。但有时能分得很清楚，例如，食物的营养价值就只是对个人的，对任何集体、阶级和民族都不存在，所以食物的营养价值不可能有阶级性、民族性等。反过来，有些价值却是只能以一定群体为主体，对社会群体才有特殊意义。例如，我们中国的"龙文化"，把龙看作吉祥的象征，这只是中华民族的文化价值。实行控制人口和计划生育，它们的价值正是对整个民族和整个人类而言的。如果不是以民族和人类社会为主体，为民族和人类的前途着想，就不能肯定它们的价值。可见，凡是价值，先要弄清"它是对谁的"。这一点不仅适用于个人之间，也适用于个人和群体之间、阶级之间、民族之间等。

"谁有病，谁吃药"

价值的个体性，表现了具体价值与具体主体联系的唯一性。就是说，只有满足主体的一定需要，才能形成具体的价值，用什么来满足需要，即客体可以不是唯一的（这一点可以用生活中大量的代用品来证明），但是决定价值的需要是唯一的。

让我们举个例子来说明。关于我国古代著名神医华佗有一个传说：有两位病人同时来求医，他们的病情症状都是上吐下泻不止。而华佗诊断后，却给一个病人开了止泻药和补药，给另一个病人开了泻药。这是为什么呢？华佗说，这两人病状相同，病因相同，但体质不同。一个屡弱不堪，另一个原本强壮。给强者开泻药，他把毒气泄尽就会好起来，而弱者却需要慢慢调养，不能急攻。后来，两个病人果然都痊愈了。这个故事说明，"对症下药"光是看"得什么病"还是不够的，还得看得这个病的人有什么特点，才能真正下好药。神医之"神"，恰在于他把握了价值的个体性、唯一性。

"对症下药""辨证施治""量体裁衣"等，说的都是具体的价值只有在以具体的主体为根据时才能形成。而"东施效颦""邯郸学步"，以及各种强加于人的做法则是相反的例子。有个笑话说，一位县官老爷自己厌恶肥肉，他断案时就喜欢罚人家"食肥肉一斤"。外国也有类似的嘲讽：判决将一条有罪的鱼抛到河里淹死。不懂得价值个体性的人难免要干这样的蠢事。

懂得了价值的个体性特征，在思考我们国家、民族的前途和命运的时候，就是要懂得我们为什么必须独立自主、走中国特色社会主义道路。在处理具体事务的工作和生活中，就是要学会对"什么是好，什么是坏"做具体的分析，有针对性地处理。像俗话所说，"谁有病，谁吃药"，不干或少干"领导有病，让群众吃药""邻家感冒，自家发烧"的傻事。

价值的"多元"和"一元"

价值的个体性，意味着在价值、好坏的领域里，多元化是一个不可避免的事实。因为在现实生活中，具体的主体就是多层次的，有无限多个主体。即便是同一客体，它的价值主体在不同主体那里也是不同的。事实如此，那么遇事总有不同的评价、不同的态度、不同的选择，也就毫不奇怪了。

特别是在当今世界上，人类还存在着各种各样的差别、分化、矛盾甚至对抗，在社会上存在着彼此地位和根本利益对立的阶级和社会势力的情况下，这种价值在事实上和观念上的多元化，就更是不容忽视、无法否认的。

承认价值的多元化，不需要多深的学问和多大的勇气。因为只要有起码的实事求是的态度，睁眼看一看现实就可以知道。但是，要从中得出正确的结论不是那么简单的，而是需要进行一番深入的思考。

首先，要明确"价值的多元化"是指也仅指价值的性质和方向的多元化。在价值领域里，由于主体不是也不可能只有一个，所以价值效果、价值事实必然是多元的。这一点不应忘记，也不应将它任意扩大，例如，不能由此得出"存在的多元化"和"世界多元论"。物质世界的存在是一元的，不是多元的。也不能由此得出"真理多元论"。因为真理的主体只有一个，即不断发展的人类整体，这是唯一的，也就是说，真理的主体是一元的。存在的一元加上主体的一元，决定了真理的一元。"真理多元论"是错误的，它与价值多元化的事实并无联系。

其次，承认价值的多元化意味着我们要承认、尊重、理解现实生活的多样化和矛盾、冲突，而不是无视或回避现实。"萝卜白菜，各有所爱。"每一主体都由他的个性决定了他对价值的选择和取向。我们必须首先承认这一点，而不是用我们的愿望和想象代替现实，才能理解现实，从而正确对待现实。要理解现实、理解别人，在价值问题上，就是要用不同主体各自的原因去解释他的选择和好恶，明白他的前途和命运只能由他自己决定，谁都不能互相包办代替。

最后，承认价值的多元化正是承认我们自己随时有进行一元选择的必要。因为现实中有多元价值，我们才要弄清和坚持自己的一元。正因为脚下有许多路可走，我们才需要认清哪一条是通向自己的目标的路。如果不承认多元的现实，也就否认了自己一元选择的必要。如果一切都是唯一的、单向的、完全决定好了的，谁还有必要、有能力去选择、去奋斗、去争取呢？正是因为看到了社会历史中存在着错综复杂的道路，并且认准了使无产阶级和整个人类获得解放的目标，马克思才引用了一位诗人的话来表达自己对事业的追求："走你自己的路，让别人去说吧！"

宽容的价值

了解了价值多元与一元之间的关系，就可以了解到在生活中保持必要的宽容，是一种深刻的自觉意识。

自从荷兰裔作家亨德里克·房龙于七十年前写了那本轰动世界的书——《宽容》以来，"宽容"成了一个国际性的流行用语。越来越多的人意识到，在这个矛盾重重、错综复杂、纷争不断、冲突迭起的世界上，适当的宽容不仅是必要的，而且是宝贵的："没有宽容就没有和平，没有和平就没有幸福和繁荣。"

那么究竟什么是宽容，我们为什么需要宽容，在什么事情上才应该宽容和能够宽容？

显然，绝不是任何事情都应该宽大容忍的。例如，搞科学研究，追求真理，就必须实事求是，一是一、二是二，在这里来不得半点虚假和含糊，否则客观规律就会以严厉的惩罚和残忍的嘲弄报复。讲究产品质量，就必须丁是丁、卯是卯，一丝不苟，在这里也来不得半点马虎和凑合，否则事关消费者的权益甚至生命，社会绝不会容忍那种不负责任的行为继续下去。维持社会治安，就必须严格执法，坚决制止为非作歹、无法无天的行为，否则宽容就会成为"纵恶"的别名等。

但是，对于另外一些情况，就不但应该宽容而且必须宽容，才能够有和平、安宁、发展和繁荣。例如，对科学研究的兴趣、追求真理的方式、各民族在自己文化历史背景下形成的价值观念、一个企业产品的品种和经营风格、个人在不伤害公共利益的前提下对自己生活的选择等。在这类事情上如果不讲宽容，不能理解和容忍与自己不同的样式，不允许有不同的意见和选择，强求一律，人人都想把自己的一套强加于人，那么结果不是冲突更加激化从而失去和平，便是生活样式的简单化和贫乏，犹如强令大地上只开一种颜色的花朵，使之失去繁荣和生机。

世界既是统一的，又是多样化的。统一在于万事万物都有共同的基础和普遍规律，表现在我们的生活中就是有一元的真理。多样化在于每一事物的发生和发展都有自己的特殊条件和规律，表现在生活中就是价值的多元化。例如，关于"这双鞋是不是 40 码"的问题，正确的答案只能有一个，对任何人来说都一样。这属于事实和真理性认识的一元化，没有这种一元化就不会有人类的任何共同认识和实践。而对于"这双鞋是不是好穿"结果的事实必然因人而异，正确答案随着穿鞋之脚的大小而改变，这就是价值的多元化，没有这种多元化则不会有丰富多彩、日新月异的现实生活。"世界是个无限多样化统一的世界。"这个辩证唯物主义原理本身就包含着对现象多样化和价值多元化的肯定。没有多样化作为基础的所谓统一，只是"单一"，而不是辩证的统一。特别是在价值问题上的辩证统一，只能是在多种价值并存互容、互补竞争的基础上达到整体和谐和发展式的统一。所以，现象的多样化与本质的统一性、价值的多元化与真理的一元化之间，并不是相互排斥、互不相容的。

宽容是一种以价值多元化为根据的理性化、明智的生活态度和实践方式。打个比方，宽容就是这样对人和对己：懂得"每个人的路归根结底要由自己来走"，因此尽可能地理解和尊重每个人选择的权利和责任。具体些说，宽容首先意味着对现实主体和价值多元化的承认：世界上绝非只有我们自己——"只此一家，别无分店"，而是有着许许多多其他的个人、群体、民族、国家等主体及其价值标准。其次，意味着对不同主体的平等地位的尊重：人人有根据自己的情况判断好坏得失、善恶美丑，确定自己追求，选择自己价值的权利和责任。再次，意味着对于不同价值标准的客观理解：每一种价值标准无论对别人来说是否合理，都有它自己主体的客观基础和原因，在这种基础和原因改变之前，这一主体的标准不能与其他标准互相代替。最后，也是最重要的，意味着对自己价值标准的信念执着：人同此心，心同此理，我坚信自己的选择是最好的，就不怕别人与自己不同，并且相信多数人迟早也会做出一致的正确选择。

就是说，只有最懂得"人生选择"是怎样一回事的人才最能懂得宽容，只有对自己的选择充满信心的人才最知道如何宽容。

可见，宽容并不等于无原则，也不等于不要真理、不要统一与和谐。恰恰相反，宽容正是一种有利于大家共同发现真理、维护真理，有利于在多元化、多样化的基础上实现统一与和谐（而不是单一与贫乏）的一条现实的、必要的原则。它是缓解冲突的一种必要形式，把不可化解的矛盾留给时间和实践去解决，从而维护社会生机，保持生活丰富多彩、日新月异。所以，在需要认真严谨的问题上不随意宽容，是为了寻求和维护真理；在需要宽容的问题上保持宽容，同样也是为了寻求和维护真理——人类生活实践的具体的历史的真理。

可惜的是，人类曾长期不懂得宽容的价值，而有些利令智昏者至今仍然不愿意接受这种价值观。在历史上，中国人民曾对外饱受了列强侵略压迫之苦，对内则承受了几千年封建专制积累下来的精神桎梏的重压。因此，我们特别懂得一个民族的独立自强与各民族之间的相互理解和宽容，是彼此不可分离的两个重要方面：我们特别渴望国家内部人与人之间形成平等宽容的相互关系，以便为每个人尽心尽力创造新生活提供一个良好的社会环境。中华人民共和国的建立为我们实现这一理想奠定了基础，我们正在赢得自己的权利和尊严。但是，国际上的强权主义却总要把它们那一套价值观强加于我们，国内"左"的狭隘僵化观念也曾一度破坏并毒化了这一环境，在社会气氛和人们心理上留下了阴影。

当今的世界处在以"和平与发展"为主题的时代，今天的中国正在以改革和稳定为基础寻求着发展。在这样的时候，我们需要重视宽容，理解它的价值，学会必要的、合理的宽容。如何彻底走出昔日的阴影，创造一个符合时代精神，包含着健康、积极的宽容气氛的文化环境和社会机制，应当成为我们当前社会主义精神文明建设、价值观念建设的一个有机内容。

二、多维性

当我们把每一形态的主体当作一个个体，看到价值具有个体性的时候，这种考察还是比较笼统的。再进一步深入下去则会看到，即便是同一主体，客体对他的价值也是多种多样、有多种可能的。这是价值主体性的又一具体表现——多维性。

人是多姿多彩的

作为主体的人，不是一个抽象的、没有结构、没有侧面的"点"。人是一个由多因素、多层结构、多方面特征构成的活生生的"体"。这个个体上的每一点、每一线、每一面都会产生需要，并且都联系着人的相应能力。同时，客体也总是有多方面因素、多种质的规定性和属性的复杂体。这样，在每一对主客体之间，事实上的价值关系就总是多维、多向、多面、有多种可能的，而不是单线的、一维的对应关系。

列宁曾举过一个例子：茶杯作为饮具，它能供人喝水使用；作为观赏品，它可以具有艺术价值；作为产品，它有工艺价值；假如必要，它还可以作为武器……茶杯的用处还可列举出许多种，如做容器、做镇纸、做平衡重物、做交换物品和纪念品等。总之，人和茶杯之间的价值关系虽然主要是在把它当作饮具这一方面，但实际上随着人的需要和能力的展开，可以形成多种价值。

人是物质存在，自然就有许多物质的需要、能力和特点。在这些方面，客体只要同人发生关系，就会产生各种不同的物质价值，如饮食营养、温度压力环境、交通能源条件、卫生安全因素等。涉及人的物质生存和发展方面的价值，本身就有无限多的方面和种类。

人又有自己社会的、精神的存在，因此必然有多种多样的社会和精神的特点和需要。从人的精神生活来说，就有求知需要、理性需要、情感需要等，人的社会关系生活中则有更多种类的需要。对于所有这些需要中的每一点，都可以使客体产生对应的精神价值和社会生活价值。在这一方面，实际的价值"维"数也是无限多的。

生活之所以是丰富多彩的，是因为人是多姿多彩的。人有多少种需要，生活中就会有多少种形式；人有多少种能力，生活中就会有多少种成果；人有多少种特点，生活中就会有多少种风格。价值的多维性实际上意味着生活内容和形式的多样性，意味着人的生存和发展的丰富性、全面性。

"一根筋"的危害

在价值问题上，如果不理解这种多维性和全面性，而是用"单打一""一遮百""一根筋"的方式去思考，就会把生活简单化、贫乏化，就会使人的发展变得畸形和不健全。譬如，儿童的成长本身包含着身体的发育、智力发育、情感发育、社交和自主生活能力形成，以及伦理情操的培养等许许多多的方面。有些家长和学校只强调其中的几个方面，而忽视其他方面，虽然是出于好心，但会压抑儿童的丰富个性发展，最终得不到好的结果。

把整个社会生活中的价值导向单一化、片面化的例子中，我国"文革"时期"左"的思潮是很典型的。那时曾流行过这样的口号："用阶级斗争观点看待一切，衡量一切""世上事情千万件，件件连着（阶级斗争的）纲和线"。这是把各种价值都归结成一种价值——阶级斗争价值、政治价值。《黑炮事件》这部电影很形象地描绘了这种思潮下的特殊气氛及其后果：一位工程师是个棋迷，他在外地出差时失落了一颗象棋子，回来后他打电报去查找。这份电报引起了别人的警觉，有人认定这里面有什么政治背景和名堂。结果由于此事而影响到工作，给国家造成了很大的经济损失。在这场"误会"中，引人深思的是为什么一个本来简单的小事会如此复杂化？究其原因，就是一些人观察人的方式是"一根筋"。他们从未把这位工程师当作一个有血有肉、有个人癖好的多面的人来看待，而仅把他（也把自己）的言行当成了纯粹政治公式的体现。故事中，这些人直到最后也不明白："一个棋子值多少钱，打一份电报要多少钱，为什么这样做？"似乎除了为某种政治目的服务，对这种行为不可能有第二个合理的解释。可见，"单打一""一根筋"的价值思维，是多么误人、误己、误事。

在价值的多维中，每一维都有自己独立的存在形态和意义，彼此之间不能相互代替，它们合在一起构成完整的、全面的价值。就社会的发展而言，不仅要有物质文明，还要有精神文明，而且物质文明和精神文明彼此和谐统一，这个社会的发展才健全。个人也是如此，从个人的精神生活来说，理性价值和情感价值都是需要的，不能只强调一个而忽视另一个。当时在"左"的思潮的影响下，把学习、宣传、批判、讨论当成精神生活的唯一形式。其实，这充其量只是一种理性化的、理论的工作；要想解决人们的思想感情，光靠说理和批判还是不够的。当时人们的愿望、情绪、情感等得不到正确的尊重和积极的引导，结果便以变态的、有时甚至带有破坏力的方式表现出来。"文革"结束后，这种压抑解除了，有些人却又走向另一个极端：不讲理性。各种非理性的倾向和情绪曾经发生过一次大爆发，"跟着感觉走"和各种过于情感化的风格成为一时的潮流。经过这样的反复之后，生活本身使大多数人意识到了全面性的价值。理智和情感、理性和非理性、冷静和热情、达观与投入、理解和执着、思考和幻想、严肃与幽默的相互包容和汇合，正在成为人们精神面貌的新风格、新追求、新特点。这表明人们在精神上走向成熟。

天涯何处无芳草

实践表明，多维、多向、多面的价值之间，常常会出现相互掩盖、相互排斥，甚至相互冲突的情况。这也意味着，多维的价值之间存在着相互转化、相互过渡和彼此综合的可能。马克思曾描述道："忧忧忡忡的穷人甚至对最美丽的景色都没有什么感觉，贩卖矿物的商人只看到矿物的商业价值，而看不到矿物的美和特性，他没有矿物学的感觉。"① 在穷人那里，景物的审美价值被他的窘迫生活所排斥。在商人那里，矿物也不产生审美价值和科学认识价值，而只有经济价值。这个例子表明，人们的实际价值体验，往往只是反映了他的多方面价值关系中最接近、最直接的部分。在这种体验背后，还潜藏着多种深层的价值可能性。人们通常只是依据现实的条件和客体的直接特性来体验价值。如果囿于这一点，那么就可能同更多、更深刻的价值"失之交臂"。

这方面最典型的实例是过去人们不知道大自然的生态环境价值，只把森林当作木材和燃料的来源，把动植物当作食物和实用品的来源。现在，随着人类生活本身的深化发展，人们开始知道大自然的新的价值了。除了物料来源、审美对象等之外，大自然对人类还有文化价值、生态价值等，有人甚至提出自然界对人有"道德价值"。

劳动的价值也是如此。最初人们只知道劳动对人有创造财富的价值、物质生存价值。现在由于科学的发展，人们已经知道劳动还有生态价值，劳动的价值从一维变成了二维。不仅如此，马克思还预见：在未来，劳动将成为人的第一需要，而不再是谋生的手段。这就意味着劳动将普遍具有第三维的价值——人的肉体和精神享受价值。

这些都表明，价值的多维不是一种静止不变的多维，而是不断生长着的多维。人越是向前发展，事物对人的价值就越丰富、越多样。

那么，从单维到多维，从贫乏到丰富，同样的事物对人的价值不断增长，这种变化是怎样发生的呢？归根结底就一个原因：人、主体不断发现或增长自己新的需要，不断丰富和发展自己新的能力。

这个道理，通过分析"坏事变成好事"不难说明。

"坏事"是指事物的负价值。坏事变好事，就是指同一主客体对象关

---

① 《马克思恩格斯全集》第 42 卷，人民出版社 1994 年版，第 126 页。

系可以从产生负价值变为产生正价值。负价值尚且如此，本来就没有一定价值的事物，使它产生正价值就更是有可能的了。坏事怎样才能变成好事呢？"毒草可以肥田""敌人是我们的反面教员"。这就是说，毒草有毒，我们绝不能吃它，但如果用它肥田，还是可以"为我所用"。敌人总是反对我们，对此我们绝不能接受，但是从敌人为何反对、反对什么和怎样反对中，我们却可以学到不少东西，提高自己的战斗力。可见，转化的关键不是客体，而是我们自己。我们要懂得自己的需要不仅有此一面的，还有彼一面及其他许许多多方面。对象在这一方面不能为我所用，在别的方面则总可以找到能为我所用之处，只要我有那样的能力，会用和敢用。世上许多"变废为宝"的例子都是如此。

"西方不亮东方亮，黑了南方有北方。""没有人过不去的独木桥。"在价值的多维性中，在价值多维的相互关系及其转化中，主体是中心，是能动的决定者。一般来说，只要主体能全面地把握自己的需要和能力，并不断挖掘、丰富和发展它，事物就总是能够"为我所用"，提供价值。这就启示我们，创造价值之路不在别处，"就在脚下"。对于懂得从自己的实际出发创造价值的人来说，"天涯何处无芳草"。

三、时效性

价值具有主体性的第三种表现是价值的时间特性——时效性。不论是对哪个主体的哪一方面的价值，都具有因时而生、顺时而变的本性。这种变化的根源和标志仍在于主体，主体推动着"价值时钟"的指针。

因时而生，顺时而变

假如我们沿着历史的顺序来观察各种价值现象，就会发现每种客体的价值都会随着时间的推移，而显出性质、方向或程度上的巨大反差。

在原始人类那里，一种动物、一棵植物、一类自然现象，曾经是一个氏族的图腾，作为氏族成员崇拜的对象，它们对人有巨大的精神价值。

到了现代人这里，这些自然物早已失去了那种价值。倒是"图腾"本身，作为人类史、文化史研究的对象，对于人类认识自己幼年的发展史有了重要的科学价值。

牲畜的使用，在初期意味着人类体力的一次大解放，对于生产力的发展具有十分了不起的价值。但是到了今天，依赖牲畜的劳动却成了生产力不发达的标志。人类先后曾以风、水、火、煤、石油等为主要能源，现在又把眼光投向了核能、潮汐能、太阳能等。这些变化使自然物在人类生活中的意义不断地发生着迁移。

就连科学知识也是一样。当初，关于"地球围绕太阳旋转"的发现，曾引起人类思想多么巨大的震撼。可是到了今天，它的正确性虽未改变，但作为一个常识，谁还会觉得知道它是一件了不起的事情呢？

当然，并不是一切过去有价值的，今天都变得没有价值，或者价值很小了。有些情况恰恰相反：今天出土的古代文物，在当时大都是极平常的生活用品。例如，商代的一个陶罐，当时只是个盛水的用具，但是到了今天，它却代表着一个时代、一段我们永远不会再见到的历史。从它身上，我们可以得到各种各样的价值，科技的、工艺的、审美的、经济的，甚至对外文化交流的价值，却唯独不能把它当盛水的家什来使用。

价值的这种变化，在个人身上也是常见的。儿时的衣服不能再穿，儿时的游戏不能再玩，但儿时的经历和记忆会给成人带来深刻的影响，引起复杂的感慨。

价值的变化，并非仅在大尺度的时间上才表现出来。事实上，具体的价值往往在短暂的时间跨度内就会发生变化。例如，"雪中送炭"和"雨后送伞"，二者效果不同，差别就在于一个是"雪中"，另一个是"雨后"。人们在实践中早就注意到了价值的这种时效性。"时间就是生命""时间就是胜利""时间就是金钱""机不可失""时不我待""一寸光阴一寸金"等，数不清的这类格言无不表现了人们对各种场合下的价值的时效性的体会。

　　一切例子都可以证明价值确实是"因时而生，顺时而变"的。那么，"时"究竟是什么呢？为什么"时"能够这样"翻手为云，覆手为雨"造成价值不断地变化呢？"时间"并不是一个独立存在的实物或"万能的魔术师"。时间是物质运动的特性，它离不开物质的运动。决定价值时效的物质运动形态，其实主要是人的发展状况，是主体的现实特征。

　　人类进步的足迹

　　客体的存在和属性，包括它按自身规律发生的变化，都是自身确定的，并不随着主体的变化而变化。但是，客体在什么时候有什么样的价值要看主体是否需要它、是否有改造它使它产生某种价值的能力。主体的具体需要和能力，就是主体发展状况和水平的标志。主体今天、此时有这样的需要和能力，就能使客体的属性有这样的价值；主体明天、彼时没有这样的需要和能力，客体的属性仍然存在，却不具有这样的价值。这就是价值时效性的秘密。

　　懂得了这个秘密，就可以用它去理解价值为什么总是"朝三暮四"，客体为什么"时好时坏"，人情为什么"时冷时暖"，一件事为什么"时轻时重"，一位历史人物为什么"时近时远"，一种追求为什么"时急时缓"……但是更重要的是要从中认识价值变化的规律和趋势，认识人类历史发展的方向。

　　整个人类是在不断进步发展的，这种进步发展的主要表现就是人的需要不断更新和人的能力不断增强。人的需要和能力都不是静止的、一成不变的。"需要"有一个极大的特点，就是不断增长和更新。"已经得到满足的第一个需要本身、满足需要的活动和已经获得的为满足需要用的工具又引起新的需要。"[1]一种需要会产生另一种需要，犹如过河的需要

---

①《马克思恩格斯选集》第 1 卷，人民出版社 1974 年版，第 32 页。

会引起对船和桥的需要，由此引起对木材和技术的需要。一个需要越是被满足，就越会产生新的需要。这样，需要的发展就是没有止境的。当仅有需要而没有能力的时候，还不能实现价值。一旦既有需要又有能力，人就会按照自己的目的去改造客体，把客体的固有属性变成对自己的价值。

这样，被人追求和实现的价值，就成了人自己的发展状况和水平的外在标志。人追求什么、创造了什么，用马克思的话来说，实际上"是一本打开了的关于人的本质力量的书"。[①]在这本书里，记载的正是人类不断进步，不断丰富自己、提高自己、完善自己、增强自己的能力并实现自己目的的成功与失败的足迹。这个记录告诉我们，永不满足、永向前看是人类价值生活的本性。因为价值，如前面分析的，正在于它的由未被满足的需要引起的追求。一旦这个需要被满足了、价值实现了，这种追求不存在了，这个价值也就终结了。外在的目标变成了主体内在的能力，它带来的又是新的需要和追求。所以，价值总意味着"向前看""不满足""超越现状""水涨船高""日新月异"。"古调虽自爱，今人多不弹。"在价值问题上，"隔年的皇历翻不得"，"刻舟求剑"行不通，"好汉不提当年勇"，是实实在在的至理名言。

这个记录还告诉我们，人类在一些普遍价值上的重大转变标志着人类向上发展中的一个又一个"台阶"。从崇拜自然物到崇拜神，到崇拜金钱和权力，再到崇尚真理和科学，崇尚人民群众的历史主动性。从单纯依靠自身体力，到依靠外部的自然力，到创造人工的机械力，再到充分发挥智力去调动各种物质力……人类在各种不同的方面已经继续登上一个又一个这样的台阶。人创造的各种价值和创造这些价值的方式，就是人类登上这些大大小小的台阶的标志，就是构成这些台阶的"台级"和"阶梯"。

---

① 《马克思恩格斯全集》第 42 卷，人民出版社 1974 年版，第 127 页。

永恒来自发展

价值的时效性意味着每一种具体的价值都是有限的，价值在时间上是有生有灭的，价值是一个不断产生和消失的过程。这里没有一成不变、绝对静止的"好东西"和"坏东西"，一切好坏都是具体的、历史的。

那么有没有"永恒价值"？这要看什么性质的"永恒"，是发展变化中的永恒，还是凝固不变的永恒？一件儿时的衣服对一个人来说永远能穿，这种情况一般是不存在的。这件衣服如果绝对耐穿，那么父亲穿过后给儿子、孙子，世代都能穿，可算作有"永恒价值"。但是生活中的实际情况并也非如此，因为人穿衣服"合适"的标准不仅指"合身"，还包括许多其他社会化因素。所以，即使衣服永远不破，它的"能穿"这一价值也不是永恒的。在人类生活中，有些基本需要是永远存在的，因此满足这些需要的价值永远会存在。譬如，劳动、知识和真理等对人类是有永恒价值的，但是第一，这里的劳动、知识和真理本身都必须不断发展。如果单是某一具体劳动（例如，原始人用石器耕地的体力劳动），单是某个知识已成为简单常识的东西，单是某个不同具体实际相结合而变化的抽象结论，就未必永远对人类有价值。第二，永远有价值的东西具体有什么价值也不是永恒不变的，也就是说，任何具体价值本身都不是永恒的。

价值的时效性告诉我们，人类生活是一个永无止境、生机勃勃、不断发明创造的前进过程。因为人类必须追求价值、实现价值，而价值的本性就是不断地超越过去和现在而走向未来。只有在这种不断超越、永不满足的动态中，价值才能产生、才能存在。

个体一代又一代地延续和变化着，人的需要和能力在不断丰富和增长着，世界上任何事物对人的价值也随着其变化不断地形成、改变和消失。这一切作为一个整体，显示了价值生活的特色，显示了价值的特殊本性。

第五章
事物的价值

"在人类生活中究竟有多少种价值，是哪些？"几乎人人都想弄清这个问题，以便心中有数。人们通常的习惯往往是从"有价值的事物"入手，想通过将事物分类排队，来列举和归纳出我们生活中的价值类型。

在我们看来，其实这并不是一种深刻的方式。但为了照顾大家的习惯，我们也不反对这样谈一谈。首先可以列举出最大的两类客体，就是人和物。这里的"物"自然是指人以外的一切事物，既包括自然界和社会的一切物质的事物，也包括精神文化的精神事物。于是，"事物的价值"和"人的价值"，就可以成为分析价值系统的最初起点。通过对它们的一步步深入的分析，可以逐渐探索出"价值生活大厦"的内部结构。

这一章先来谈谈"事物的价值"。

一、事物的存在与价值

世上的事物可以分成两大类：物质的和精神的。物质的事物大到宇宙，小到粒子，无穷无尽；我们周围的物体，有的呈现其天然的形态，有的是被创造出来的人工形态。精神的事物也有两种：一种是在每个人头脑中存在的思想、情绪、观念等；另一种是以各种社会文化形式保存和传播的公共产品，如知识、理论、科学、意识形态、风俗传统等。这些都是对人类生活有价值的事物，是我们在思考事物的价值时，不应该忽视的对象。

要想说明这一切事物都有哪些价值，并不是一件简单的事。这里首先遇到的是说明方法的问题。

金钱的名誉和酒杯的"挑战"

拿任何一个事物来说，要想将它的价值概括得既全面准确又不自相矛盾是很困难的。

以金钱为例，它的学名叫"货币"。从人类开始互相交换物品时起，货币就破土欲出了。物品普遍变成商品，货币也就形成了。它来到世间，是作为交换价值的代表——一般等价物来使用的。有了钱，可以用它交换任何有价的东西，换来需要的使用价值。在商品经济关系中，钱是非常有用的。"钱不是万能的，没有钱也是万万不能的。"金钱的使用价值，谁都能体会得到，即它能帮人得到任何可以买卖的东西。这种具有极大普遍性的使用价值，使生活在商品经济条件下的所有人都不得不承认钱是个好东西。

可人们同时又发现，金钱也是个坏东西。这种"坏"，主要是指它在道德上带来的负价值。我国西晋隐士鲁褒的赋《钱神论》，英国莎士比亚戏剧《雅典的泰门》中一段独白，还有许多议论，都对金钱造成的无孔不入的丑恶进行了淋漓尽致的描绘和讽刺，甚至诅咒。

那么，金钱到底是好东西还是坏东西，或者它在经济上是好东西，在道德上是坏东西。我们将给"金钱的价值"做个怎样的鉴定呢？

还是马克思分析得最透彻。在《资本论》第一卷中，他专门用了三章篇幅研究货币的来龙去脉和它的作用。简单地说，货币的出现是商品交换发展的历史必然。"货币作为商品价格的转瞬即逝的客观反映"，[1] 它本来只起着代表一定财富的符号作用。由于钱比它代表的实物有许多便利，所以它才产生。如果说到好坏，那么货币的出现能使商品经济得以

---

[1] 马克思《资本论》第1卷，人民出版社1974年版，第152—153页。

充分的运行和发展，这意味着一种新的经济形态和生活方式的产生，其好坏要由这种经济形态的历史意义来说明。"古代社会咒骂货币是换走了自己的经济秩序和道德秩序的辅币"，而"现代社会，则颂扬金的圣杯是自己最根本的生活原则的光辉体现"。[①] 对不同的历史阶段来说，金钱的作用有不同的价值，这就是马克思科学分析的结果。

平心而论，就以特别崇拜金钱的资本主义社会来说，它创造的一切好的东西和它产生的一切坏的现象，都多少与钱的作用有关。因为这是一个"一切都可以拿来买卖"的社会。于是，当我们谴责这个社会用钱干尽一切坏事的时候，是应该谴责什么呢？是诅咒钱这个东西本身，还是揭露那些把良心和道德也变成商品的扭曲现象和那些只知用钱干坏事却不干好事的人呢？假如金钱会辩白的话，它也许会说："人们啊，是你们造了我，到处用我，却把责任都推给我，这公平吗？"

有趣的是确实可以找到由事物来为自己的价值辩解的叙述。我国宋代大词人辛弃疾写了一首词，设计了一场贪杯者与酒杯之间的绝妙对话。词的小序说："将止酒，戒酒杯使勿近。"这是戒酒者要向酒杯发驱逐令了：

> 杯，汝来前。老子今朝，点检形骸：甚长年抱渴，咽如焦釜；于今喜睡，气似奔雷？汝说刘伶，古今达者，醉后何妨死便埋。浑如此，叹汝于知己，真少恩哉！
>
> 更凭歌舞为媒，算合作人间鸩毒猜。况怨无小大，生于所爱；物无美恶，过则为灾。与汝成言："勿留亟退，吾力犹能肆汝杯。"杯再拜，道："麾之即去，招则须来。"

酒客历数了嗜酒的种种恶果，把它归罪于酒和杯。杯子却代表酒反

---

① 《马克思恩格斯全集》第 42 卷，人民出版社 1974 年版，第 127 页。

驳说："你既然爱我，就该像刘伶那样不怕醉死。"酒客极为震惊，这才悟出了"怨无小大，生于所爱；物无美恶，过则为灾"的至理，表示趁自己还有能力戒酒的时候，坚决自制。然而，狡黠而又不无幽默感的酒杯似乎看透了人的弱点，留下了一句富于挑战性的临别赠言："麾之即去，招则须来。"

俗话说"酒不醉人人自醉"，仔细想来是很深刻的。它告诉我们，要想知道事物的价值，光用它的存在和属性本身，即事物的自然来说明，而不联系人的情况，是不能解决问题的。

"观音千面，随缘而化"

作为价值客体，任何事物都有它不依赖于主体的特征。我们把事物本身的现实存在、固有属性、运动规律等叫作"事物的自然"，用以表示它们在不受主体影响的情况下的自身状态。上述例子表明，"事物的自然"和"事物的价值"彼此有一定的联系，但它们不是一回事。只有把事物的自然与人的需要联系起来，才能判断、分析、预测事物的价值。

但是，当我们进行这种联系的时候又会发现，这种联系并不是简单一一对应、固定不变的。因为一方面，事物本身的属性就是多样、多面的；另一方面，人的需要也是多方面、变化着的。这样，二者的联系就可能出现极其错综复杂、交叉纵横的情况。

小说《红楼梦》的价值就是很典型的例子。《红楼梦》可以说是记录了中国封建社会末期生活情况的一部百科全书。人们可以从中获得关于那个时代生活的许多知识，从为官经商，到烹饪配药、猜谜作诗。同时，大观园的故事和作者无与伦比的构思文采，又给人们研究和学习文学创作提供了丰富的材料。此外，《红楼梦》的来龙去脉、创作意图、思想实质和人生哲理，更加成为人们探幽索隐、借题发挥、争辩不休的话题。"研究不完的《红楼梦》"究竟有什么价值，有时候是意想不到的。例如，据报载，北京某餐厅在著名红学家的指点下，"潜心研究清宫膳谱，推出了 60 道红楼菜"。"精美的红楼肴馔曾引起国际饮食界轰动","200 位专家在品味之余,对中国饮食文化大为惊叹:红楼盛宴,享誉烹坛"。

聪明的经营者能够使似乎无关的东西产生很大的经济效益,和强于任物者能够"点铁成金""化腐朽为神奇"一样,这都告诉我们事物的价值犹如"千面观音"。

深受中国民间风俗推崇的佛家形象——观世音菩萨,究竟是男身还是女身?他(她)专管哪方面的善事?为何能"有求必应"?历来有不少人对此百思不得其解。据佛教人士介绍,佛家的规律是人若修成"正果",达到"罗汉"以上的级别,就没有性别之分了。观音菩萨之所以有时现男身,有时现女身,是因为随缘而化。所谓"随缘而化",是指根据行善事的对象、环境和需要,随时改变自己的形象,以达到"普度众生"的目的。观音的"千面"之形由此而来。听了这番介绍,人们才恍然大悟。原来究问观音是男是女等问题本身就是"未省悟""不入门"的表现。

好一个"随缘而化"。难道我们看待事物的价值,不也应该这样吗?事实上,要想直接列举一物如杯子的价值,是不大容易说周全、数清楚的。因为物的价值是物的属性与人的需要和能力相联系时"随缘而化"的。当然,物不是菩萨,它不能自己化出价值,也没有菩萨那样的"无边法力"。但是,物的属性也是"千面"的,有多种多样的可能性的。只要有"缘",就能产生所需要的价值。如果"无缘",即使物的属性都在,也不会有一点价值。这个"缘",就是物和物的属性与人和人的需要、能力之间的具体一致性。有了这种一致性,就能"化"出价值;没有这种一致性,就不能"化"出价值。

人用需要编织的物的价值网络

我们在第四章就得出结论:事物之所以有价值,是因为它的属性能够满足人的需要。这个结论指出了"事物可能对人有什么价值"的根据。

在一般情况下，当我们对人的需要是什么有比较明确的了解的时候，知道了事物有什么属性，就可以判断事物可能会有什么价值。

这里有两个前提是应该明确的：第一，"人的需要"是指多数人的、正常的、一般的需要，暂时不考虑个别人的特殊需要；第二，这里判断的是"可能的"价值，可能不等于现实。事物的某一属性可能满足人的某一需要，它就可能会有某种价值。当它确实满足这一需要时，可能才变成现实。否则，它还没有真实的价值。

一般来说，人有哪些基本的需要呢？这可以从许多不同的角度来分析，其中最有代表性的概括是人有两大类需要：物质生活的需要和精神生活的需要。

由于人是肉体的生命和社会的动物，人既有生命的存在所具有的一切需要，也有为了保证物质生活而进行物质生产的各种需要。这些需要概括起来，就叫"物质需要"。例如，人需要呼吸、饮食、居住、睡眠和性关系，需要环境、温度、压力等方面的适度，需要交通条件，需要安全保障，需要经济利益的实现，需要劳动的条件和场所，需要一定的社会文化活动设施等。所有这些需要都是来自人本身的生命性质，是人的生命和社会存在对物质条件的依赖产生的，是这种依赖在现实社会生活中的表现。

由于人又是精神和社会意识的承担者，精神生活是人特有的社会生存形式，所以人也有各种各样的精神需要。例如，人无论在物质上和精神上都必须彼此交往和合作才能生存，所以人必然有情感的需要，包括道德、爱情、友谊、信任、尊重等；人与世界打交道，有认识了解自己面对的事物的需要，表现为求知、求真、理性、逻辑等需要；人在精神世界、精神生活的整体形象上也有追求，表现为对人格、正义、自由、美、信仰、理想、自我实现等的需要。所有这些需要都是人的社会精神生活必然具有的特征，是人之所以为人在精神上生存、发育、成长依赖的因素。

当然，人的需要并不止这些。这里所说的每一种需要，在每一具体人身上也是各种各样的。每一种需要都是随着人的历史发展而变化着的，并非固定不变的。此外，"物质需要"和"精神需要"的划分本身也有一定抽象性和相对性。实际上，二者往往并不是截然分开的，而是常常结合在一起。物质需要的满足和精神需要的满足，就像物质文明和精神文明的关系一样，彼此需要结合、统一、相互促进。

有了对需要的基本了解，我们就可以对事物的价值有个基本的估计。总的来说，人的上述全部需要都是通过事物，包括自然界的和社会的、物质的和精神的事物来满足的。人类不依靠自己和自己对事物的利用，就不可能满足自己的任何需要。在这个总体的意义上可以说，人类得到的价值都是事物的价值。

具体到一个个事物，那么由于它们各自的属性不同、情况有异，我们可以把它们的具体价值也进行相应的划分：

事物的物质价值，就是指事物满足人的物质需要的价值。事物如果有适用于人的某种物质需要的属性，那么它就可能有某种物质价值。例如，空气中氧气的属性，使它有生命的呼吸价值，还有在各种情况下帮助燃烧供能的特殊的使用价值等；牛马的特性，使它们既能有食物的营养价值，又可以有生产运输的工具价值等。这些具体价值都是具体事物的具体物质价值。

事物的精神价值，是指事物的属性能够满足人的精神需要。如果一个事物的属性能够适用于人的某种精神需要，那么它就可能产生某种精神价值。例如，一篇好文章能给人提供新知识，满足人求知的需要，它就有知识价值，若文章能够给人以美的享受，它就有审美价值；一个观点、一个发现如果能够推进学术研究，它就有科学价值或学术价值；一种言行有助于人与人之间关系的健康和谐，它就有道德价值等。这些具体价值，就是具体事物的具体精神价值。

切不可以为，只有物质的事物才有物质价值，只有精神的事物才有精神价值。"物的价值"和"物质价值"不是一回事。在现实生活中，物质和精神往往不是彼此隔绝的，而是在人的活动中结合在一起的。在人的活动中，"物质可以变精神，精神可以变物质"。所以，一个事物是有物质价值还是精神价值，与这个事物本身是物质的还是精神的，并不是简单地一一对应。

例如，大自然和一切自然物本身是没有精神的，但是它们能使人得到美的享受，就有了审美价值；大自然又是科学认识的对象，是人类关于世界的知识的一个基础，它就有认识价值和科学价值。这些不正是"物的精神价值"吗？同样，精神的事物也可以带来物质的效果，产生一定的物质价值。"知识就是力量""科学技术是第一生产力"，公关活动的经济效益，患者的心理状态对医疗有重要影响，气功师的意念调节能够使肉体产生奇特的能力等，恰恰是"精神现象的物质价值"。

在现实生活中，我们对事物的价值不宜过于简单地理解，而应注意从物质和精神两个方面去分析它的可能价值。就像不仅要考虑房屋建筑的实用价值和经济效益，还要考虑它的审美价值和文化效益。

物质价值和精神价值，这是我们对一切事物的价值做得最简单、最基本的划分和概括。每一大类基本价值的下面，还有许许多多具体的方面和一级一级更具体化的层次，就像每一条大河都有许多支流、每一棵大树都有许多枝丫一样。物质价值和精神价值，是事物和人的关系之网的经线和纬线，它们交织在一起，形成了现实生活中的价值网络。这是一张人与事物相结合，人用需要编织的、使物为自己服务的网络。

要想描绘这张网，我们不限于从事物的分类入手，依次考察"自然物的价值""人工物的价值"等，还可以从另一个角度——从价值类型的角度观察它的面貌和意义。

二、物质消费和物质生产

作为两大类基本价值，物质价值和精神价值都是以人的需要和能力的性质为标准来划分的。人在物质方面的需要能力和精神方面的需要能力，又可以进一步分析，即这两种需要和能力本身又都有双重的内容，可以分为占有、消费、享受的需要，能力创造、生产、发展的需要和能力。与此相应，每一大类基本价值也都可以分为消费价值和生产价值。

物的消费价值与生产价值

人有各种各样的具体的物质需要，仔细分析可以看到其有两种不同的性质：一种是消费性的，需要的满足本身就是目的、就是结局，如呼吸、饮食、服装、住房、健康、安全和各种娱乐性的消费等；另一种是生产和为生产服务性的，制造产品的过程本身也有许多需要，如原料、工具设备、能源和动力、储运系统、设计、管理、科学技术等，对它们的需要是为制造适合消费的产品服务的。满足这两种不同的需要，就形成两种不同的物质价值：事物满足物质消费的需要，就有物质消费价值；事物满足物质生产的需要，就有物质生产价值。

进行这种区分，不是为了把它们绝对分割开来、对立起来，而是为了更全面地理解物质价值，更充分地看到它们是怎样相互联系、辩证统一的。

首先应该纠正两种观念上的偏差。一种观念上的偏差是自觉或不自觉地把物质价值仅仅等同于物的消费和享受，忽视或轻视物质生产价值。如果这样理解物质价值，那么追求物质价值就成了毫无节制的物欲的别名，就会导致"坐吃山空"的结果。出现这种偏差的原因，往往与思想上两种自觉或不自觉的错误有关：一是对人的需要的理解有片面性，以为人的需要只是消费的需要，没有生产、劳动、创造的需要。这实际上是把人放在同自然界动物一样的水平上了。二是只从孤立的个人角度看问题，看不到个人消费需要的满足是同整个社会的生产、交换、分配联系在一起的。个人的消费往往是社会消费的终点，只看见终点，看不见过程和起点，就势必把价值仅仅当作个人消费的实现。

另一种观念上的偏差是对物质生产价值的误解和错用，以为物质生产价值只来自生产活动的物质因素本身，而看不到精神文化现象的物质生产价值。我们说的是"满足物质生产的需要，叫作'物质生产价值'"，并非只有物质的因素才能满足物质生产的需要。人类的物质生产是一个全面的社会活动过程，它的需要、生产和生产力发展的需要，不仅有物质方面的，还有精神方面的。现在，我们特别应该看到精神文化的因素，如科学技术、人的文化素质和劳动积极性、管理等，对促进物质生产的巨大价值。在致力于发展生产、提高生产力的时候，"见物不见人，见人不见精神"的思维方式是一种不科学的、落后的偏见。

开源、畅流和假冒伪劣

单就某个物品来说，生产和消费是能分得清的，如酿酒厂的造酒和酒店里顾客的自酌。因此，对酒厂发展有利的物质生产价值和使酒客畅饮的物质享受价值，也是分得清的。但就整个社会的物质生活而言，生产和消费是不能截然分开的。马克思曾说过，生产也是消费，是生产资料和劳动者智力、体力的消费；消费也是生产，是劳动者的体力和生活的再生产。这样把吃饭同吃饱以后干活联系起来，食物就不仅有了物质消费价值，也间接有了物质生产价值。

"干活"和"吃饭"的关系，很形象地说明了两种物质价值的关系：它们是互为前提、互为目的、互相转化的。这使我们看到，为消费服务，也是间接地为生产服务；为生产服务，也是间接地为消费服务。物质消费价值和物质生产价值，本来是不应该割裂的。二者如同"源"和"流"的关系。不"开源"，无物可"流"。不"畅流"，"源"无所去，也要泛滥成灾。

　　在生活中，我们有时可以看到截断"源和流"的情况。这就是要么片面地强调消费供应，单纯追逐眼前的市场效益，不为生产的后继发展留有储备，用"杀鸡取卵""竭泽而渔"的方式去保证供应。这是忘了生产是消费的前提、生产决定消费。要么片面地强调扩大生产，单纯追求生产规模、产品数量、产值等，不论是否适销对路，是否能够提高和保证消费，结果造成盲目扩大基本建设，产品积压。这是忘记了生产的目的是消费，生产要受消费的引导。这两种割裂的表现都曾给我们造成过困难。

　　比这两种割裂更荒谬、更有害的是假冒伪劣现象。

　　因为不论是片面强调消费，还是片面强调生产，在一定时期内，我们得到的总还是真实的物质消费价值和物质生产价值，虽然这种割裂从长远来看同样有害。而制造和销售假冒伪劣商品，则是打着"发展生产、服务消费"的招牌，实际上提供虚假的物质消费价值和虚假的物质生产价值，它对生产和消费两方面都起破坏作用。其根源在于并不是真正为了社会和人民去追求物质价值，而是为了少数人的私利去追求另一种"价值"。它是既不认真"干活"，又不让别人"吃"好"饭"。因此，假冒伪劣现象带有一种反社会的性质。一个社会要想真正创造物质价值，就必须把这种现象置于彻底根除之列。

　　"干活"与"吃饭"

　　说起"干活"和"吃饭"，不免想起一个十分严肃的人生价值问题：人们一代又一代地干活吃饭，吃了饭再干活，把生产出来的消费掉，消费后再生产。这样循环往复，人类究竟要得到什么，最后得到的是什么？

　　这个问题，过去曾以"干活是为了吃饭，还是吃饭为了干活"的方式提出来，引起过不少的思考和争论。当然，全面地理解"干活"，它是指人类的一切物质和精神生产创造活动。全面地理解"吃饭"，它是指人类的全部物质和精神消费享用活动。不然的话，这个问题就显得很庸俗。

要回答这个问题，当然要立足于两种价值的统一，而不是它们的对立。就物质上来说，这就是物质消费价值和物质生产价值的统一。消费和生产统一的物质价值又是什么呢？还是让我们来学习一下马克思的论述。马克思在《〈政治经济学批判〉导言》这篇文章中，对生产和消费的关系做了非常精彩深刻的分析，他的思考方法的一个特点就是不是静止地、孤立地看待消费和生产，而是把它们放在人的现实活动中，把它们看作一个统一过程中的因素。所以他指出，消费不只是消费，消费在两个方面"生产着生产"：一方面，生产的产品"只是在消费中才成为现实的产品"，也就是说，消费是完成整个生产过程的一个环节；另一方面，"消费创造出新的生产的需要"，就像生产出汽车以后，就有了生产零配件、维修工具、车房乃至消音器等的需要一样。同时，生产也不只是生产产品，它同时也生产着消费的材料、对象、消费的方式和消费的动力。"生产不仅为主体生产对象，而且也为对象生产主体。"例如，"饥饿总是饥饿，但是用刀叉吃熟肉来解除的饥饿不同于用手、指甲和牙齿啃生肉来解除的饥饿。""艺术对象创造出懂得艺术和能够欣赏美的大众——任何其他产品也都是这样。""所以，生产创造消费者。"①

通过马克思的分析，我们可以看到，在人类活动的整体中，"消费，作为必需，作为需要，本身就是生产活动的一个内在要素"。那么这个生产活动又是什么呢？它实质上是整个人的生活的再生产过程，它消费的是各种物，而生产出来的却不仅是物，而是人——有各种需要和能力的现实的人、人的社会和各种社会关系，"每种生产形式都生产出它特有的法权关系、统治形式等"。这样来看待人类的物质生产活动，我们对"干活"和"吃饭"的循环，就会有一个新的看法了：

---

① 《马克思恩格斯全集》第 2 卷，人民出版社 1974 年版，第 86—114 页。

人类的生存和发展，是人的物质生活本身不断地进行再生产的结果，这里就包含了"干活"和"吃饭"。这二者的不断循环，并不是原封不动地重复，而是不断地前进、上升、发展。每一次的生产和消费都产生新的因素，积累着进步的变化。这样长期发展的结果，不断消费掉的是物，而生产出来的是人和社会，是一个日益丰富发展进步着的人类社会和走向"自由全面发展"的人。用俗话说，是能使人越来越"吃得好、干得好"的社会和越来越"吃得好、干得好"的人。对于人类来说，这就是始终执着地追求的，最终也能得到的价值；对于个人来说，真正的大道理，也是将自己看作人类这个过程中的一分子。

三、精神享受和精神生产

人的精神需要，也可以分为两个方面：现实的需要和发展的需要。事物能满足人精神上的各种现实需要，就有精神享受价值；能满足人精神上的发展需要，就有精神生产价值。

圆圈、浮士德和小屋

一般来说，人的精神需要有认识需求、情感需要、意志需要三大类。对其中每一方面具体需要的满足，就会使人得到一种精神上的收获和享受，这就是精神享受价值。例如，求知得知、艺术欣赏、道德良心的充实、人与人感情上的沟通和交流、理智思考的完整清晰和不自相矛盾、社会权益得到承认、快乐和自豪等。精神享受价值主要表现为对精神产品和精神财富的占有、享用，表现为人在精神上的"自我"得到实现。

人的精神生活的最大特点，不仅在于有这些需要，而且在于这些需要永无止境。满足和不满足总是连在一起的，愈是得到一种满足，就愈是会产生新的或更大的不满足。拿"求知"的需要来说，爱因斯坦曾做过一个很好的比喻，如果把人已经得到的全部知识画在一个圆圈里，这个圆圈越大，它的周长越长，那么圆圈外相关的、未知的东西也就越多。

这就造成了"学无止境""学海无涯"的局面，人要"活到老，学到老"。在情感方面也是如此。《红楼梦》第二十九回的题目就是"享福人福深还祷福，痴情女情重愈斟情"。可见，感情和意志的需要也是无止境的。当然，这些永无止境的欲求给人带来的未必总是好的效果，历史上的悲剧和喜剧相比毫不逊色。但是，总的来说，这却是一个不可避免的现象。因为人类一旦在精神上完全满足，停止了追求，人类的生命也就将停止。就像歌德的不朽名著《浮士德》里的主人公一样，一旦他说出了"满意"的字眼，他就将立刻从魔鬼靡菲斯特的主人变成靡菲斯特的奴隶。

不满足就要追求，就要创新，就要不断提供新的精神产品，也就是要生产。人的精神生活也和物质生活一样，需要不断再生产和扩大再生产，也需要有对精神产品进行加工制造、储存保护、传播利用的各种条件。能够满足这方面需要的事物，就具有了精神生产的价值。例如，"人民群众的生活是文艺创作取之不尽、用之不竭的源泉"说的正是人民群众的生活实践对于文艺创作这种精神生产的头等价值。再如，就像工人要有车间、农民要有田地和农具、干部要有办公室一样，科学家要有实验室和设备仪器、科技资料，艺术家要有工作室、排练场，作家、理论家、教师要有一间小小的书房或一个小小的写字间。一间专用的小屋，在别人那里可能只具有物质享受价值，在作家和教师这里却成为精神生产资料的一部分，具有了精神生产价值。

可见，对于满足人的精神需要的精神价值，也有必要深入地理解它，看到它的两个基本方面。否则，我们对精神价值的态度就可能是片面的、狭隘的、短视的。

文化雅俗的新辩证

例如，近些年来，我们社会上出现了一种比较有影响的现象，就是关于文化"雅""俗"问题的争论。但是，人们通常不大注意对"雅""俗"这对字眼的含义问个究竟。而实际上人们说起它们时，其用意和所指是大有文章的。例如，一种情况是"雅"和"俗"的主体性含义。"雅文化"向来有"精英文化""贵族文化"之称，是指以上层文化群体为主体、满足较高层次文化需要的文化内容。"俗文化"亦有"平民文化""大众文化"之谓，其含义正相对应。这是依主体分层所做的划分。此种划分中的"雅""俗"，至少对我们来说是没有高低贵贱之分的，其中不应该包含褒贬用意。我国当前的趋势是文化价值主体的重心下移，即民众的文化需求成为市场的主导力量，应该承认这是一种具有历史合理性的进步，是文化"为人民服务"之必须。多年来，广大群众乐于和便于参与的文化形式并不是很丰富，而是太简单、太贫乏了。因此，每一个不把自己同大众对立起来的人，都不应该视之为"危机"和"失落"，而应视之为一种"归位""落实"和生机。

另一种情况则是它们的价值评价含义。"雅俗"是指文化现象和产品品位的高低、情理的深浅、形式的文野、制作的精糙、走向的提高与普及等，这是依据文化的本质来判断文化现象价值的一个尺度。文化，就是"文"为上，"雅"为上，不"文"不"雅"便是缺少文化，便是蒙昧、落后和野蛮。"雅"和"俗"由此便意味着褒贬的评价。

我们应该注意分清两种含义的界限："俗"和"雅"与"大众"和"精英"之间是不能画等号的。不能认为，大众文化只能是粗野简陋的，而精英文化则必然是高雅精致的。不应该忘记，《诗经》中的作品原本是当时的民谣俚曲，却可以成为后世的风雅之师，而许多当年被视作风雅之极的宫廷御制、状元文章，如今却和其他文化糟粕一道成了垃圾。历史证明，"大众文化"也可以有自己的精品，"精英文化"也难保不出粗俗之作。不论是大众的文化，还是精英的文化，都有自己的"俗"和"雅"，都有自己从低向高、从浅入深、从粗到精的发展提高问题。

既然如此，那么问题的关键，就在于要以什么样的标准来品评雅俗，作出倡导。由于过去的批判思考不充分，至今还有些观念是不明确的，甚至是带有偏见的。例如，简单地视古为雅、视今为俗，以远为雅、以近为俗，以静为雅、以动为俗，以庄为雅、以谐为俗，以虚为雅、以实为俗，以寡为雅、以众为俗等。其中包含着的某些脱离现实、轻视群众的成分，是不符合现代文明价值观念的，是落后乃至错误的。

要在上述两种合理含义的基础上，寻找"雅"和"俗"更深层次的基础，确立一种更为科学的观念，就应该想到它们的第三种含义：文化的生产和消费问题。

就整个社会的文化体系而言，"俗文化"主要应指消费型文化，它以满足人们一些现实的（甚至是感性的）、直接的精神需要为主，多属于即时性的精神享受。例如，社会上流行的"俗文化"，其最大的特点是娱乐性，而且是普通群众可以参与其中的娱乐形式。娱乐和自娱主要是精神消费，虽然这时也有某些精神上的"生产"，如产生出娱乐者的新的精神感受，即放松、愉快、自信等，但基本上还是在原有的精神层次上自我循环。由于消费文化本身就是要面向大众的，并且是便于和依赖于大众参与的，因此它也就成为"大众文化"。

与之相应，"雅文化"则指生产型文化，它以满足人们的一些超越直接感觉的、深层的、更富创造性的需要为主。"雅文化"的最大特点是探索性，在它被用于消费时则是观赏性。未经过相应训练的人一般难以参与进去，但能够通过观赏学习而获益，在精神上有所升华。对"雅文化"的欣赏当然也是消费，但是这种消费意味着向新的或更高层次的精神领域提升。因此，"雅文化"的第一成果总是"新"的、"深"的、"一次性（不重复）"的。这意味着不仅要求它的提供者要不断地探索、深化和创造，为此而付出前所未有的劳动和艰辛，而且要求观赏者、接受者也要具备一定的素质，付出相应的努力。文化生产的这一特点，是使它成为真正（不含贬义）的"精英文化"的基础。

这样在所谓"雅文化"与"俗文化"或"精英文化"与"大众文化"

之间，实际上就是一种精神文化上的"生产"与"消费"的整体关系。对于我们这个社会和我们这个时代来说，"精英"与"大众"的主体分层并不意味着，也绝不应该理解为人与人之间在文化占有上的分裂和对立，而应该合理地理解同一文化体系自身结构和运转中的主体性分工与合作。"雅"和"俗"也不是彼此根本排斥的价值评价，而是文化价值的具体层次和不同发展阶段，二者是应该、必须和能够统一的。"生产决定消费"，"消费也决定生产"。历史经验告诉我们，文化的生产和消费之间是不可分割地联系着的，如果把它们分割，为了一个而牺牲另一个，都必然会造成文化的枯竭。"文化大革命"时期，在"左"的思想指导下，无论是"雅文化"还是"俗文化"，实际上都不被尊重，那时只提倡一种政治灌输。"灌输"属于从精神生产到消费之间的过渡形式，它必然依赖于"两头"（生产和消费）的情况。但那时，一方面，忽视所灌输内容本身的反思、建设和发展。另一方面，对人民大众的日常娱乐要求加以漠视。人民的日常需要受到压抑，专业化的文化研究和创作更是备受摧残。结果是精神文化的生产消费同物质的生产消费一道，全面地处于极端的贫困和萎缩状态。那是一种真正的"文化沙漠化"景象。

改革开放以来，文化出现了空前繁荣的趋势和条件。特别是出现了一种"消费引导型"的局部景象，首先受益的是"大众文化"和"俗文化"层面。然而，我们的"雅文化""精英文化"却由于种种准备的不足，日益显露出了底气不足的窘态，不能充分满足时代和大众的要求。诚然，目前"大众文化"的内容和形式也有待提高。但这只能是在"大众文化"本身基础上的提高，而不是用旧的、传统的所谓"精英文化"去改造（实质上是取代）大众文化。是要"精英文化"真正精粹起来，拿出时代的精品和巨作，而不是要社会和大众去等待和迁就那些并不精深的书斋工艺或功利之作，把它们奉为圭臬。也就是说，目前的主要问题不是大众文化"雅"得不够，而是精英文化"雅"得不够，即缺乏深刻性和创造性。这似乎才是我们面对的真正困境。

　　教育和娱乐

　　同物质生活相比，人的精神生活有个特征特别突出，这就是在精神领域里，生产和享受的区别更不明显、界限更不分明。第一，精神产品的每一次享用都意味着产生新的精神产品，形成新的精神状态。享用实际是生产的后加工、再加工过程。听故事的人会对故事有各自的理解和感想，甚至听了故事还会引出新的故事，欣赏一首抒情诗就产生一定的抒情状态，看一部好的影视会使人产生感情和理智的升华……总之，精神产品的享用像原子核裂变一样，一个中子的撞击会引起无数粒子的产生，一个精神产品的享用会在许多个人那里产生许多继续产品。

　　第二，精神产品的制造是不可重复性的生产。它每一次生产出来的东西都是独一无二的，它不像物质生产那样，可以有同一规格型号的产品成批生产。一本小说，如果不是抄袭或翻印，无论是作者本人还是别人，都不会再创造出完全一样的第二本来。在读者那里，也是每个人每次读它时，感受、印象和评价都会有不同，也就是说，在精神的生产和消费中，"太阳每天都是新的"。

　　这两点说明，精神产品的生产和享用实际上是一个过程，是同一个动态过程的两个方面，有双重性质，因此精神享受往往同时就是精神生产，精神生产往往也同时就是精神享受。"精神上最大的享受就是发现"不就是这个意思吗？按照这个道理，我们就可以更深刻地理解"寓教于乐"和"寓乐于教"。

　　娱乐是人们占有和享用各种精神产品，满足自己义务以外的其他精神需要的主要形式。因此，它带来的主要是精神享受价值。但是，在娱乐的同时和以后，娱乐者也从娱乐中进一步了解了自己、他人和社会，因此也总会产生新的情绪、态度、想法甚至信念。这就是说，在娱乐时也伴随着一定的精神生产，娱乐也有相当重要的精神生产价值。健康的娱乐能够产生健康的精神，使人增强对生活的理解、热爱和信心。

教育是储存、传播和再生产精神产品的主要形式。无论是学校正规教育还是其他社会教育，无论是科学文化知识教育还是思想品德修养教育，都是针对被教育者的情况对已有的精神产品进行再加工的过程；对于被教育者来说，接受这些产品则是个人精神生产的过程。因此，教育带来的主要是精神生产价值。但是，对于被教育者和教育者来说，这也是占有和享用社会精神产品的过程，它同时也带来精神享受价值。成功的教育能够使教育者和被教育者得到精神上的满足和快乐。不成功的教育则相反，既会使被教育者感到压抑，产生抵触情绪，也会损害传播的精神产品的价值。

懂得了娱乐的双重价值，我们便要自觉地选择健康的娱乐。娱乐的健康和不健康，其界限在于是否适合人的身心全面发展的需要和能力。只满足某一方面一时的欲望，而不利于其他方面身心健全发育的娱乐，或者超出了人的现实需要和能力的娱乐，就是不健康的。片面、单一、无度，往往是不健康娱乐的特征。与之相比，健康娱乐的天地是更广阔的，形式是更多样的，魅力也是更深沉永久的。这样的娱乐不仅"其乐无穷"，而且也"寓教"于其中了。

懂得了教育的双重价值，我们便要自觉地选择有效的教育，主动地学习。教育有效无效、成功不成功，关键也在于是否适合被教育者的需要和能力。"热爱是最好的老师。"作为学习者、受教育者，最好的保证就是知道自己对知识、科学、真理的需要，热爱学习和所学的东西，对它有充分的兴趣和爱好。这样在学习这种艰苦的精神生产活动中，就能享受到成功的满足和人生的乐趣。这样的学习和教育，在生活中也是有很多的。试看有功于人类者奋斗的足迹，哪个不是充满了爱的情趣。

精神生产与知识分子

对于所谓"知识分子"，历来有各种不同的理解与对待方式，谈到精神生活，就不能不谈知识分子。最典型的界定主要是以下两种：

一种是政治社会学的界定。中国近几十年来流行的理解方式即属于此类。《辞海》对知识分子的界定是"有一定文化科学知识的脑力劳动者。如科技工作者、文艺工作者、教师、医生、编辑、记者等。在社会出现剩余产品和阶级划分的基础上产生。知识分子不是一个独立的阶级，而分属于不同的阶级"。

这种界定有几个理论上的问题。第一，它对概念内涵的表述，除了"一定文化科学知识"和"脑力劳动"外，并没有其他特殊的规定。就是说，凡是"有一定文化科学知识的脑力劳动者"都应该属于"知识分子"。但是，在接下来的外延表述中，却又做了特殊的限定，小心地略去了像有相当学历的官吏、职业政治家、军事家、企业家和商人等。他们算不算"脑力劳动者"，算不算"知识分子"？如果就这个问题追问下去，我们就会从下一点得到启示。第二，这种界定的最终落脚点显然在于确定知识分子的"政治对象"性质。它是从社会管理者的角度来说明"知识分子"是一个怎样的对象群体。正因为如此，它才不需要把这些人本身包括在内；而且在以阶级和阶级斗争为经纬的思维框架内，这种划分也必然最终归结为关于知识分子的阶级属性问题。显然，这种界定具有很强的政治意义和政策操作性。

但这样一来，概念的外延与内涵之间的不对应就显得更加突出，关于知识分子的理解也就更复杂了。例如，对于"一定文化科学知识"应该掌握何种标准？我国20世纪50年代，具有初高中文化程度的人便可被称为"知识分子"。到了20世纪90年代，一般人心目中的"知识分子"至少要有大专以上学历。显然，如果不这样"水涨船高"，那么在教育不断普及并提高的情况下，"知识分子"将因其队伍不断扩大或因其概念泛化而逐渐失去特殊意义。但是，如果"水涨船高"仅为了保持让"知识分子"永远只占少数，那么这种人为保持的根据和意义何在？

再如，划分的标准究竟是根据学历还是根据职业也必然出现矛盾。多年来，我国有一大批有一定学历的人长年从事（科技、文艺等之外的）非专业技术职业，有的甚至在工厂和农村成了直接的体力劳动者。但他们仍然被以各种方式单独看待，继续被称为"知识分子"，甚至"知识分子干部"等。这时，"知识分子"的概念虽然只剩下学历出身的含义，但是在心理和政策上带有某种特殊的意味。

凡此种种都说明，这种界定方式的科学可靠性有待于进一步论证。

另一种是文化社会学的界定。它是来自西方，特别是欧洲的理解方式。《简明不列颠百科全书》解释说："'知识分子'一词最早是指19世纪俄国中产阶级的一个阶层。这样一些人受现代教育及西方思潮的影响，对国家的落后状况、沙皇的专制独裁产生不满，并在法律界、医务界、教育界、工程技术界建立了自己的核心，也包括了一些官僚、地主和军官。""西方人常常称知识分子为'社会的良心'，认为他们是人类基本价值（如理性、自由、公平等）的维护者。知识分子一方面根据这些基本价值来批判社会上一切不合理的现象。另一方面则努力推动这些价值的充分实现……这种含义的'知识分子'首先也必须是以某种知识技能为专业的人……但是如果他的全部兴趣始终限于职业范围之内，那么他仍然没有具备'知识分子'的充分条件。根据西方学术界的一般理解，所谓'知识分子'除了献身专业工作以外，同时还必须深切地关怀着国家、社会乃至世界上一切有关公共利害之事，而且这种关怀又必须是超越个人（包括个人所属的小团体）的私利之上的。"

把知识分子理解为社会的"良知分子"，突破了"学历＋职业"的外在模式，而着眼于一部分人在文化和道德方面的特殊功能。它强调了知识分子作为社会理性阶层和道义"良知"的积极作用，有些像我国过去使用的"社会贤达"和"革命知识分子"，以及时下流行的"社会精英""文化精英"等概念。这种界定虽然含义很清晰、特征很明显，但它和我们要讨论的概念已经不是一回事了。它就像是对"劳模"下定义，而不是对"劳动者"下定义一样，用一个比较特殊的概念取代了一个比较一般的概念。

若按这种意义，我国目前要解决的问题就不再是问题。这里不存在制定和落实所谓"知识分子政策"问题，也不需要费心考虑"提高知识分子地位"等，需要明确的只是什么人够得上被称作"知识分子"，因为这一称呼本身意味着在文化和道义上的某种地位和荣誉。可见，这种界定方式是把一个需要（至少我们希望）加以科学界定和描述的概念，变成了一个主要是价值评价的概念。评价总会因评价标准的变化而变化。这就使概念更进一步增加了其主观相对性，而减少了客观确定性。同时，它对知识分子本身也可能产生另一种误导效果：使一些人把自己当作独立于社会现实和实践主流之外、之上的单纯观察者、评论者，从而在"知识分子"这个名义下鼓励脱离大众、脱离实际，使"社会良知"先验化，让"文化精英"变成"精神贵族"。细观历史上和现实中一些知识分子心态失衡的原因，这种担心不是没有根据的。

理解知识分子本质的关键在于深入揭示这一社会群体及其社会功能产生和存在的根本基础，这就是"知识"本身的社会性质和社会功能。知识分子的本质恰恰在于"知识"（即自然科学和社会科学的知识、理性），在于其创造活动的过程和结果。知识分子只是作为知识的主要的社会承载者，才有其特殊的存在基础。否则他们只是一些和所有人一样的现实的、社会的个人，有和其他人一样的民族和阶级归属、一样的生活和情感、一样的个性和弱点……知识本身的状况、现实社会对它的需要和依赖情况，决定了它在社会生活实际中占据的地位、发挥的作用，进而决定了各个时期知识分子的地位和命运。

离开对知识，包括知识的存在方式、知识产生和发展的特殊规律、知识的社会功能的理解，无论是把知识分子当作"政治人"还是"道德人""经济人"，无论是把知识分子看作楷模精英还是看作简单工具，都不可能真正了解知识分子的本来面目，最多只能是描述现象。

所以，知识分子概念的界定，还是应该回到对精神生产的理解上来，不妨这样说："知识分子是掌握并运用人类已有的精神文化成果从事精神生产的人。"这个简单的定义包含以下几方面：首先，是对"知识"概念的广义解释。在这里用"精神文化成果"来表述"知识"，意味着不再把知识仅仅等同于对外部对象的认识，如自然科学的成果，而是把人类关于自身生活的精神成果，如道德、艺术、哲学等人文科学的成果和文化精神本身也包括在内。

其次，用"精神生产"取代"脑力劳动"。仅用脑并不是知识分子的特殊标志，致力于（广义）知识的发展、积累和传播，即从事精神生产活动才是其本质。这种理解一方面有助于把知识分子与同样进行脑力劳动但仅限于应用知识成果从事实际事务的人区别开来；另一方面，可以把那些虽无一定学历和专业身份，但为社会提供着精神产品从而推进精神文化发展的人，纳入知识分子行列。

再次，这里用产业划分代替了阶级和阶层划分，肯定"精神生产"本身是一个现实的社会产业领域，这既是符合人类历史，特别是现代世界发展实际的，也是我们重新理解的关键所在。在定义中用"人"而不用"阶层"，正在于标明产业身份，和"工人""农民"一样，并不排斥在其他情况下根据其他标准使用阶级、阶层概念（如"工人阶级"等），同时却更符合知识"分子"这个提法的语言规范。同时，突出知识分子的精神生产功能，意味着知识分子应该积极反映和探讨社会实践提出的各种问题，向社会提供自己创造的精神产品，以此服务于社会的发展。

最后，这个定义把对知识分子社会地位和作用的理解落脚于对"精神生产"的性质和意义的理解。如果人们重视当代人类社会发展现实的启示，那么就会知道，对"精神生产"的重要意义，无论怎样估价都不会过分。精神文化生产，包括科学技术、思想理论、社会心理、伦理道德、文学艺术等各个方面的内容。科学技术的现代化在当代显得尤为重要，但只重视这一方面是不够的。一个民族要走向现代化，实现文化心理状态的现代化是深层的要求。这种文化心理状态包括价值观念、思维方式、民族性格和生活方式等各个方面。当今世界发达国家的腾飞无不同时依赖发达的科学技术（包括先进的社会科学和现代管理）和奋进的民族精神。转型期的中国一方面要大力发展生产力，另一方面也急需为价值失落的人们找到有力的精神支撑。知识分子凭借他们的知识而更具独立思考的能力，他们正应该在这方面付出更多的努力。

四、事物的价值等级

经过以上分析，可以大概地知道世界上的事物可以对人有怎样的价值。这些价值是不好按事物来划分的，而是要按人的需要来划分的。但是，人们终究还想知道，到底什么样的事物会比别的事物更有价值。至少人们也想知道，世界上什么事物对人最有价值。这就涉及对事物的价值等级的划分。

需要的层次

价值的等级也要按客体满足的主体需要的层次来划分。历来有不少学者进行过努力，试图把人的需要和价值按照高低先后、轻重缓急的顺序加以排列，不过大都不是很成功。原因当然是这里的因素太复杂了。相比较而言，美国当代心理学家马斯洛的划分倒是能为多数人所理解和接受。马斯洛研究一般正常的、健康人的心理特征。他的"需要层次理论"是以一般的个人为单位，把人的需要分为五个层次，由低到高排成一个金字塔的形状（见图5–1）。

图 5-1　马斯洛需要层次理论

　　他认为，只有满足了低层次的需要，高层次的需要才能产生，因此这些需要之间是依次上升的关系。同时他又指出，下面三层的需要是由人在现实中的缺乏引起的需要。而上面两层的需要，则是人在得到现实满足的基础上产生的发展需要。他的需求层次理论和我国古人说的"仓廪实而知礼仪，衣食足而知荣辱"有些相似。

　　马斯洛的需要层次理论很有启发性，也很实用，因此在世界上有很大的影响。当然，五种需要的划分是否全面、准确，大家也有各种不同意见。在我们看来，这一点也是应该研究的。但是，更重要的是不要静止地看待人的每一种需要。这些需要本身也都是有发生、发展和变化的。因此，就要把每一种需要的发展和提高考虑在内。理解人的生理需要，要看到它是随着满足这些需要的社会物质生产的发展而发展的。因此，人有生理需要，同时就有物质生产的需要。同样，人有安全保障的需要，同时也就有创造一定社会条件的需要。人有爱与归属的需要，同时就有使爱和归属不断升华的需要。人有"尊重"的需要，同时也就有使"尊重"更合理、更可行、更完善的需要。人有自我实现的需要，同时也就意味着有自我超越的需要等。总之，有占有、消费、享用、被满足的需要，就有付出、生产、创造、对现状不满足的需要。不能只看到需要的静的一面，忘记它的动的一面。

按照我们前面的讨论，把人的需要分成物质需要和精神需要两大类，每一类又分成现实的需要和发展的需要两方面。它们之间的关系是不断相互促进、相互转化的，促使人的需要和能力都不断提高。如果我们也画出一个"金字塔"来，它就是另一种样子了（见图 5-2）。

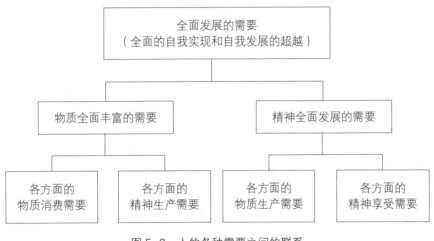

图 5-2 人的各种需要之间的联系

这个图强调了人的各种消费需要和生产需要的关系，从而也指出了每种需要本身的发展。人的需要发展的主要趋势是从片面、分散走向全面、统一，人的最高需要是人的全面发展的需要。从这一点可以看出人的各种需要之间的联系和它们的共同方向。

价值金字塔

把上面两个关于需要层次的"金字塔"图参照起来看，可以大致地想象价值等级的"金字塔"。

这个金字塔的最底层是直接满足人的物质生存和各种自然需要的一

些物质价值。例如，满足马斯洛所说的各种生理需要（呼吸、饮食、居住、性等）的生理价值、生命价值。这些价值多半是由自然物或物的自然属性来提供的。它们是最初级的，也是最起码的基本价值。

稍上一层是满足人的各种社会物质需要的其他物质价值，其中特别是满足生产发展需要的物质生产价值、社会的经济价值、个人的经济利益保障、人的安全条件、劳动条件和工艺技术改进、劳动生产率的提高、物质产品的增加等，都属于这一层。这些物质价值是人的社会生存和发展的直接基础，是主要的物质价值系统。

再上一层是满足人的精神需要的精神价值。人在认识世界、认识社会、认识人生等方面需要的满足，形成各种认识价值、科学价值和理性价值。此外，人在道德情感、审美情趣、政治权益和文化生活等方面需要的满足，也形成其他各种精神价值。在这些精神价值中，人的精神存在和发展结合在一起，各种精神的满足与不满足、享受与生产、自我实现和自我超越相互生成、相互转化，构成了庞大而多变的精神价值系统，并与物质价值系统相互作用。

最上层是满足人的物质和精神高度和谐发展需要的全面发展价值。人不但有物质需要和精神需要，而且有物质和精神相互统一、和谐的需要。事实上，物质需要和精神需要是不能分开的。物质价值和精神价值的丰富发展，有时同步，有时不同步，人的内在需要使它们统一、和谐、共同发展。这种统一、和谐，表现为真善美的统一，表现为人的实践的高度自由，表现为社会文明的不断进步，表现为人的彻底解放。一句话，这种统一、和谐表现为人的自由而全面的发展。

按照这个金字塔的等级，我们可以设计一些评定事物价值的指标，这个指标包含质和量两个方面。

质的方面，首先是指事物的价值属于何种性质，也就是事物满足人的哪一方面的需要。例如，空气满足人的呼吸的需要，它具有生命价值；

机器满足人的物质生产的需要，它具有物质生产价值；友谊满足人的情感需要，它具有情感价值；科学研究满足人的求知需要，它具有认识价值等。从这方面来看，按照价值等级的"金字塔"顺序，一个事物如果能满足物质生产的需要，就比另一个只能满足物质消费需要的事物有更高级的价值；如果有精神价值，就比只有物质价值的事物高级；有多方面的、全面的价值，就比具有单方面的、片面的价值的事物高级等。

在这里应该注意的是划分价值的等级并不等于鉴别价值"重要不重要"的标准。"重要不重要"是相对的。一般来说，较低级的价值往往反而更"重要"些。例如，不能欣赏一场交响乐和不能呼吸相比，当然后者更重要。高级、低级只代表发展的程度，重要不重要则是相对于具体的条件而言的。我们人类在实现低级价值的时候，总是要进一步追求更高级的价值，不然就没有进步，但这不等于抛弃自己的基础。基础和上层何者更"重要"，不能孤立、静止地看待。

质的方面还包括正负价值之分。这也是事物的价值"定性"和"定位"的标准之一。

量的方面，是指事物满足一定需要的程度和范围。一个事物如果满足某种需要的程度越高、范围越大、时间越久，当然就越有价值。小孩掌握"1+1=2"这个算式，要比牢记"一块糖再加一块糖是两块糖"的精神价值大得多。

什么事物最有价值？

按照前面说的条件，可以说，除了人自己以外，世界上对人来说最好、最重要、价值最高最大的"事物"有以下三个：

（1）大自然是人类的母亲，她给了人类以生命和人所需要的一切物质、能量，同时，大自然还是人类认识和情感的主要对象，是人类学习知识、审美活动和精神寄托的主要场所。大自然既慷慨地供给人必要的一切，也无时无刻不在监督和制约着人的活动。大自然既鞭策人类进取，也限制和惩罚人的一切疯狂举动。总之，大自然对人具有从最低级到最高级的全面价值，而且永远具有这些价值。所以，大自然是第一个对人类最有价值的事物。

（2）劳动是人类特有的生命活动，是和大自然一道供给人类一切价值的源泉。人类通过劳动才成为人，而且只有靠劳动才能继续成为人。物质生产和精神生产是人类肉体生命和精神生命的保障。劳动是永远伴随人类的"价值发生器"，它具有产生一切价值的价值。所以，劳动是第二个对人类最有价值的事物。

（3）科学包括人类认识世界的全部成果——知识、真理和它的活动方式，是人类精神生命的高级形态。科学本身是人类精神生产的活动。它生产的最重要的成果是人的科学精神，即永不满足的求知欲望和实事求是的理性态度。科学精神的发扬光大，本身就是人在精神上全面健康发展的主要方向。同时，科学提供的具体知识和方法还是人类创造各种物质价值和精神价值的最有力武器。"科学技术是第一生产力"表明科学与物质生产劳动相结合的巨大价值。科学在经济、政治、文化等各方面的运用，也是使各个领域不断发现和创造价值的"放大器"和"加速器"。科学越来越具有保障各种价值的价值，所以它是第三个对人类最有价值的事物。

世界上对人类有价值的事物，可以说是无穷无尽的。但是用价值的等级标准来衡量，都不能与大自然、劳动、科学这三者相比。"悠悠万事，唯此为大"。

人类中心与环境价值

关于大自然的价值问题，近年成为人们争论的一个焦点。随着资源问题、生态问题、环境问题和可持续发展等问题的提出，人与自然的关系重新成为人类思考的一个焦点，促成了"环境价值"或"环境道德""生态价值"或"生态伦理"等概念的产生。这是人类在实践基础上进行的自我批判，是人的一次重新自我定位。它们联系着价值观念领域的一场革命，可以看作 20 世纪人类文明最重要、最具特色的思想成果之一，其意义绝不可以低估。

但是，生态环境价值观的产生，并不是否定"人类中心"的价值原则。要确立完整、准确、有效的保护生态环境观念，在思想上就不能不注意解决三个前提性问题：一是人为什么必须尊重和保护生态环境，即在这个问题上的出发点和根据究竟是什么？二是究竟要达到怎样的状态和效果，才是实现了对生态环境的应有的尊重和保护，即人对自然环境所做的一切，应该和能够达到的合理标准是什么？三是以怎样的方式和途径去实现生态环境价值？例如，是把它当作一项孤立的经济技术性任务，仅依靠实行必要的经济规则和技术措施就可以做到，还是把它当作人和社会全面发展的一个内在标志，有意识地通过人文精神的社会化进程来实现等。这三个问题相互联系着。

有一种近年比较多见的"新"哲学观点认为，目前全球性资源、生态和环境等危机现象，构成了所谓"人类自我中心主义的困境"。我们从中应该得出的结论是承认和强调人的主体性地位的观念已经过时，要彻底否定"人类中心主义"和"人的主体性原则"，重新提倡"客体中心""自然中心"的原则，或者至少认为自然界、生态链或环境物是和人一样独立、平等的道德主体、价值主体，有其自在的权利。这种伦理道德的含义和原则，就在于人的行为要符合自然物的利益、尊重它们的权利等。也有人甚至更进一步地提出要以"天道论"取代"人道论"，"因为先有天道（自然界的规律），后有人道（人类的价值原则），所以天道重于人道，人道要服从天道"云云。这样一套观念被看作适合现在和未来人与自然关系的新价值观的核心和实质。

另一种观点则相反，认为必须区分"人类中心"与"人类中心主义"，我们要走出已往的"人类中心主义"误区，本身仍是要以人为中心的，是以人类的整体和长远利益为出发点的选择。换言之，是回到更加健全理性的"人类中心"和主体意识上来。这里没有必要也不可能摆脱"以人为中心"，更不意味着要走向"以自然为中心"。它指出当我们仍把周围的自然界叫作"环境"（以一定主体为圆心的外部存在），把某些天然存在物叫作"资源"（人类生产生活资料的来源）时，难道不是在表明这些名称本身就是"以人为中心"的吗？当我们探讨"可持续发展"的条件和方式的时候，指的是谁的可持续发展？要知道，自然界本身——不论有没有人类，也不论它是否经历过若干次毁灭性的灾难（如导致恐龙灭绝的那场变动）——从来是有生有灭、生生不息的，无所谓可持续发展与否。毫无疑问，如今我们面临的各种资源和环境危机现象，归根结底是指在人的活动范围内由于人的行为而产生的，并且对于人的生存发展形成挑战的后果。自然界不会毁灭，毁灭的只可能是人类自己。因此，资源和环境的问题本身就已是从人类角度提出的问题，它的答案也只能是以人的方式、按照人的需要和能力来解决这些问题。

也就是说，"关心自然"的实质仍然是"关心人"。如果离开了这个前提，不是以人为中心，我们怎样才能规定自己对自然界的权利和义务？如果把维护自然界本来的平衡当作生态伦理和环境价值的最高原则，有人这样极端地反驳说：那么就只有一种结果——消灭人类才是最符合这个原则的方式，否则便不可能让自然界自在地发展……这一观点难道是合理的吗？因此，不能赞成以"生态伦理"和"环境道德"等为理由来贬低或限制人的发展，而应该认为它们正是人本身发展的一个新的维度。

话已至此，争论的焦点和实质显然已远远超过了"要不要"保护生态环境的范围，而在于究竟"为什么和如何"来保护的问题。

在"人类中心"与"环境价值"之间的关系的问题上，有两个前提性的问题需要再次明确。

　　一个问题是关于存在命题与价值命题的区分。首先从存在论的意义来看，世界（大自然、宇宙）是没有或无所谓"中心"的。根据已有的科学知识可以知道，茫茫宇宙是无限的，它并无中心，我们人类生存的地球是以太阳为中心在运转着，而地核则是地球自己的天然的物理中心……这一切都与"人类中心"无关。相反，对于宇宙大自然来说，地球上人类的存在，无论从空间、时间还是从绝对力量上看，都可以说是"微不足道"的。正因为如此，我们（相信上帝或造物主者除外）在任何意义上都不能肯定"人是世界存在的中心"，否则便是一种极端的无知和危险的狂妄。一般来说，学术界在这个层次上并无真正的分歧，有意地主张存在论意义上的人类中心主义的情况，可能实际上并不存在。

　　既然如此，那么所谓"人类中心"真实的含义究竟是什么呢？对它的合理解释只能是指"人是人类全部活动和思考的中心"这样一种现象，即对人自己的关照是人类一切活动、思考和情感的"中心"。人的尺度（人的本性、需要、能力等）是人类判断一切好坏、善恶、美丑、利弊得失的标准的"中心"。人的自我实现和全面发展是人类一切价值理想、追求、选择、创造的目标"中心"等。总之一句话："人是人的世界的中心，人是人自己的中心。"这是人类特有也不能不有的一种"自我中心"现象，不论人们是否自觉地意识到或把握了这种现象，它在客观上都是人的存在和活动特有的、普遍的事实。由此看来，"人类中心"观念主要意味着人在自然界面前的自我权利和责任意识，意味着人的行为的出发点和选择的界限所在。所以，这种观念主要不是一个关于世界存在和事实描述的观念，而是一种价值观念。

　　另一个问题是关于"价值"的本性和本义。"环境价值"或"环境道德""生态价值"或"生态伦理"等，在理论上都属于价值范畴。既然进入了价值范畴，就要使用相应的价值思维。不少人在谈论它们时，由于缺少对"价值"这个前提概念的明确规定和逻辑把握，或对命题的有效域缺少必要的交代和共识，才造成了讨论中出现某些并非不可避免的困难。

按照我们对价值现象的理解，其概念的本质和特殊性就在于它充分地表明了人的主体地位。价值就是以人的主体性（"为我"目的性、需要、能力及其发展等）为尺度的一种关系。任何时候说到"价值"，都是指"对于人（人类整体或某一部分人，这一点总是具体地、历史地、多样化地表现出来的）的意义"。也就是说，在所谓价值和价值观念的领域中，正是人（实际上也唯有人）普遍地居于最高的、主导的地位，人是根据、是尺度、是标准、是目的。人类形成"价值"这一概念的本义，赋予它的含义和功能，应该说就是如此。

例如，谈到"伦理""道德"（它们都属于特殊的价值领域、价值范畴）时，我们一向都知道它们是适用于人与人之间价值关系的概念，特指人与人之间一定社会关系的性质、结构和秩序状况。"环境伦理"和"生态道德"概念产生的基础，恰恰在于现实已经表明人如何对待周围自然界，实质上已经是人类如何对待自己的问题，是人类的部分与整体、片面与全面、眼前与长远、现在与未来之间的关系问题。因此，为了人类的全面幸福与未来发展，我们应该树立科学的生态意识，建立人与自然共生共存的合作关系，以人道主义的态度与情感对待人类自己的生存环境……也就是说，当我们把专属于人与人之间关系的伦理道德范畴应用于人与自然的关系时，实际上是把"人—自然关系"纳入了"人—人关系"的范围，在前所未有的深刻意义上看到了二者之间的内在一致性。只有在这种意义上，"环境道德"和"生态伦理"这类概念才能成立，否则它们就只能具有某种比喻的意义，而不是一个科学概念。

在价值领域中，必须充分揭示和保持人的主体地位，才能抓住问题的实质。假如按前一种意见所说，倡导"环境道德"和"生态伦理"意味着，要求人的行为要服从自然界的利益，那么将如何实行？谁能充当它的真正的执行者和"代言人"？我们知道，自然界的一切从来并且永远都是按其自身规律运行的，如动植物"天敌"之间从来就进行着生存竞争。而如果不是最终以对人的"赏赐"或"惩罚"为根据来加以鉴别，这些规律和现象本身并不具有伦理道德之类的价值意义，也不可能成为人类任何道德原则的出发点。所以，事实上的出发点只能是人自身，这就意味着要在人自己的范围内来解决问题，必须打破迷信，把人的权利和责任归还给人，这才是实践中的问题所在。相反，如果借自然之名重新制造迷信和神秘主义，则必然会造成新的误区。

顺便说一句：历史上从来就不乏以"掌握规律""代表真理"或"通晓天意"自命，借神秘主义和独断以在人世推行某种专制幻想的人。今天从世界范围来看，在建立新的环境价值观念和道德体系的同时，我们也不能不保持警惕。

让我们来比较一下"环境价值"与"环境的价值"两个概念：

"环境的价值"是指环境作为客体，它"对于人的生存发展所具有和可能具有的意义"。这个概念引导的思考是"环境能够在哪些方面满足人的需要？"，由此当然会想到以往我们看重的一切。在现实中这一个概念代表了万千年来人们对待自然界的传统方式，即主要是把周围自然界当作资源和手段，千方百计去加以开发和利用的取向。

"环境价值"则是指："（任何事物、包括人的行为在内）对于人的环境本性和需求的意义。"这里使用了"人的环境本性和需求"一语，意在表明对一定环境的依赖已被确认为现实人的一种基本需要，而满足和实现这种需要则成为对人的一种直接价值。一种现象或行为如果是促成环境有益于人的，那么它就有正的环境价值，反之则否。在这种理解和规定中，环境已成为人的主体性尺度的一部分。也就是说，这一概念表现在现实中意味着我们开始把周围环境的良性循环，当作人自己生存发展的内容和标志、权利和责任之一，当作人的全面健康发展目的中的一个有机成分加以珍重和保护。"环境价值"概念引导的思考是"如何保护和优化人的生存发展环境以保证人自身?"。

如此理解两个概念,则不难看清二者的关系。后者当然并不排斥前者,但是比前者更进了一步,它是从更全面、更长远的意义上深化了自然与人关系的理解。正如马克思曾说过,自然环境不再只是人的手段和工具,而是作为人的"无机身体"成为主体的一部分,成为人活动的目的性内容本身。如果这样理解,那么我们确实可以说"环境价值"观念的形成,是人类对自己与自然界关系认识的一个质的飞跃、一个伟大的进步。

回顾自然与人的关系思想史,我们似乎可以看到这样一个有趣的"否定之否定"过程:以图腾时代的特征为最典型的代表形式,最初把自然界与人的关系仅看成"父(母)子关系",人依偎和敬畏身边的自然物,这是一种古老而朴素的观念;后来随着人类能力的发展,人们把自然界与自己的关系看成似乎已经成为一种"主奴关系"(人是主,自然是奴)了,这是现在正被我们检讨和批判的那种"人类中心(对自然的专制)主义"偏狭观念;然而在今天,"否定的否定"并不是简单地向古老的朴素观念回归,而是一种新的拓展和升华——走向人类与自然界的真正"一体化"。也就是说,我们现在的进步,绝不是把自己与自然界重新,甚至更深地区别和分离开来,也不是并列起来(因此,不是"兄弟关系"),而是更深切地感觉到了人与自然界之间的一体化存在。当然,在这种一体化中,人仍然是"中心",是人自己一切价值观念的中心。但这一次达到的"自我中心意识",却是以一个更广大、更长久的"人类自我"——人与自然界的一体化为主体的意识,因此也是更加理性的、全面的自我意识。在这种理解下,"环境价值"观念并不意味着要重新压制或降低人,因此它也不应该受到人们健康理智的排斥。

"环境价值"观念的实质,是更加提高和放大人类的权利与责任感,使其与人具有的能力、人在这个世界上能起到的作用之间，达到自觉的统一。

事实证明，所谓环境生态问题并不仅是"人与自然"的关系问题，它们始终要同"人与人"的社会关系问题联系在一起。"合理的人类中心主义"意味着两点：一是在"人与自然的关系"方面，主张以人为中心；二是在"人与人的关系"方面，特别是立足于任何形式的个体、群体与人类整体之间的关系上，主张并强调以"人类"即整体为中心。所谓"环境价值"的概念就是要求站在人类的立场上，既不要脱离了自然环境来追求人和社会的发展，又不要脱离了人和社会的发展去保护自然环境，同时也不能把二者当作彼此无关的平行过程，任其自发地相互抗衡、相互抵消。

一些偏激的环境生态主义者，实际上主张要人类或者是一部分国家和地区放弃社会经济和工业发展的目标，单纯地为保存现有的环境和生态服务。而另一些强调以社会经济发展为紧迫目标的人，尤其是承担地区性建设重任的人，则容易从另一方面否定环境价值的意义。这一切可以证明，通常被看作科学技术性质的议题，实际上却总是背负着某种社会性（经济、政治、文化等）的问题。可见，环境价值的问题同其他任何价值问题一样，表现出深厚的主体性底蕴。在思考这方面的问题时，绝不能缺少有关主体方面的分析。在现实中有两个值得注意的矛盾：

一是现实价值主体的多元与一元的关系。现实的价值必然因主体多元而呈现多元化的状态。同一生态环境对于发展情况不同的地区、国家和民族主体来说，具有不同的可能价值。每一主体都必然要首先从自己的实际出发来进行选择，这就会导致对生态环境的多元化立场和态度；然而，"生态环境价值"这一观念的本质必然要求从整个人类和全球生态的角度来进行一元化的协调和合作，否则便不能实现。因此，在多元和一元之间便出现了各种复杂的关系问题。在这方面，我们看到了当代世界在真正实现生态环境价值上遇到的巨大困难。当然，我们应该相信，全人类在环境价值问题上是应该且能够形成共识的。正因为如此，我们需要的是将环境和人类都作为整体来思考，而既不是将人类整体的责任简单机械地分割开来，也不是将某一部分自然环境（在时间或空间上）孤立地加以看待。

二是环境价值与其他价值之间的平衡。环境价值问题对于世界上每一个人、每一个地区、每一个国家、每一个民族来说都是存在的，但它并不是人们面对的唯一的价值问题。经济价值、政治价值、文化价值、生态环境价值等之间，不仅有"全面兼顾"的问题，而且有综合平衡的问题。这些价值选择之间的轻重缓急排列和实施，不仅与主体的价值观念相联系，而且必然受到相应的社会条件和能力的制约。在这方面，我们同样看到了真正实现生态环境价值面临的复杂困难。当然我们也应该相信，每一个正常的主体都是力求达到所有价值的充分实现且彼此和谐，以使社会走向全面持久的繁荣和发展。正因为如此，我们的任务就在于要找到社会发展与良性生态之间的结合点，即如何做到既保护环境又不停止发展的那个有效的"度"之所在。找到这个"度"，应该说是哲学和科学、经济和技术研究的一项共同责任，是我们思考"环境价值"和"可持续发展"时面临的一个富有挑战性的、建设性的任务。

第六章
人的价值（上）

事物的价值是事物与人的关系。在这种关系中，事物是客体，人是主体。人的价值则是人与人的关系，"人适合人的尺度"。这里的前一个"人"是客体，后一个"人"是主体。主体是人，客体也是人，这是人的价值不同于事物的价值之处。在思考人的价值问题时，这是常常被忘记或被误解的地方，由此生出了许许多多的是非之争。这一章先从宏观上、大体上谈一谈人的价值的一般问题。在第七章，再来具体地谈一谈个人的、微观的价值问题。

一、人的价值关系之网

"人"这个词，有两种不同用法，分别指两种不同的情况：一种是"一切人""人类"的名称，是个整体的、一般的概念。这种情况的"人"是唯一的，世界上只有一个"人"，即人类。另一种是"一定的人""某个人"或"某些人"的代称，是个具体的、特殊的概念。这种情况的"人"是指谁，要看具体情况。世界上古往今来的人，包括个人和他们的共同体在内，有数不清个，都是人。

根据这两种不同的所指来看"人"的价值，就是在一般和特殊、整体和部分两个层次上加以思考。

一切价值都是人的价值

从人和人类的整体这个高度来思考人的价值，首先应该得到的结论是一切价值都是人的价值。

"一切价值都是人的价值"这句话的意思是说，一切价值都同人相联系，即使不是由人创造的，也是对于人的价值。人是世界万物中最高级的、最重要的价值客体，人也是一切价值唯一的、最终的主体。"人的价值"就在于，人是价值的最高客体和最高主体的统一。"天地之间人为贵""人为万物之灵"。作为价值客体，人可以说是世上一切事物中最有价值的事物。满足人的各种需要的东西几乎全部是由人自己创造的。科学是人创造的，劳动就是人的创造活动本身，其他具体有价值的事物就更不必说了，唯有大自然例外。宇宙、太阳和地球的存在，它们所提供的天然条件如空气、水等物质因素和温度、压力、速度、辐射等环境状态，是不受人控制的，是人类生存的先决条件，但是即便这些事物对人的价值，也要由人自己来实现。只有当人呼吸时，空气的这种价值才会实现；只有人能适应环境时，环境才有利于人。况且，大自然的事物不止这些。今天的许多自然物也已经是人改造和利用过的了，如山川河流、动物植物、矿藏土地等。没有人的创造性劳动，它们也不会有今天的面貌和价值，就像没有现代工业，地下的石油不会产生今天的重要价值一样。所以，从人是价值的最终实现者、创造者的意义上说，"物的价值其实都是人的价值"。

况且，和事物的价值相比，人的价值还有一个最大的特点，这就是人会有意识地、主动地去提供价值，满足主体的需要。这是人以外的任何客体都不可能有的价值。人是有自觉能动性的客体，他会按自己认准的价值去创造。从这一点可以说，"人的根本价值，是他能创造价值！"

作为价值主体，人可以说是唯一的、最终的主体。"宇宙、太阳系的状态若不是现在这样，也许就不会有我们人类。"这句话正好表明，宇宙的价值也是对人来说的。当人们说"阳光对植物有价值"时，心中的真正意图包括了"植物对人类的意义"在内。否则人类不会注意和理解自然物之间的相互关系，更不会把这种关系也叫作价值。我们看待自然界一切事物的价值，最终都是指它们对于人的意义；看待社会事物的价值，就更是如此了。在这一点上，任何价值都不例外，都是以人为主体的、对人的价值。

人既是"人的价值"的主体，又是"人的价值"的客体。这种主客体的统一告诉我们，从人类的整体看，人所做的、所追求的一切，都是为了人自己，不是为了神、上帝、神秘观念或自然界的草木禽兽。同时，人所需要的一切，归根结底也只有依靠人自己来满足。人类自己为自己创造美好的世界，这就是最高意义上的"人的价值"——人类的自我价值。

社会关系网和人的价值

从现实的、具体的层次来看人的价值，那个雄踞于万物之上，包揽一切主体权利，同时又承包全部客体功能的唯一的"人"，并不存在。现实生活中只有你、我、他，我们大家每一个人，以及由多少不同的个人组成的各种人群共同体，如家庭、集体、阶级、民族、国家等。这些是现实中的人群共同体形式。

现实中的人既然并非只有一位，而是有无穷无尽之多，那么具体的价值主体和价值客体就变得非常多样、非常复杂了。关于人的价值是指"谁对谁的价值"就有许许多多的内容可谈。拿"种树"和"乘凉"打比方。"种树"的人好比是价值客体，"乘凉"的人好比是价值主体。种树满足乘凉的需要，种树者的价值是使人得以"乘凉"。那么，谁种树，谁乘凉，就有了许多种类型："前人栽树，后人乘凉""张三种树，自己乘凉""一人种树，大家乘凉""大家树种，一人乘凉""大家种树，大家乘凉"等，还可以想象出更多。其实，这些都是生活中可能有、确实有的现象。在每一个具体的价值关系中，都有具体的主体和客体，它们是千变万化的。这时候光说"人的价值是人满足人的需要",就远远不够了。

这时候应该再深入一步,具体地考虑"人的价值"是指"什么人对什么人的价值"。因为价值是因主体不同而不同的。即使是同一个人的同一个行为,对不同的他人、群体、阶级来说,价值也是不同的。一个人或一群人,对这个阶级或集团来说是宝贝,对另一个阶级或集团来说就可能是祸害。一个人种的树,对乘凉人来说可能很好;可是对在这里建房修路的人来说,可能就很碍事。

人人都生活在一定的社会关系中。在这个背景下,每一个人的生命和活动,实际上总是有多方面的价值关系。"张三的价值",就有张三对他自己父母家庭的价值、对亲戚朋友的价值、对同志上下级的价值等。除了这些对其他人的价值之外,张三对于他所在的集体、阶级、民族、国家、社会和人类也存在着"有什么价值"的问题。不论张三在哪方面价值大些,哪方面价值小些,这些价值关系都是客观存在的。

那么,"人的价值"是不是只适用于个人,仅指个人的价值呢?也不能这样看。在"人"这个范围内,家庭、集体、阶级、民族、国家、社会、人类等各种层次、各种形态的人群共同体,同样也有它们的价值问题。它们也有好坏、优劣、进退之分,这也就是它们的价值。在广义上,这也包括在"人的价值"之内。

这种类型的"人的价值"有时不大被注意,却并不等于没有这种价值关系。例如,张三的家庭、集体等是否能满足张三的需要?这就是它们对张三有何价值的问题。个人有时会产生选择集体的动机和要求,对集体也有感情问题,这就是他对于"这个集体有什么价值"的反应。《白毛女》中喜儿的经历说明,"旧社会把人变成鬼,新社会把鬼变成人"。这不就是两种社会制度对喜儿个人,以及像她一样的千千万万个人的价值吗?如果社会制度、国家不存在对个人有无价值的问题,那么我们大家"改造旧社会,建设新社会"又是为了什么呢?

无论是个人还是个人的共同体，都是现实的"人"的具体形态。在"人的价值"问题上，它们无一例外地都加入一定的主体或客体的行列。这样，我们看到的现实中，人的价值关系就表现为一个无限展开的、立体的交叉网络。每一个个人、家庭、集体、阶级、民族、国家等都在这个网上占有一个或大或小的位置，它都同其他个体形成主客体关系，自己既是一定价值的主体，又是一定价值的客体。具体的价值关系把它同四面八方上下左右的其他个体联系起来，彼此需要或不需要、一致或不一致，它以各种方式感受和评价别人的价值，并提供自己的价值。

这就是人类社会的价值关系之网。任何人的价值都是在这个关系网中形成的，都在这个关系网中才能确定。为了省些笔墨，这里我们不妨画一个简单的示意图（见图6-1）。

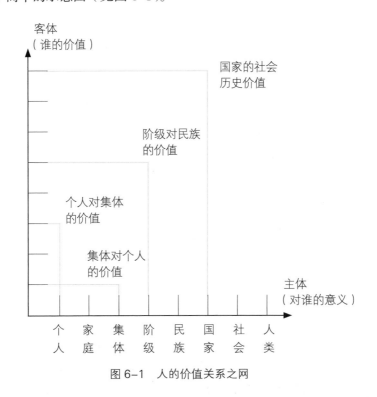

图6-1　人的价值关系之网

这里只随便点出了其中几种具体价值关系，依此类推，就可显示这张"网"的线索。而且这是一个立体三维的网络。

通过人与人的具体关系来说明人的价值，我们得到一个广阔的现实视角，从中能够思考人的权利和责任。这是思考人的价值的一种科学的方法。脱离了人的社会关系，就会把对人的价值的思考引向死胡同，变成狭隘观念和主观武断的一个误区。

"人性"和孔乙己的悲剧

有一种流传很久也很广的观念，是把人的价值混同于某种"人性"，认为人要有价值，就是要达到某种精神禀性、德行等。这种观念往往从人"性本善"或"性本恶"出发，断言善恶是"人性"中固有的东西。如果人性本善，那么恢复这种本性，人就有了"内在价值"。如果人性本恶，那么只要抑制住人的本性，通过"内修"而具有了"善性"或"德行"，人也就有了"内在价值"。总之使人的善的禀性表现出来，就是人的价值。

中国封建社会的思想家就是这样，总喜欢把人的"善性""德行"说得神乎其神，用这种方法来鼓吹封建道德主义，要人们专注于修身养性，"存天理，灭人欲"。仿佛这样就可以成为善人、完人、圣贤一样的"大人"，通过"修身、齐家、治国、平天下"来实现人的价值。西方资产阶级的人性论则相反，把人的情欲、人的自私、人的自利等，看作人的内在不变的本性，鼓吹把它们充分发挥出来，它们得到实现，就是实现了人的价值、人的尊严。所以，他们往往把纵欲、自我表现、脱离和对抗社会、孤立的个人自由等说成是人的价值的体现。

当然，我们不能否认人们自我修养和自我认识的必要，永远不应放松提高自己素质、丰富自己能力的努力。但这并不等于人的价值。离开人与社会、人与人的具体关系，就无法知道什么样的修养是好的、对的，也无法知道什么样的素质和能力是有价值的。鲁迅小说《孔乙己》中的孔乙己，个人文化和道德修养都是当时比较标准的，但是他的人生价值如何呢？他被贫困所逼而去偷窃，最后悲惨地死去，使人只觉得他可怜。这种价值，难道是他个人的修养决定的吗？是他的"内在价值"表现的结果吗？显然不是。

上述封建主义的人性论和资产阶级的人性论，他们看待人的价值的方法都是脱离人的社会关系，把人的价值说成人的本性、属性本身。其实，善恶并不是"性"，而是关系中的现象。在上述两种人性论中，要实现人的价值却成了人的个性方面的事。前者千方百计地压抑、扭曲人的个性，使它符合某种至高无上的律条（实际是封建统治者的意志）；后者则主张放任人的个性自由膨胀。总之人的价值只是个人的事，与社会、人与人的关系无关，其结果必然是把对人的价值的追求引向死胡同，使人们忘记了人的价值的社会根源，因而也就放弃了认识社会、改造社会的权利和责任。既然人的价值就在人的禀性之中，那么追求和实现这种价值，人只要自我修行和自我欣赏就行了，谁还需要去认识社会、改造社会呢？

人的身价与人格商品化

另一种有影响的错误观念，是把人的价值理解为人格商品化。其表现是把人的价值看成和商品的价格、交换价值一样的东西，有意无意地认为人的价值就是"人值多少钱，抵多少财物"。常见报刊上登出消息，说某某"身价"几何。例如，比尔·盖茨的身价是531亿美元，这实际上是把一个人拥有的资产量等同于这个人的价值量，有人甚至依此标准，拟定了全球富豪前20名的个人身价排行榜。袁隆平是我国"杂交水稻之父"，他研制的杂交水稻品种经推广后，对水稻增产发挥了巨大的作用，有人便据此估计：袁隆平这个名字至少值100亿元，这也是把一个人的科研成果带来的社会效益简单地等同于这个人的个人身价。更有甚者，一家据说具有国资局认可资格的无形资产评估事务所，居然认认真真地搞起了个人身价评估，某集团总经理，其个人身价就被该事务所"确凿"地认定为 38963.58 万元……从这样一种等同出发，有人就说："要体现我的价值，就要给我多少待遇或报酬，满足我的要求。"也有人因此而反对谈人的价值："什么'人的价值'！人又不是商品，哪来的价值，怎么能卖钱？"这两种相反的态度其实出自同一种观念，就是把人的价值混同于人格商品化了。这是一种庸俗经济主义的观念。

用商品化的观念来看待人的价值，是把人降低为物，把自己或他人当成商品，认为人与人之间的关系就是现金交易。它的表现在资本主义社会的人与人的关系上是很普遍的，其特点就是金钱"代表一切事物、人们和社会关系的价值"。[①]人的价值大小最终要体现为人拥有的金钱和财富的多少。"这个人值一万英镑，就是说，他拥有这样一笔钱。谁有钱，谁就'值得尊敬'，就属于'上等人'，就'有势力'，而且在他那个圈子里在各方面都是领头的。"[②]被恩格斯揭露的这种观念根深蒂固，是有它的原因的。这就是在一切都可以变为商品，进行现金交易的情况下，如果一个人有本事、有贡献，那么他在市场交易中就应该得到相应的报酬。本事和贡献可以是看不见的，但金钱是看得见的。所以，无论从哪方面说，一个人是否有价值、价值大小，最终就要看他占有的金钱和财富多少。我们发现，许多生活在商品经济条件下的人都认为"金钱代表人的价值"是合情合理的。相反，他们认为，仅凭着道德主义的幻想和愿望来否定这一点，是落后的、不公平的。

毫无疑问，我们既不能否定商品和商品经济本身，也不能否认在商品经济条件下，人的能力和贡献要同金钱和物质的报偿相联系。但这和金钱代表人的价值是两回事。因为第一，在世界上任何地方都还未能做到使金钱、财富的获得与人的真实能力和贡献相一致。不是靠诚实的劳

---

① 《马克思恩格斯全集》第 2 卷，人民出版社 1974 年版，第 480 页。
② 《马克思恩格斯全集》第 2 卷，人民出版社 1974 年版，第 566 页。

动和真实的贡献而获取大量财物的现象还多得很。在这种情况下，把金钱当作人的价值的代表物，势必歪曲人的价值，本末倒置，为剥削压榨、巧取豪夺张目，助长腐败势力的气焰。第二，即便能够做到使金钱与贡献相联系，也不是任何人的贡献都可以用金钱来衡量和表示的。这就是人和商品物的不同之处。任何商品物提供给人的，都只能是具体的、有限的使用价值，它的使用价值和为生产它所付出的劳动，是可以通过金钱来表示的。但是，人的价值有很多是无形的、无限的，不光有使用价值，还有道德价值、情感价值、交往价值、社会责任和义务价值、人的发展价值等。这些是无法把人像物一样看待，根据一时一地的作用而加以衡量的。俗话说"情义无价"，正是指它具有无法规定价格的价值。因此，金钱不能代表人的这些价值。古往今来多少有功于人类的伟大人物，都曾是一贫如洗的，难道能够用金钱来代表他们的价值吗？

所以，必须划清人的价值与人格商品化的界限，跳出把人看作物一样的交易品的观念圈子，从人与人的社会关系的具体性和丰富性方面，来理解人的价值。人的价值不是人的市场价格，而是人的生命和活动对人的意义。

二、"为我"与"为他"

人的价值产生于、存在于、表现于人与人的社会关系之中，并不是由什么神秘的观念和市场交易决定的。但是，人与人的社会关系是那样的复杂多变，怎样才能找到主要的线索，掌握人的价值的根本尺度呢？

许多人都看到，人的价值虽然各种各样、千头万绪，但是集中起来不过只有两种，"为我"的价值和"为他"的价值。

人生价值两大指标

如果一个人或一个人群共同体，他提供的价值是满足他自己的需要，那么这种价值就是他的"为我"价值。"为我"是指自己既是价值客体，又是价值主体的情况。这种类型的价值叫作"人的自我价值"。

如果一个人或一个人群共同体，他提供的价值是满足自己以外的他人和社会的需要，那么这种价值就是他的"为他"价值。"为他"是指自己是价值客体，自己以外的人是价值主体。这种满足人的需要的价值，可以统称为"人的社会价值"。因为这正是社会和他人评价具体人的价值的根据。

"自我价值"和"社会价值"这种概括，除人类整体以外，对任何层次的"人"的价值来说，都能成立。

对人类整体来说，除了"我"以外，再没有其他人了。"为我"和"为他"合而为一，为"他"就是为"我"，为"我"也是为"他"。所以人类的价值就只有一种，即"人类的自我价值"。或者可以说，人类的价值是"人类社会的自我价值"。除此以外，任何"人"的价值，都是可以用"自我价值"与"社会价值"加以区分和衡量的。

例如，一个企业是一个集体。企业向社会提供产品、上缴利税、输送人才等，是它的社会价值。企业获得利润，保证自己职工的福利，扩大生产能力和提高效率等，则是它的自我价值。少了这两方面中的哪一方面，企业都难以存在下去，也就是失去了它的价值。

人的任何社会共同体的价值也都是如此。拿阶级来说，历史兴衰的每一个阶级的命运都是由这两个方面的价值决定的，其中特别是这些阶级的社会历史价值。最初，这些阶级随着生产力和生产关系的发展应运而生，它们能够提出和解决当时社会生存发展需要解决的一些问题，从而也使本阶级的利益得到实现，这时，它们的社会价值和自我价值都很高。但是，由于社会生活不断向前发展，这些阶级越来越不能适合生产力和生产关系发展的需要，它们对解决人类生存发展的重大问题和各种社会矛盾越来越无能为力，它们的利益甚至使它们想阻碍社会前进，压制大多数人的革命要求，这时，它们的社会价值就降低到零甚至负数，它们也无法保存自己，无论它们"自我感觉"如何，它们的自我价值都已经实际上丧失了。于是，这些阶级最终被新兴的阶级所代替。阶级和代表它们的集团、政党、国家、社会体制等，就是这样一代又一代更替的。它们的社会价值和自我价值都处在历史的变动之中。就阶级来讲，它的自我价值更多地取决于它的社会历史价值，这是人群共同体价值的一种类型。

另一种类型是人群共同体的社会价值更多地取决于它的自我价值，只有充分保证自我价值，才能保证它的社会价值。企业的价值是如此，民族的价值更是如此。世界上每一个民族的兴旺发达，本身就具有人类社会历史的价值，满足民族的需要就是满足一定的社会需要。但是，历史上总是有些民族兴衰生灭。那些衰落甚至灭亡的民族，并不是由于它们对社会没有价值，而是由于它们不能完善和发展自己，以承担起其社会价值。它们要么保守落后，丧失了对人类尽到责任的资格，要么过于弱小，在外来侵略压迫面前无力保护自己。这种自我价值的不足，导致了它们社会价值的中止。

对于个人来说，一个人的社会价值就是他在哪些方面为他人和社会所需要，他能够在多大程度上满足这些需要。他能满足的需要越多、越大、越充分，他这个人对他人和社会就越有价值。一个人的能力有大小，但是社会的需要有无限多，所以一般来说，每个人为社会作贡献的机会是有很多的。只要肯去做，每个人都会有自己的社会价值。一名环卫工人的贡献和爱因斯坦相比，可能有大小之别，但是他们的社会价值是一样不可替代的。像海伦·凯勒和张海迪这样千千万万的残疾人，他们热爱生命、珍惜生活、创造奇迹的事迹，不是也给无数人以巨大的启示，产生了了不起的社会价值吗？

个人的自我价值，绝非像有人误解的那样，是个人向社会索取，是社会价值的负数。恰恰相反，个人的自我价值是指个人满足自己的需要，是"我为我"。一个人越少依赖他人和社会,越少向外索取,靠自己的努力来实现自己的追求,丰富和提高自己,才越有自我价值。而靠别人和社会提供的东西来满足自己的需要,那是他人、社会对个人的价值,是"他为我",并不是个人的自我价值。就像一个娇生惯养的孩子,一切都靠他的父母来保证他、满足他,这是他父母对他的价值。他父母的价值越大,他的自我价值越小,二者恰恰成反比。

总之,人的社会价值和自我价值,是衡量人的存在、活动的意义的两把尺子。它们像是人生存的"理由"。这个理由要从两个方面来"说明":一方面,一个人、一个人群共同体,它对他人、社会、人类历史来说有什么价值。如果没有价值,那么它就没有立足于世的资格,迟早要被淘汰。另一方面,一个人、一个人群共同体,它对自己来说有什么价值,它是否能够使自己存在和发展下去。如果没有了这方面的实际价值,那么就连自己也没有理由继续存在下去了。这两大"理由"谁也不能回避。不论人们知道不知道、愿意不愿意,都得接受这两把尺子的衡量,从而受到历史的选择。在决定人的命运方面,它们是既有情又无情的。

两种性质的"我"与"他"

用两大指标来衡量人的价值,常常使人们陷入困惑和争论。"人生究竟是为我还是为他?"对此人们有各种看法:有人认为"为我可耻,为他崇高";有人却说"为他崇高,为我实际";甚至有人觉得"为他虚伪,为我才是真心"等。争论如果浮在道德观念的表层,往往是各说各的理,口服心不服。

要想解决问题,应该在历史和现实中找根据。而历史和现实是复杂的,不能用简化的方式去对待。问题的关键在于,要弄清两种不同性质的"我他之分"。

在人类历史上,"我"和"他"的截然分开既不是从来就有的,也不是一成不变、永远对峙的。人类内部的人与人之间产生"我"和"他"的划分，有两种不同的性质、两种不同的情况。简单地说，一种是"大我"和"小我"之分，另一种是"我"和"反我"之分。

"大我"和"小我"之分，来自社会有机体内部结构和职能的自然分化。社会越是发展，越是需要个人与个人之间、地区与地区之间、行业与行业之间、私人事务与公共事务之间，甚至前代人与后代人之间，有适当的分工和合作，才能保证所有的人和整个社会都能正常地生活和发展。由于分工不同、职能不同，人和人之间就有了具体的"他""我"之分。但是这种分化不是分裂，"他"和"我"之间是相互依赖、相互统一、共存共荣的，犹如手和足、唇和齿一样。每一个"我"和"他"都是同一个"大我"中的一部分，都是"大我"中的"小我"。在"大我"中，"小我"和"他"是"有我即有他，有他即有我；我即他，他即我"的关系，"为他"和"为我"并没有绝对的界限。人人都是"乘凉人"，人人都是"种树人"，"大家种树，大家乘凉""人人为我，我为人人"。有这种意识的人，心中会以"大我"为根本，无论是为他人还是为"小我"，都不是孤立的，一切都以"大我"为标准。"四海之内皆兄弟""世界很小是个家庭"和"皮之不存，毛将焉附""覆巢之下，安有完卵""天下兴亡，匹夫有责"这类格言就表达了这种"大我"意识。人生价值起码的常识和最高境界，都包含在这里。

"我"和"反我"之分，是指一种历史性的分裂而造成的"他我"之间的对立。由于私有制和私有观念，个人与个人之间、阶级与阶级之间、集团与集团之间存在着根本利益的分裂和对立。"我非他，他非我；有我即无他，有他即无我"；"为我"就不能"为他"，甚至必然"损他"；"为他"就不能"为我"，甚至必然"害我"。在这种情况下，"为我"势必成为唯一的最高原则；"为他"则是谁也不愿做，并且做不到的，最多只能是进行交易，达到"为我"目的的手段。"人人为自己，上帝为大家""人对人是狼",人和人之间达到一致的唯一途径就是实力较量、残酷斗争、统治和压迫,这正是迄今为止人类阶级社会的历史现状。"为他"和"为我"之间互不相容、彼此对立的观念,则是这种历史现状的思想反映。

这两种不同性质的分化,前一种是自然而然的、长久存在的,后者是畸形的、暂时的,只在一定历史阶段上才有的。目前,我们还没有脱离这样的历史阶段,所以两种不同性质的"我他之分"都存在,并且交织在一起,每一种"我和他"都不是简单、纯粹的。例如,原本是正常的分工,却可能同时包含分裂,原本是根本利益一致的关系,却可能又有利益的冲突。在"一份饭不能吃饱两个人"的情况下,个别的兄弟之间也会酿成悲剧。同时,原本是根本利益的分裂,却可能通过正常分工的形式表现出来,原本是"有我无他"的冲突,却可能造成某种合作的假象。剥削者、寄生虫以"管理者""经营者"的面目出现,就是这样的典型。这些往往是造成"我和他"界限不清、是非颠倒的原因。

尽管如此,事情的本质并没有发生变化。这就是世界上的一切个人、团体、阶级等之"我",归根结底仍然只有两种:一种是与大多数人、社会、人类的利益和方向相一致的"我",这是真正的"大我"中有责任、有权利的"小我";另一种则是与大多数人、社会和人类相分离、相对立的"我",他们只有"小我",没有"大我"。两种"我"不同,他们的"为我"和"为他"的表现、性质自然也就不同。建立在"大我"的现实关系和思想基础之上,"为我"和"为他"都是合理的、必要的,因为它们是统一的。而建立在"我"和"他"分裂的基础上,只有"为我"才是真实的,"为他"则是不可能的。这是我们面对的历史现状的回答。

为我、为他有原则

知道了世界上的"我他之分"有两种不同的性质、不同的意义,对"为我还是为他"的回答,就应该有具体的、历史的眼光,不能抽象地、片面地下结论。

"为我"常常是人们的出发点，这一点恐怕是无法否认的。马克思和恩格斯就曾说过，"为我"是人类的一个特点，而动物则没有这种关系。可见，"为我"只是人类的一个基本事实，它并不意味着"自私"。关键在于"我"是怎样的人。

一切剥削者和他们的阶级、团体，本身就是靠吸吮别人的血汗生存的，所以他们的"为我"骨子里就是"害他"和"损人"。他们只会"为我"，不会"为他"。而无产阶级起来革命，为的是"解放全人类，最后解放无产阶级自己"，当然不是为了资产阶级的"他"。但是，这种"为我"是大公无私的。因为无产阶级自己的翻身解放，同全人类的解放是一回事，无产阶级的"为我"，也就是为全体劳动人民的"他"，为人类的"大我"。同样，我们中华民族的奋斗、牺牲、创业、改革，难道不是首先为了使自己繁荣强大起来吗？这种"为我"有什么不应该？不是非常光荣的吗？因为我国有14亿多人口，约占全世界总人口的1/5。把中国的事情办好了，就是对人类的很大的贡献。如果否定了这样的"为我"，还到哪里去"为他"呢？

可见，简单地肯定利他主义和宣扬利己主义一样，都是不科学、不可取的。它们的共同错误是混淆了两种性质的"他我之分"的界限。狭隘的利己主义，如个人利己主义、阶级利己主义、民族利己主义，是把"我与反我"的对立普遍化、绝对化了。用"人对人是狼"的眼光看待一切，只承认"小我"才是我，把他人一概视作敌人，除了"小我"之外没有"大我"。这样的利己主义只选择"为我"的价值，只追求自我肯定，对他人和社会最多只能做到"主观为自己，客观为他人""为我是目的，为他是手段"。一旦"我"和"他"，"小我"和"大我"发生利益冲突，它就毫不犹豫地牺牲他人、损害社会来满足自己。这种利己主义的人生价值观，事实上是把自己置于同其他大多数人、整个人类社会相分离、相对立的立场上，心甘情愿地进入人类的"另册"。正因为如此，这样的人的"我"是渺小的、没有前途的。他们终究与人类的光明无缘，而只能生活在自己营造的阴影之中。

盲目的、抽象的利他主义无原则地鼓吹一切"为他"都是应该的、高尚的，则是把"大我与小我"的关系理想化、绝对化了，变成了脱离实际的道德幻想。它用不分阶级、不讲是非的"四海之内皆兄弟"掩盖了现实中尚且存在的矛盾和冲突，用不切实际的口号代替切切实实的具体分析，简单地否定一切"为我"和自我价值，笼统地标榜"为他"和无主体的社会价值。这种人生价值观，如果不是虚伪的，就是书呆子式的一厢情愿。对大多数人，特别是对尚在受剥削、受压迫的人来说，它起的是麻痹精神、令人是非不分，甚至使人甘愿做奴隶的作用，而对少数剥削者、寄生虫来说，它却是求之不得的援助。

总之，用科学的、冷静的眼光看待"为他"和"为我"的问题，不能被陈旧的观念和漂亮的词句所迷惑，而要抓住问题的要害："我"是谁？"他"是谁？建立在科学认识的基础上的人生价值观的基本原则是，认清"我"的位置，找到"我"的归属，置身于人类进步的主流之中，成为一个"大我"。

三、人生价值的归宿

"认清'我'的位置，找到'我'的归属，置身于人类进步的主流之中，成为一个'大我'。"这个人生价值的基本原则，引导我们的思考进入更加广阔的历史人生领域，去思考究竟什么样的人才最有价值，谁来裁判人的价值。

"问苍茫大地，谁主沉浮？"

在现今的世界上，有许许多多、大大小小的"我"和"他"。几乎每个人、每个集团、每个阶级都认为自己有权充分地实现自我价值，也都声称唯有自己才具有真正的社会价值。然而，事实总是无情的，历史终归是公正的。什么人的自我能够为历史所承认，什么人的价值能够为社会所保存，并不依赖于他们的愿望和自我感觉，而是由一种不可阻止的力量决定的。于是，有的人的行为成为一座丰碑，而有的人却不过是一场悲剧中的牺牲品，或者一场闹剧中的笑料。

这种不可阻止的决定力量是什么呢？中国当代的两位伟人——孙中山和毛泽东都曾苦苦地求索过。孙中山看出："历史洪流，浩浩荡荡，顺之者昌，逆之者亡。"他的结论是"适乎世界之潮流，合乎人群之需要"。毛泽东在青年时代就曾展示了这样的襟怀："独立寒秋，湘江北去，橘子洲头。看万山红遍，层林尽染；漫江碧透，百舸争流。鹰击长空，鱼翔浅底，万类霜天竞自由。怅寥廓，问苍茫大地，谁主沉浮？"多年以后，他用马克思主义的唯物史观回答了这个问题：主宰人间沉浮的，不是神仙鬼怪，不是帝王将相，不是日月星辰，也不是祖荫风水，而是——"人民，只有人民，才是创造世界历史的动力。"

这个结论，比孙中山先生的说法更集中、更明确，然而二者的本意却是相同的。它告诉我们，真正代表历史大趋势和人类主流的"大我"能够主宰世事沉浮、裁决一切人的价值的权威，能够承担起人的社会价值和自我价值一体责任的主体，归根结底只有一个，即人民大众。毛泽东在他的一生中，都在不断地强调这个结论。他指出，只有人民的利益才是最高的利益；只有人民的评判，才是对一切个人、阶级和政党好坏的最权威的鉴定；只有人民群众的实践，才是检验真理和谬误的最高标准；而坚持真理和实事求是，则是同人民的利益相一致的。正因为如此，他把"为人民服务"概括为自己领导的党、军队和政权的最高宗旨。这也表明，他把"为人民"看作人的价值的最高标准、最终归宿。

用这个观点来看人的价值，全部问题就会有明确的结论：只有符合最广大人民群众的最大利益的言行，才是最有价值、最有前途的，而违背广大人民利益的任何自我价值，都不是真正的价值。不论少数人怎样自我欣赏，甚至得势于一时，肆虐于一世，他们最终还是要变为不齿于人类的渣滓。这样，社会上、历史上的多元价值就有了一元的标准，人生的最高价值就有了集中的表现：一切价值都要由人民来检验，由人民决定弃取；只有对人民的价值，才能成为最高的价值；只有人民的价值，才代表人的根本价值。

按照这个观点，人生价值的基本原则也就有了明确的解释：所谓认清"我"的位置，找到"我"的归属，置身于人类进步的主流之中，就是要认清自己与人民的关系，摆正这种关系，自觉地站在人民一边，成为人民的忠实成员。

每一个"小我"汇入这样的"大我"，就如涓滴汇入江海，从此而获得了不竭的生命、无穷的力量，能够最大限度地实现真实的人生价值。

人民与"上帝"

理论上，这个道理似乎人人都知道。然而，一到实际中，却有不少人觉得渺茫。"谁是人民，他在哪里？"有人觉得，所谓人民，不过是指遍地都是的"平头百姓"。他们每个人头上都有人管着，实际没有多大的作用；也有人觉得，"人民"就像一个随用随到的字眼，在生活中却很难找到实际的形象。有人干脆认为，人民不过是数字中的一大串"零"，如果不是前头由大人物加上实数来率领，它什么也不表示，只等于"无"。所以，有人以讽刺的口吻把人民比喻成"上帝"，说他"越想越伟大，越找越没有"。显然，若不弄清人民是谁，人民在哪里，那么关于人生价值标准的一切议论，就会成为一套空话和假话。

的确，"人民"这个字眼自古以来就有各种不同的意思，它在政治上的范围也时常变化，所以人民不像人民币那样可以拿在手里。但是，不论怎样众说纷纭和变来变去，在现实生活中的人民总是有它自己的基本范围。"人民"有两大特点：一是"大多数"，二是"基本而普通"。这两大特点是说，"人民"是担负社会生活基本任务的大多数普通人的总称。"担负社会生活基本任务"这一点，既说明了人民的普通，也说明了人民的重要。社会生活的基本任务，是进行日常的物质生产和精神生产。没有这些生产和从事这些生产及其服务的工、农、兵、学、商等大多数人，就不会有人类社会，也不会有阶级、民族和国家的生存。所以，人民正因其普通才重要，也因其重要而普通。就像细胞、呼吸之于生命一样普通而重要。

作为"大多数"，人民是"人"和"人类"之躯的主干、骨骼和血肉。"人"和"人类"包括一切人，而人民则是人类生存发展的主力。人民的敌人不过是人类的病变和赘瘤，人民才是人类的健全肌体。只有人民才能代表大写的"人"，只有人民自己才能代表自己。

人民的地位和作用，往往不像阅兵场上那样，以队列整齐的步伐、震耳欲聋的喊声这样的外在形式显示出来，它更多的是无言的。简单地说，就像天地运行、四时流转一样。人民群众的作用与社会生活的实践、历史规律的作用完全是等价的。人民的存在和活动，创造了一切人、一切活动的客观条件，消化和转化各种人的活动结果，从而也在事实上左右着一切人、一切活动的方向和命运。这种作用在某种意义上确实很像上帝。在人类生活中，只有人民才可算得上"无处不在，无所不能"的。任何神通广大、威势赫赫的大人物，任何巧夺天工、改天换地的奇迹，都有那个时代人民的印记；离开了人民就无计可施、难以成功，没有人民的容纳和接受就无法继续。任何善、恶、美、丑都逃不过人民的眼睛，都会在人民的心目中留下评判的记录。所以，毛泽东就曾十分严肃地提出，要把人民当作上帝。他在《愚公移山》中，讲到要推翻帝国主义和封建主义，就要依靠上帝，"这个上帝不是别人，就是全中国的人民大众"。

当然，人民终究不是上帝。因为人民并不是在大多数现实的个人之外的神秘意志。人民就是现实的、活生生的、有情有义的大多数人本身。离开了世世代代这些个人和他们的共同体，世界上并不存在"人民"。不然的话，人民岂不是可以像神和上帝一样，通过巫婆神汉、牧师僧侣来代表自己，给人们发号施令、指点迷津了吗？现实中的人民，就是占人口大多数的劳动者和他们的忠实儿女。他们每一个都是人民，人民是他们每一个的共同身份。正因为如此，人民是实实在在的，不像上帝那样没有七情六欲，不会犯错误，也从不吃苦。人民创造了几千年的文明史，也曾吃了几千年的苦。人民虽有无穷的伟力，但每个人都似乎并不伟大。人民也会犯错误，但人民犯的错误，只有人民自己才能纠正，没有别的力量可以代替。所以，人民走的道路，也一直是艰难曲折的。

总之，人民是伟大的，但并不神秘。人民不在天上，而是在地上，就在世世代代的你、我、他之中。社会上每一个不是靠损害多数人的利益，而是靠自己诚实劳动生活的人，每一个和其他大多数人有共同地位、共同利益和共同生活方式的人，都有权说："我就是人民的一分子，我们就是人民！"人民的力量就来自这样的每一个人，但又不等于每个人单个的力量。人民的力量来自这些个人的联合、整体、一致和合作，来自他们的生活实践本身。

人民自己解放自己

懂得了人民是什么，也就意味着看到了人的价值的分水岭。每个人、每个集团、每个阶级都在这里面临着选择：究竟是为谁而生、为谁而做？是不是、该不该为人民？

对于不知道或不愿意、不可能把自己置身于人民之中，而是站在人民之外的人来说，他们的"为我"同"为他"是自然分开的。"为他""为人民"对他们来说，是一种额外的牺牲或恩赐。如果不是出于被迫或交易，他们是不会情愿的。

对于知道且愿意使自己永远置身于人民之中的人来说，他们的"自我"中既有"小我"，又有"大我"，二者如水滴与江湖，彼此不可分割。"为人民服务"这句话对人民来说，就是"自我服务"，就是自己满足自己的需要，自己解放自己，自己丰富和发展自己、提高自己。这种自我服务通过人民中每个人相互服务表现出来，就像手和脚、眼和耳互相服务一样，"为你、为他"也是"为我"。有了这种意识，为人民服务就是发自内心的、自觉自愿的，不存在根本的障碍。

"人民"是我们每个人，我们这个社会、民族和国家的"大我"。作为这个"大我"中的成员，我们有权利、有责任旗帜鲜明地坚持"为我"。在这个问题上，重要的不是处处把"小我"分离出来、孤立起来，仿佛"为人民服务""为他""社会价值"等，是为别人的事；而是要尽量自觉地、充分地体现每个小我和他人、大我的一致性。大家齐心协力为"大我"，"小我"也在其中。"人人从我做起，搞好自己"，应该是人民中每个成员起码的觉悟。因为对人民来说，除了自己解放自己，没有第二个"上帝"可以依赖。这种觉悟就是人民群众的主体意识。

在当今时代，人的主体意识的觉醒正在成为一种强大的潮流。但并非一切人的主体意识都是健康的、进步的。而人民群众主体意识的觉醒，则是其中健康的、向上的、决定性的主流。正如在改革中出现的响亮口号"人民为本""企业就是职工，职工就是企业"一样，树立和发扬这种主体意识，是在脚下这块土地上实现当代人生价值的精神先导。

第七章
人的价值（下）

在人的价值问题中，个人的价值是人们通常关注得最迫切、最直接的价值。个人是"人"的最基本单位，与家庭、集体、阶级、民族和国家相比，个人是最小的实体。个人的价值和"人"的价值，其根本道理是相同的。但是，具体到个人身上，人的价值则表现出更直接、更复杂，也更多样化的特点。

一、个体生命的有价无价

一个活生生的人，就是一个社会生命的个体。他既有自然性质的形体和寿命，又有社会性质的存在方式和关系特征。一个人一生的价值也表现在两个方面：他对他人、社会的意义，即"个人的社会价值"；他对自己的意义，即"个人的自我价值"。

"天生我材必有用"

个人的社会价值就是个人对他人、社会的意义，他的存在和活动能够满足什么人和社会的什么需要，他就有什么样的社会价值。一个人生活在世上，总是和一定的他人、社会有关的，不是在这方面为这些人所需要，就是在那方面为那些人所需要，或者有正价值，或者有负价值。

一般来说，每个现实的人既然为社会所造就，成为社会的一员，那么他就在多种意义上是社会需要的对象，他的存在和活动就应该有多方面的社会价值。例如，一个婴儿的出生，就是作为人类、种族和家庭生命延续的环节，作为一定文化、文明的继承者而具有巨大的意义。各民族的人都把生日看作庄严的、值得庆贺的喜事。可见，一个生命的出现本身就是有社会价值的。每个人都是在一定的社会文化背景下，按照这一文化体系所需要的物质生产者和精神生产者的标准，被抚育、被培养、被训练而成长起来的。他被要求具有和体现一定的社会素质和能力，能够为一定的社会文化系统做出贡献。当他能够实现这些要求时，他的存在和活动就产生了相应的社会价值。或者他是物质生产者，或者他是精神生产者，或者他是一定社会价值体系的维护者和执行者，他的价值就是相应的社会物质价值和精神价值等。谁的生命和生活符合他所在社会的需要，谁就确有社会价值。他满足社会需要的程度越高，他对社会的价值越大，反之，不符合甚至违背社会的需要，他对这个社会就没有价值，或者有负价值，他必然成为社会排斥、抛弃的对象。

因此，个人的社会价值，就其本意来说在于贡献。"贡献"属于社会生产价值——为社会的生存和发展创造必要的物质财富和精神财富。贡献既可以是物质上的，也可以是精神上的，既可以是经济的、政治的，也可以是道德的、文化艺术的和科学的。由于社会的需要具有无限多的方面，所以个人能够在任何领域中成为有价值的个人。由于社会需要是不断发展、前进的，所以个人越能够不断创造，就越能够适合社会需要，也就越有价值。古往今来，一切个人的社会价值无不取决于他为满足社会发展需要所做的贡献和创造，取决于他的社会生产价值。

同时，个人在社会中还不仅是被需要的对象，不仅是客体，他还一定是某个需要者，是一定的主体。社会的需要也是通过个人的需要表现出来的。个人的需要也应该被满足，即便是为了使自己能够为社会做贡献，个人的需要也必须予以满足。当个人的生命和活动为自己提供这样的满足时，这种个人的价值就是他的自我价值。例如，通过劳动收入来改善自己的生活，通过保养和锻炼使自己身体健康，通过学习使自己知识丰富，通过娱乐使自己得到休息，通过修养使自己精神充实，通过反省使自己得到提高，通过竞赛来证实自己的能力，通过得到承认来体会社会对自己的需要等，这些都是不能也不应由别人来代替的。

个人的自我价值，犹如生命体蛋白质的自我更新和细胞的分裂，犹如恒星发光发热的能源自我补充，没有它们就没有生命体的外部功能和恒星的发光发热。不实现个人的自我价值，就不能保证和扩大个人的社会价值。当一个人不能靠自己的力量来实现自己的正常生存和发展时，一般的人就会对自己的生命失去信心，产生"自己是个无用的人"的压力，变得消沉、颓废，成为他人和社会的包袱。

当然，并非所有个人的自我价值都有益于他人和社会。个人自我价值的大小和社会价值的正负之间，并不都是一致的，这要做具体分析，但不能由此而因噎废食，否认个人的自我价值。

"天生我材必有用"。这个"用"，应该是指既对社会而言，也包括对自己而言。"用"可以是正的、好的，也可能是负的、不好的。那就要看个人身处何境，如何发挥。一种健康的、积极的人生价值观，则是将有益于人民、有益于社会进步、有益于自我的全面发展作为个人的价值目标。

占有和奉献为何分裂？

个人的社会价值和自我价值，都包含"占有"和"奉献"两个方面。

就单独的个人来说；他的社会价值表现为他对他人和社会的奉献。但在奉献时，他也就在占有和使用他人、社会提供的活动条件、机会、知识、经验、技术等资源，就在享受他人和社会提供的基本生活保障。否则他是不能做什么的。就整个社会而言，所有的个人都是以这样的占有为前提才能够生存和发展的。所以，奉献不能排斥占有。问题只在于占有的方式如何，占有和奉献的比例如何。

个人占有社会的财富，并不是个人的自我价值，而是他人和社会满足个人需要的价值。个人的自我价值表现为他自己满足自己、丰富和发展自己。所以，个人的自我价值虽然也包括占有，但主要是指占有自己的创造和贡献，是自己对自己的"奉献"和付出。一位在比赛中夺魁的运动员，对自己多年的苦练和现在的身心状态表示满意；一个在克服了种种困难后终于实现了自己的愿望的人，为自己的毅力、知识和经历感到自豪；一个人面对自己的种种"不争气"而懊恼万分……这些自我评价，就是他们对个人自我价值的反映。自我价值中的奉献和占有，犹如一块土地上的耕种和收获，犹如一棵树的根叶功能和花果之实，是付出和收获之间不可分割的统一。

个人的价值，无论从哪方面看，事实上都是一定占有和一定奉献的统一，是"人是目的"和"人是手段"的统一，是个人作为主体和作为客体的统一。看不到这种统一，就不能全面地、正确地看待个人的价值。但是长期以来，人们对个人的价值存在着种种误解和偏见。这些误解和偏见的共同特征就是把占有和奉献、目的和手段、主体和客体割裂开来、孤立起来、对立起来。其中有两种片面化的极端：一种偏见是完全用"占有"来衡量人的价值，以为个人的地位、门第、官职、资历等级越高，拥有的权力、金钱、财产和荣誉越多，就表明这个人的价值越大。这样，"实现个人的价值"就成了追名逐利、索取、占有、向上爬和瓜分社会权力的别名，贪婪、欺诈、盗窃、囤积居奇、斤斤计较、讨价还价、贪慕权势等，也就有了堂而皇之的名目，而"尊重人的价值"则被崇拜权势、迷信金钱、门第、血统、以官取人、以名取人、"以衣帽取人"所代替。其实这恰恰颠倒了人的价值。

地位、权力、金钱、名誉等，是个人从社会得到、占有的物质价值和精神价值。社会把这些东西给予某个人，充其量表达了社会对这个人的评价，它们并不等于这个人的社会贡献本身，就像付出产品而得到价格货币，并不等于产品本身一样。一个人对人和社会所做的贡献，存在于他人和社会的收获之中，是不能再从贡献者那里表现出来的。历史上有许多敢于"第一个吃螃蟹"的人，我们至今连他们的名字都不记得，何尝为此给予过他们多少金钱和荣誉。然而他们的贡献至今还存在于我们的生活中。社会给予个人的评价和报酬，是经过社会"过滤"了的反馈，同贡献不一定完全一致，有时甚至很不一致。当人们忘记或有意掩盖了这一点，而去舍本逐末，把"占有"当作个人价值的标志的时候，也就抹杀和掩盖了人的价值的真谛。这是一种常见然而有害的偏见。

另一种偏见是孤立地看待奉献，认为奉献仅是为他人的，做奉献的人并未占有、无须也无权占有。这种偏见常常表现为要么对默默无闻的本职工作极端轻视，对恪尽职守的劳动态度熟视无睹，对先进人物的大公无私精神苛求责备，认为那些"理所应该的分内之事"并不是奉献，奉献就应该全然与己、与"为我"无关。要么走向另一个极端，过分夸大个人的奉献，把那些对他人和社会有益，然而却是个人职责的"分内之事"也说成是了不起的功绩，一味要他人和社会理解、承认、报答。这两种表现，常常是前者对人，后者对己，其实质是一样的，就是把奉献与占有割裂开来。其结果也会造成社会风气的恶化，从另一个方面唤起追名逐利、斤斤计较之风。当人们忘记了奉献是有基础的，"为他"是有原则的，或者有意掩盖、回避这种原则性的时候，也必然阉割了人的价值的完整情况，而成为一种虚伪和欺骗。

上述两种偏见看上去彼此相反，实质上却是相通的，这就是建立在人与人、人与社会相分裂的基础上的人生价值观。

人生三态：老爷、奴隶、主人

在人与人相分裂的社会里，"人是目的"与"人是手段"，"人是主体"与"人是客体"也是分裂的。表现出来就是，一部分人是目的、是主体，是价值享用者、占有者。而另一部分人则是手段、是客体，是价值供奉者、劳动者和创造者。反映这种实际的现状也有两种人生价值观念的对立，即"享用说"和"贡献说"的对立。"享用说"认为，人的价值在于对社会财富的占有、获取和享用。"贡献说"认为，人的价值在于人对他人和社会所做的贡献。

在剥削制度的社会中，个人分为剥削者与被剥削者、统治者与被统治者。剥削者、统治者在社会一切价值关系中，只是价值的占有者、索取者、享用者，不承担劳动、创造和奉献。在这种现实的基础上，他们对自己的个人价值信奉完全的"享用说"。在他们看来，人的价值就是人占有、获取的社会财富。在"享用说"者看来，每日付出艰辛劳动为社会提供财富，而自己一贫如洗的劳动者，自然谈不上有"人的价值"，最多不过是工具和牲畜的价值。

而"贡献说"则一向是劳动者对自己人生价值的基本观点。这是由他们在社会上的地位、对社会生存发展的根本责任和作用决定的。按照"贡献说"，劳动者、创造者，也就是奉献者，是最富有人的价值的。然而，这种价值观在旧社会却根本不被承认。因为在这里劳动者只是"奴隶"，他们的劳动、创造和奉献非但不被社会制度所承认，反而会成为变本加厉地压榨和侮辱他们的手段。

从根本上说，"享用说"的价值观是同剥削者、寄生虫的"老爷式"的生活方式和社会制度必然联系在一起的。"享用说"当然不能排除贡献，只不过它奉行的是"我享用，你贡献"的理念罢了。一切片面的"享用说"，实质上都是把自己当目的，而把他人和社会当成手段。"贡献说"在本质上是同劳动者的地位和本色联系在一起的。但是，如果不问为谁奉献，在剥削制度下心甘情愿地当牛做马，而不懂得肩负起改造社会、消灭不平等制度的责任，那么这种精神状态就是"奴隶主义"，甚至是列宁所说的那种"奴才"的价值观了。真正的广大劳动人民并不甘心做奴隶，他们起来反抗、革命，最终要成为社会的主人。

　　劳动者一旦成为社会的主人，就出现了新的"主人式"的价值观。"主人"既不是老爷，也不是奴隶，而是掌握自己命运，并和他人共同掌握社会命运的人。他是集劳动者、创造者、贡献者与占有者、享用者于一身，是价值主体与客体的统一。他享用的是自己和他人（包括前人）劳动创造的成果，行使的是全体人民共同的平等权利，贡献的是自己和他人共同劳动创造的成果，是一份对社会、历史和子孙后代负责的心意，实现的是改造世界、改造社会的目标。对主人来说，每一代人、每一个人的贡献总体上应该大于享用。因为若不这样，就没有社会的积累，就没有后人的进步。因此"主人式"的人生价值观的重心和导向是奉献。这里的奉献不只是给别人，还是给包括每个主人在内的整个社会，给人民自己。

　　显然，"主人式"的人生价值观，只有在消除和正在消除人与人的阶级分化对立的社会中，才能真正得到支持、实行和发扬光大。从理论上说，社会主义的根本目标是消灭人剥削人、人压迫人的根源，因而也就在消灭着"老爷式和奴隶式"的人生价值观的根源，为实现真正的人的价值，弘扬"主人式"的合理先进的价值观创造条件。

　　但是，在现实历史阶段，包括在社会主义社会的初级阶段中，实际的情况是错综复杂的。这是一个新旧更替的历史时期，社会和个人的具体情况各种各样。在有些国家和地区，"老爷"和"奴隶"的分化依然如故；在有些国家和地区，如我国的社会主义制度下，虽然这种分化已经在根本上被否定了，人民成了主人，但实际的体现和落实仍有待于进一步完善。在这样的国际国内环境下，人们头脑中的价值观念必然也是各种各样的，新的旧的都有，"老爷式"的、"奴隶式"的观念同"主人式"的观念并存，甚至相互影响、相互渗透。在不自觉的情况下，往往难以摆脱旧观念的束缚。例如，在我国有人仍拿"老爷式"的眼光来看待奉献，认为提倡"贡献说"是抹杀和压抑人的主体性，觉得提倡"享用说"

才是尊重人。也有人拿"奴隶式"的眼光来看待享用，认为公开承认个人的权利就是鼓吹个人向他人和社会索取，就会造成个人与社会的对立等。这些恰恰是忽视了社会主义条件下人民群众个人的主人翁地位的表现，仍然在"人与人相分裂""个人与社会对立""贡献与享用对立"的圈子里思考问题。

当今时代，人的价值发展的大趋势，是广大人民群众成为自己命运的主人，认清这个大趋势才能确立自觉的、先进的人生价值观念。现实尖锐地摆在面前，人生有三态："老爷""奴隶"和"主人"。每个人在设想、追求和实现自己的人生价值时，都在自觉或不自觉地进行选择，把自己，同时也就把他人置于其中的一个位置上。因此，有必要认真地想一想："你选择哪一种？"

这是全部个人价值问题的核心和实质。一个人的人生是有价还是无价，也就由自己和社会为他所做的这种选择来决定。

二、人生的潜力和张力

个人生活于社会之中，个人的能力和潜力都来自社会，优势和弱点都显示于社会，顺境和逆境也都相对于社会。个人在选择和实现自己人生价值的时候，有多大的决定作用呢？

生命、爱情和事业

就个人自己来说，人生的价值首先表现为人生的追求。有什么样的人生目标和追求，这一点从方向上决定着自己人生价值的性质。

"生命诚可贵，爱情价更高。若为自由故，二者皆可抛。"匈牙利爱国诗人裴多菲这首脍炙人口的短诗道出了一种人生的追求。诗中排列的三种价值——生命、爱情和自由，是有代表性的，可以把它们看作人生追求的价值目标的三个层次：个人的生命，个人的全部生活，个人所系的民族、国家、人类的事业。裴多菲的伟大之处，也是人们为之赞许和推崇之处，是他指出了这三个层次之间，一个比一个更重要、更有价值、更成为高尚的追求。

生命是人生的基础和载体。如果没有生命，个人就不能再追求什么、实现什么。但是，如果生命仅是指肉体"活着"而不包括精神的、社会的生活，不表现为对一切美好东西的追求和创造，不表现为"爱情"的活力，那么它终究不过是人们鄙弃的"行尸走肉""酒囊饭袋"而已，并不是一个完全的生命。有了对生命的这种理解，就会感到人生中有比肉体生命"价更高"的内容。为爱而奋斗，为憎而挺身，是自觉地追求完全的、现实的社会生命。

个人的全部生活同他人、集体、民族和社会联结在一起、不可分割，人生中一切美好的东西也是相互联系、结为一体的。因此，对完全生命的追求、对美好事物的追求会合理地导致对祖国人民的爱、对社会共同事业的追求。当国家民族的自由、独立和尊严受到内外敌人践踏，争取解放成为民族、国家和个人的首要任务的时候，它也就成为崇高的个人为之献身的事业。就在对事业的这种追求中，世界各民族都有无数仁人志士创造了自己人生的灿烂价值。他们虽然往往牺牲了自己的青春和生命，但是他们知道这样换来的是更多人的生命、真正人的生活和价值。"生的伟大，死的光荣"，这种死也是个人生命和生活的一个升华、一次辉煌的展现，它"重于泰山"。

生命是基础，生活是向上的阶梯，事业是光辉的顶点，这是人生潜力展开的途径，是人生价值攀登的高山之路。有价值的人生，都是在这样的道路上一步步走出来的。每一个有这样的追求的人，他的人生价值就走向了这条上升之路。尽管不是所有人都能攀上成功的顶点，但是所有攀登的人都在创造自己人生越来越高的价值。而那些沉湎于底层的满足，或半途而废、倒退下去的人，则是窒息了人生的潜力，最终会造成真正的"自我失落"。

事业是同个人生命的最高价值联系在一起的。它既包含了个人的充分的自我实现和自我超越，也包含了对社会共同体的责任感和权利意识。事业犹如职业一样，有各种各样、方方面面。每一种能够发挥个人潜力且有益于社会的事务，都能成为事业。例如，研究某一种昆虫、探索某一项工艺制作、从事某一行服务等，都已成为一项事业，都不断地有人成功，涌现出各行各业的专家、能人和巨匠。"七十二行，行行出状元"，"舞台上只有小演员，没有小角色"，说的就是这个道理。但是，事业并不等于职业。有职业而没有对职业人生价值的追求，照样不能创造积极的人生价值。"当官不与民做主，不如回家卖红薯"就是说，即使在很有作为的岗位上，如果没有相应的社会责任感和人格追求，也不会实现什么高度的价值。

生命、生活和事业，犹如一个逐层放大的舞台，每个人都在这个舞台上塑造着自己的人生，显示着自己一生或浓或淡的颜色，放射着或明或暗的光彩。

残疾人的价值和人道主义

关于人的价值问题，社会上常常有各种各样的想法和主张，但并不是各种主张都经过了透彻的思考的。例如，有人对我们的上述观点表示不理解或不赞同。他们认为，在"客体人满足主体人的需要"这个意义上理解人的价值，就不能包括甚至不利于体现人道主义。他们提出质疑："如果人的价值就在于贡献，那么怎样看待老、幼、病、残人的价值？这些失去或并无贡献能力的人，岂不就没有价值了吗？"这种简单的疑问中包含了多重的概念误解，但它无疑是提出了一个重大的现实问题。

那么，什么是"人道主义"？什么是"残疾人的价值"？这两个问题都值得研究，但不应该把它们混在一起。我们知道，人道主义是指人类社会或者每个人都要尊重或保护人的生命，这是一个讲整体（包括一切个人）如何对待个体生命的原则，也就是说，它是一个社会整体性的行为规范；而所谓"残疾人的贡献和价值"问题，则是指某些个人作为客体对于人和社会有什么意义，这属于个体性的选择和行为问题。二者之间虽有联系，并不冲突，但毕竟不属于同一个层次。就像"父母应该怎样对待自己的孩子"同"这个孩子的表现好坏"并不是一回事，没有直接的对等关系一样。

我们先来说说"残疾人有什么价值"的问题。在回答这个问题时，首先必须纠正一种错误印象，就是事先断定"某些人（如残疾人）注定会有与其他一般人不同的价值"。我们在前面已经实际上确立了一个普遍性的前提，这就是在"人的价值由什么决定，是取决于人的先天或自然的状况，还是主要取决于人在自己的具体社会关系中的选择和创造"这个问题上。我们的结论恰好是任何人的价值都主要取决于人在自己的具体社会关系中的选择和创造。而这一点则意味着残疾人和其他人在人的价值关系中是一律平等的。无论是谁，他的"自我价值"如何，取决于他自己解决自己生存和发展的问题、自我实现的程度；他的"社会价值"如何，取决于他对他人和社会的意义如何，包括他的贡献。在现实中，每个人的价值都有自己的得失长短。"人固无完人"，一位叱咤政坛的巨人在体育和艺术上完全可能不如某些残疾人。难道事实不是如此吗？既然如此，那么问题的实质就仍然在于"人有什么价值和怎样有价值"。对残疾人另眼相看，以为他们的人生价值问题是个难点，其实是对整个"人的价值"问题的思考不充分导致的。

这是不是无视残疾人的特殊性？其实相反，这恰恰意味着永远要进行具体的分析。一般来说，身体残疾意味着缺少或失去了某些能力（从广义上说，并不仅是老、幼、病、残的人才缺少某些能力），这对于一个人可能实现什么样的人生价值当然会有一定影响，但并不等于会有什么样的结果。事实上，身体有特殊困难只意味着有了特殊的需要和需要进行特殊的选择，并不等于一个人的价值本身。相反，特殊的需要经过特殊的选择和实践却可以形成特殊的价值。例如，一个双目失明的人不可能再从欣赏自己的画作中获得享受自我价值的乐趣，但他有可能发展自己听觉的需要并享受其新的自我价值，对于他的社会价值来说也是如此。一个人可以在他失去能力的方面不再为他人和社会做出贡献，但他可以在他仍具有的能力方面做出别的贡献。我们无须举例来颂扬古今中外那些创造了许多连一些健康人也做不到的奇迹的伤残人。他们的事迹足可以证明：残疾人完全可以根据自己和社会的需要，经过自己的选择和实践，创造他们自己的人生价值，而不能由他人来规定和包办代替。不仅如此，他们在格外艰难的条件下，战胜厄运、创造奇迹的精神和过程，还格外能显示人类文明的力量和人性的光辉。这恰恰是残疾人的事迹最能够使人类引以为荣之处，是他们所能做出的一个最独特的"贡献"。

在看到一些残疾人的这种辉煌价值的同时，我们也可以看到在现实生活中，绝大多数病残者的人生价值其实是和所有人一样的，各有各的情况，各自走着自己的路。大家都有如何对待自己、如何对待他人和社会的问题，每个人的自我价值和社会价值都是在这个过程中实现的，并且有好有坏，不可以简单而论。所以应该如实地区分残疾人自己的权利与责任和社会的权利与责任，通过具体的分析做出具体回答。在实践中属于个人自己权利和责任的，应该尊重个人自己的选择，属于他人和社会的权利与责任，应该由大家和社会承担起来，绝不能简单地一概而论。"那么完全丧失了或从来就没有任何贡献能力的人呢，他们有什么价值？"有人喜欢把问题推到极端，这样当然也有一定好处，就是可以引发更彻底的思考。其实可以说，只要人还活着，就不能说完全没有任何能力，至少他的起码的生命能力还在。仅此一点，即使他自己不做任何事，他人和社会也可以赋予他各种意义，使他仍可以作为一个"人"而有"贡献"。比如，他作为一定社会关系的承担者，只要活着就会享有一系列法定的、宗教的、道德和文化传统等方面的权益，这是家庭和社会赋予他的主体权益，同时也就使他不仅可以为自己，也可以为家庭、他人和社会提供各种各样的机会，包括权利、责任等（看看现实就知道，我们通常面对的病残人的价值问题，大都是围绕这些权责和机会而发生的）。再极而言之，他仅存的生命还可以为人类提供一个尝试挽救和延续人的生命、创造医学奇迹的机会，用以检验和发展人类战胜病患的能力等。

请注意，这里用了许多"可以"。"可以"就是"可能"，或许还有"应该"的意思。这些"可以"就是一些可能的自我价值和社会价值。可能的价值总是各种各样的，有的最终成为现实，有的实现不了。在变成现实之前，任何人的价值都只是"可能"，而不是只有残疾人才如此。但在残疾人这里最清楚地显示了人的价值上更深刻的一面：实现人的价值的社会和历史条件问题，也就是人的价值的社会历史性问题。

再谈谈"人道主义"的问题。这里首先要弄清楚的是"人道主义"的价值含义。前面讲过的"主体性特征"告诉我们，价值都是因主体不同而不同的。而"人的价值"的价值主体是人，包括自己、他人、社会和人类。个人作为"自我价值"的主体，有选择生死和如何生活的权利，选择的出发点是他的需要和他对生命与生活的理解，这是"人道主义"对于个人自己而言的含义。个人作为"社会价值"的客体时，当然也有选择的权利，但选择的出发点是社会的需要和他对此的理解，所以实际上是他被他人和社会所选择。因此，个人的社会价值反映出来的，实际上是一定的"社会"。一个人的社会价值如何，不仅取决于他本身如何，还取决于他周围的"社会"如何，如他的家庭、他人和社会对他的需要如何，人们通过他来实现这些需要的能力、方式和条件如何等。这一切对于实际地形成个人的社会价值是有某种决定作用的，特别是当个人没有选择的能力或选择超出他的能力限度时，这种决定作用就完全明朗化了。这正是价值的主体性在人的价值现实中的体现，表现为人的价值具有社会性、历史性的鲜明特征。

从这里可以想到，对于社会而言，所谓"人道主义"的价值原则，正是社会和人们"怎样对待他人和个体的生命权益"问题上的价值追求和原则。"人道主义"主要不是对被关怀救护者的要求，而是对他人和社会的要求，它反映的是人和人类对待个体生命的态度、需要及其特征和水平。世界上是否有所谓的"人道需要"？这涉及对人的本性和需要的理解。我们认为这种需要是存在的，它是由人类的生存发展本身对于个体生命、人的肉体和精神发育的依赖决定的一种基本需要。例如，人类一切活动对于生命的依赖，并由此使人懂得珍重生命，这就是基本的"人道需要"。人类必须在一切活动中保持符合自己本性的尺度，否则便不能实现自己作为"人"的生存和发展，这就是基本的"人性需要"。这些需要作为人类日益丰富起来的本性，本身并不是价值，对它们的满足和实现才是价值。现代文明人类的这些需要含有多方面的具体内容。马斯洛所说人的五种基本需要，就是现代人的一些"人性需要"。例如，其中"爱与归属的需要""尊重的需要"等，其满足和实现，难道不正是"人的尊严"的体现吗？而把个体的人性需要当成社会的需要，把他人的人性需要当成自己的人性需要，则构成一定的"人道需要"，它是现代人道主义精神的精髓。

我们这种看法的主要根据，在于对人类的历史和现实的具体考察，即人道主义和人的价值历史地发生和发展演化的事实。有人以为人道价值是一种"只要是人就具有"的价值，人道主义的精神就是无条件地维护一切人的生命。这种观念作为一种主张、态度、信念或信仰是无可厚非的，而且我们赞同这种态度所包含的高尚博爱精神。但这种信念是从哪里来的，难道它不是来自人类生存发展对个体生命的依赖和需要的事实吗？难道它不是来自人类如何对待自己个体生命的实践吗？原始人类是否有"人道原则"尚不可臆断，即使有，也肯定与我们现在的"人道原则"不同。那时把俘虏和老者、弱者杀死吃掉,人的生命的价值显得如此低下,正是因为那时人对人的需要和满足需要的能力也不过如此;而我们今天不但高度珍惜人的生命,甚至(在某些宗教信仰或生态主义者那里)还把"人道原则"推广到动植物界。之所以如此,恐怕主要是因为人类自己发展了,人对人和生命的需要更丰富、更全面,同时人们用来实现这种需要的能力和条件也大大完善起来。

迄今为止,人类社会对待个体生命的方式一直是:一方面,从道义和实际上尽力维护和延续个体生命的无限动机;另一方面,也有不断地选择甚至淘汰某些个体生命的大量事实。现实中的"人道主义"总是有限和有条件的,并不像人们想象和愿望中的那样对一切人都没有差别。这点足以证明,对于"人道"和"人道主义"的理解,绝不能仅着眼于一般的人性和个体生命本身,而应该首先看到那个怎样对待个人的社会和时代,着眼于理解人类(作为人的价值的最高主体)历史地形成和发展着的人道需要,以及人类社会自己对这一需要的理解程度、方式和处理能力。

因此,我们若不是对自己神圣的人道主义信念仅抱有激情,而是对它也有一定的理性反思;若不是以自己的主观愿望和想象代替现实,而是把观念建立在对现实科学分析的基础之上,那么就不应该忘记历史、忘记现实。例如,按照"人就是价值,人的生命本身就是价值"这种观点,自然是人口越多,人的价值就越丰富,而且一切人最终的生命存在都是等值的。那么,如何理解诸如节制人口和优生、处死罪犯、实行"安乐死"等理由,这些现实的表现究竟是人道主义和人道价值的肯定还是否定、贯彻还是违背?

提出这样的疑问也许显得冷酷,但它毕竟是事实。科学研究既不能无视事实,也不能片面化地只看一个方面的事实而不看另一面。事实是,人道主义是人类自己的文明发展起来所形成的一个原则。既然人类自己产生并实践着这一原则，那么这一原则就必然具有人类主体自身具体的、历史的内容和特征。无论人们怎样对它进行超历史、超现实的绝对化解释和宣传，我们都不应该忘记这一点。

命运的"大相"和"小相"

在人生事业的追求中，人们常常会感到有一种不由自主的力量，它常常在别人想不到的时候，以别人想不到的方式出现，左右人的升沉、荣辱和成败，影响人的一生。人们把这种不易理解和把握的力量，以及它的作用，叫作"命运"。

在古代，"命运"被说得神乎其神、不可抗拒。"人的命天注定，胡思乱想不中用""命里有时终须有，命里无时莫强求""命中有四两，休想得半斤"等，这类用宿命论教导人生的格言很多。它们反映了人在不能掌握社会和自然变化、不能预见人生未来的情况下，一种无奈的心态。在现代，我们当然不能满意这种被动消极的态度，而是想知道它究竟是什么，以便掌握自己的命运，同不合理的命运抗争。

用科学的世界观和历史观来看，"命运"其实就是指人们生活中各种必然因素和偶然因素的结合。这些必然因素和偶然因素，既有来自自然界的，也有来自社会的；既有来自他人和环境的，也有来自个人自己的。它们结合在一起，就造成了一定的条件或一种事实、一种趋势，使人的活动，特别是活动的结果深受其影响，而往往出乎人的预料。

如果不被迷信吓住，而是实事求是地总结经验教训，"命运"也是可以分析和说明的。例如，命运的表现、迹象，有"大相"和"小相"之分。"大相"是指大多数人的共同命运。有史以来，人类大多数人的命运在同一时期大体上是相同的。现在已经知道，除了不可抗拒的巨大的自然原因以外，这种命运归根结底主要是由于生产力和生产关系的发展造成的。也就是说，是由社会历史发展的规律决定的。掌握了社会历史发展的规律，就能认识和预测一定时期内命运的"大相"。这一点已由唯物史观、各种历史科学、社会科学包括未来学等承担。运用这些科学的方法，对一个国家、一个地区或一个民族几十年或几百年内的命运，也是可以大体认识和预测的。社会发展规划和计划的实现，就证明了这一点。一般来说，命运的"大相"即使不是由全体人自己完全掌握的，也是有征兆、可以预料的，完全意外的时候很少。

人们常常觉得捉摸不定的，主要是命运的"小相"。一个人的具体遭遇、一件事的前因后果，的确有许多偶然因素，因此难免出现阴差阳错。但若仔细想来，这种情况多半也是多种社会因素、人的因素积累而成的，不是由于自己，也是由于他人，总之是在于"人为"，而非"天力"。例如，《儒林外史》讲了这样一个故事：穷秀才范进一心想考取个举人，但由于他的文章思想奇特、文笔艰涩，一直不被考官欣赏，所以落魄多年。后来换了一位曾有过与他类似经历的考官王进大人，王进大人格外注意并能理解范进，才使他得偿夙愿。为此，范进还因喜极而疯癫了一场。最后，他举家进入了当地乡绅的行列。这个悲喜闹剧可以使人慨叹命运对个人来说是多么重要：范进若不遇王进，岂不终老于穷困潦倒之中，哪能实现人生的追求？

不过，问题也可以反过来问：如果不是范进一次又一次不放弃考举的机会，如果不是社会上有许许多多像范进一样的李进、张进在走着这条路，范进哪能得遇王进？如果不是国家实行这样的科举选拔人才制度，又怎会有天下的读书人"千军万马过独木桥"这样的热闹事？如果国家不是把选拔人才这件大事寄托在一纸八股文考卷上，并交给少数考官去掌握，又哪会有像李白、蒲松龄、曹雪芹这样的人才落魄江湖，而秦桧那样的丑类却高居状元榜首？如果……这样问下去就能看出，"小相"并不是孤立的，它在"大相"之中，是受"大相"制约的。站在"大相"的高度看"小相"，命运也就不神秘了。

命运主要是历史条件、社会环境对人的影响。各种因素错综复杂的组合，对个人来说就是"际遇"，其中有利的叫"幸运"，不利的叫"厄运"。但是，这些组合并不是不可改变的，实际上它们总在瞬息万变。在变化中出现的有利时机，人们把它叫作"机遇"。能够抓住机遇的人，就能够实现自己的追求、掌握自己的命运。所以，历史上事业有成就的人，并不都是命运特别眷顾的人，但一定是抓住了机遇或适当利用了机遇的人。

谋事在人，成事在人

有人说："机遇，可遇而不可求。"这话不完全对。从"小相"的角度来看，它是有道理的，但是从"大相"的高度来看，它就不全面了。因为它忽视了"大相"的存在和人对"大相"的把握。常听到有人"生不逢时"的感叹，遇事不成就说"时也，运也，命也"，对"运去黄金失色，时来粪土生辉"这种现象既不以为然又无可奈何，不知所以。那么"时"是什么？无非是时势、"大相"、社会的环境和历史的条件。如果社会上的所有人或绝大多数人都与这个"时"无关，那么它是从哪里来的，又是谁造成的呢？显然不能离开人。不过也许不是你我，而是别人，甚至也许就有你我的作用在内，而自己并不知道罢了。像物价涨落、市场冷暖、社会风气兴衰这类势态，离开了大多数人的行为是不会发生的，但是许多人不知道就是了。

"时势造英雄"这句话是千真万确的。这反映了个人的社会价值具有一定的时效性。懂得这个道理，要实现个人的价值，就要自觉地顺应时势，掌握机遇。只有落后于时势发展的人，才会只知道抱怨时势，不肯根据社会发展形势的需要改变自己。这种保守、顽固的态度，其实是不知道人的社会价值在于满足社会的需要，或者用自我价值否定了社会价值。

但是，"时势造英雄"也不是指任何投机取巧、见风使舵的人都能成为"英雄"。真正的英雄，一是有社会的基础，二是有个人的条件。科学家们都懂这个道理，巴斯德就有过一句名言："机遇只偏爱有准备的头脑。"所以，要想成为科学发现、发明创造的"英雄"，绝不能坐等机遇，而必须平时艰苦探索、勤于思考。这样才能在一定条件成熟、机遇来临时，一拍即合。在其他领域也是如此，个人只有生活在社会大势的发展之中，平时关心和理解社会发展的要求，并使自己积累了相应的知识和能力，才能在关键时刻挺立出来，像"弄潮儿向涛头立"。这绝不是任何坐等"天赐良机"的浅薄之人能做到的。

话说回来，个人的价值绝不仅是去做时势前头的英雄，事业的成功也不一定意味着轰轰烈烈的壮举，但"时势造英雄"的道理可以给人以同命运相较量的启示。这就是"时也，运也"，并不是"命也"，而是"人也"。谋事在人，成事更在人。关键在"谋"，谋得对，就能成；谋不对，事必败。

所谓"谋得对"，第一，要知大势，顺应大势，这是最根本的一条。如果所谋之事与历史、社会、现实生活的大势所趋相违背，"逆潮流而动"，即使"小相"再好，机巧再高，也是"大相"已败，怨不得命的。

第二，不向"小相"低头，敢于同命运抗争。有了适合大势的目标，就要坚持下去，不为一时一地的逆境所困。伟大的音乐家贝多芬有一句名言："我要扼住命运的咽喉。"这是在他遭受了命运的打击，在音乐生涯的鼎盛时期突然失去听觉，变成了聋人以后说的。事实证明，这一对音乐家来说是致命的打击，却并未将他摧毁，而是使他更伟大了。

第三，在事业的追求上保持张力、积累潜力。用"有准备的头脑"去迎接机遇，抓住和利用机遇，"是金子总要闪光"。生活中的一切总是变化着的。进步的、前进的趋势，总是会给有志者提供机遇的。如果确有真正的追求，那么准备得越充分，机遇的到来就越可能、越早。

第四，"时势"归根结底是社会发展的需要、大多数人的需要同历史条件一起造成的。归根结底，大多数人对时势的变化和发展有着最强大的影响力量。"大势所趋"和"人心所向"有着密切的联系。因此，同人民站在一起，依靠大多数人团结起来的力量，个人不但可以有坚实的基础，而且可以获得无穷的潜力，去影响历史，参与创造历史。

总之，在人生价值问题上，更要多讲一点"事在人为"，提倡一种奋斗精神。

三、正视"自我"

实现个人的价值总不能缺少个人的自我意识、自我设计和自我奋斗。在这里处于核心地位的"个人自我"，常常是引起误解、困惑、争议和迷失的焦点。

"自我"并不是仅指个人，但是每个人确实都有一个"自我"。因此，否认个人自我的存在既是办不到的，也是不必要的。问题在于怎样正确地认识自我，指明自我的平凡与平庸、伟大与渺小之间的差别，找到它们的根源。

个人生命的"三重奏"

现实中每个人的一生，是他的肉体生命、社会生命和精神生命和弦演出的三重奏。"自我"恰如这篇乐章的曲调和艺术形象。

粗浅地理解个人的"自我"，会以为它就是一个人的性命本身：在空间上，它是个人的身体形态；在时间上，它是从生到死这段历程。但是稍微深刻一点地思考就会发现，这种看法很不全面。它其实只看到了人的自然生命形式，而未看到人的社会生命和精神生命。按照这种粗浅的理解，会分不清人和野兽。

人并不是在野地里自觅自食的鸟兽，也不是从石头里蹦出来的孑然一身的孙悟空。谁都是自己父母的子女、自己子女的父母，都有各种各样的社会身份，承担着各种各样的权利和责任，体现着各自相关的文化，这一切综合起来叫"社会关系"。个人在社会关系中的存在，就是个人的社会生命。没有这种生命，个人就不是一个现实社会的人，而只是一个符号或一只动物。即便是孙悟空，他出生以后，不是也要在花果山"入群任职"（美猴王），也要拜师学艺，应召上天当差，跟着唐僧一起去取经，给悟能、悟净当师兄，降魔擒妖，才成就了他的"人生"吗？

人的社会生命，像政治生命、道德生命、职业生命等一样，并不在肉体生命之内，而是人的社会关系的展开，是人在社会关系中的存在和影响。所以，它们有时能够分开："有的人活着，他已经死了；有的人死了，他还活着。"

诗人所说的这种情况，就是指自然和社会两种生命的表现。平凡者之平凡，在于他们的社会生命与肉体生命一同生死进退；伟大者之伟大，在于他们的社会生命远远超出肉体生命的局限，而对他人和社会有更广大、更长久的贡献；渺小者之渺小，则在于他们的社会生命远不及他们的肉体生命的分量。个人的肉体生命、自然生命和社会生命，合起来就是一个客观的、现实的"自我"。就是说，这就是一个实实在在的，看得见、摸得着的"我"，不论我和别人是不是知道、是不是愿意，"我"的实际情况和真实面貌就是这个样子。它是不能用愿望想象和文饰代替的。

至于个人头脑中怎样理解自己、怎样设计和追求什么样的"自我"，则是一种"主观的自我""观念的自我"。一个人的精神生命，是以他的"自我"观念为基础的。他头脑中的关于"我"是什么、不是什么，从哪里来、向何处去，为什么而活着等观念，决定了他在精神上是一个什么人，同时也指挥着他如何做人、做什么样的人。

"有志不在年高，无志空活百岁""人生不满百，常怀千岁忧""哀莫大于心死"……这些古今格言，都强调了人的精神生命的意义。孔子这样的伟人，死了几千年，他们的社会生命也随着时代变迁而逐渐消失，但是他们的精神生命还活在后人的思想文化中。这说明人的精神生命更具有伸缩性，可长可短。短时如电光石火，一闪即逝；长时则如日月经天，常照人间。

个人的肉体生命极其有限，而且通常是无法选择的。个人的社会生命有一半可以选择，就是选择自己怎样做人、怎样生活。但这种选择的动力往往来自人的精神生命，个人在精神上有很大的选择自由，可以超越现实的局限去关心更广、更深、更大、更长远的事情，决定自己追求什么、向何处努力、为谁而奋斗。因此，对于实现人生价值来说，个人有一个什么样的精神自我至关重要。

平凡、伟大和渺小

"我是什么，从何而起，至何而终"这个问题，是值得每个思考"自我"的人都认真地想一想的。

为了使思考更具体、更形象，不妨设想有这样一个坐标系，上面标出个人自我可能选择的空间时间范围，便于个人在上面画出"自我"的形象（见图7-1）。

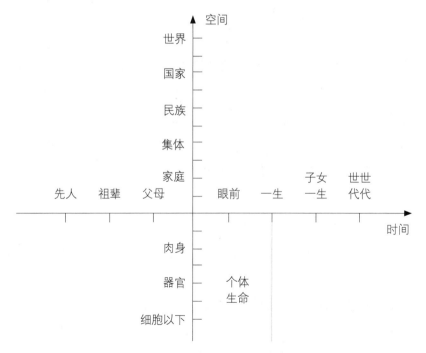

图7-1　个人自我选择的时间空间范围

图 7-1 中阴影的部分表示可以确定的个人"肉体生命之我"。那么，一个人的"社会生命之我"在什么位置上，占多大的范围，每个人也都会有自己的条件和选择，而这选择通过他所关心、所追求、所执着的范围表现出来，就显示着他的"精神自我"和"观念自我"。

观察古往今来的人生，人们头脑中"自我"的观念，大体表现为以下五种不同的类型、五种不同的境界：

第一种可以叫作"残缺的自我"。有人一生关心和追求的只是饮食男女、感官之乐、眼前享受。他的"自我"，实际上不超过个人的肉体，甚至只是某些器官。例如，有一种将弗洛伊德学说歪曲到极端的观点，把个人的生命，甚至整个人类的历史，都说成性器官的发育史和表现史。这是为某些人穷奢极欲、当自己肉体的"奴隶"做辩解的。这显然是一种畸形的、残缺不全而极端渺小的"自我"。它的位置，在坐标系原点的下方。

第二种可以叫作"渺小孤立的自我"。"肚皮以内是我，肚皮以外不是外"——有人关心的，仅限于个人的一生。为了一生的功名利禄、荣华富贵，他可以处心积虑、精打细算、无所不用。若是涉及"他"，即使是自己的父母、家庭、子孙后代，也都"非所计也""拔一毛以利天下而不为""我死后哪管洪水滔天"，这种极端个人主义的"自我"，是一种肉体完全，而在社会和精神上绝对孤立、与世界为敌的渺小的"自我"。它的位置，在坐标系上原点右下方的一个小角落。

第三种是"平庸的自我"。较多的人关心的范围，是包括自己的父母、家庭、子女在内的。他的"为我"已不限于一己之身，而是包含一定的献身精神，有了更现实的社会性质，但不超过"家门以内"的一切。在人们生活方式和条件都受到一定局限的情况下，不少个人的眼界只能如此。这种个人的"自我"，是现实社会中典型的"小我"。它的位置，是在坐标系原点周围一个不大的圆圈。

第四种是"平凡的自我"。绝大多数人以健全的、积极的态度关心的范围，是随着社会关系所及，由自己、父母、家庭、子女而及他人的父母、家庭、子女，由个人和家庭而及父母之邦的故乡祖国，由现实而及先人后世，从而使"为我"包含了更广泛的社会意义。多数人在具体问题上能够进行这样的推广扩大，突破"小我"的局限而同"大我"相联系，对他们来说，"大我""小我"之间并没有绝对的、一成不变的界限，"为我"和"为他"也不是截然对立的。这是一种现实的、开放的"自我"。在坐标系上，它占据着的位置不断扩大。

第五种则是"伟大的自我"。以第四种境界为基础，有一些人能够"更上一层楼"，站得高、看得远、想得透，自觉地、主动地将"小我"与"大我"融合为一。他们或者全面地，或者在某一方面做到了"以天下为己任""先天下之忧而忧，后天下之乐而乐"。他们矢志不渝地致力于"大我"的事业，从中体验人生的乐趣，并做出了卓越的贡献。这样的人留下了做人的不朽风范，被称作"人类的良心和骄傲"。他们的个人自我，是一个无限的大写的"人"。

这五种不同的境界，是个人在头脑中为自己的人生描绘的蓝图。前两种境界画出的是渺小，第三种境界画出的是平庸，第四种境界画出了平凡，最后一种境界画出了伟大。

渺小者之渺小，并非由于别人的蔑视，而是由于自己心中只有一个渺小的自我。

平庸也并非命里注定。平庸面前常有两条路：一条是打破自我封闭而走向平凡和伟大的路，另一条是被目光短浅压缩了心胸而走向渺小的路。

平凡更接近伟大，这里只有一步之差：自觉和一贯、有意地去做命运的主人。

伟大者之伟大，并非全靠幸运的光顾，而是首先由自己选定了伟大的人生目标。

"主观为自己，客观为他人"的是非

有一个很有影响的观念"主观为自己，客观为他人"，曾引起过不小的风波。关于这种观念是对是错，人们众说纷纭。用上文关于人生思想境界的分析来看待这个观念，可以有一个新的判断方法。

在现实生活中，个人"主观为自己，客观为他人"的情况是不是存在，是不是事实？这一点恐怕难以否认，也无须否认。因为这确实是一部分事实，是一部分人的思想和行动的事实。然而，这并不是人生全部的、必然的、永恒的事实，而只是站在平庸的高度看见平庸境界的事实。这种情况在现阶段虽然还不能排除，但它不应成为指导人生的观念。或者说，它不是也不应该是代表一种积极的、健全的人生价值观念。因为"主观为自己，客观为他人"的观念，有两点似是而非、常常将人导入误区的问题。

首先，"自己"是谁？一个在主观上为自己的人，他主观上的"自己"是什么，显然可以有不同的境界。在上文列举的五种境界中属于哪一种呢？不少人无形中以为，"自己"就是指个人一身。如果这样，那么当一个人"主观为自己"的时候，究竟包括不包括为自己的父母、家庭和子女着想？如果不包括，那么"主观为自己，客观为他人"这种说法，显然不符合大多数人起码的事实。它只代表了极少数自私者的心态，是一种未必能够得到多数人认同的人生选择。如果包括，那么就打破了"自己"的狭隘界限。"主观为自己"的时候，也包括为父母、家庭、子女着想，那么就会进一步涉及是否也要将同父母、家庭、子女有关的人和事考虑进去？推而广之，对亲朋邻里、生长于斯的故乡祖国、同自己和家庭命运息息相关的集体和社会……是否也需要联系起来，有所爱憎取舍？这就是说，在客观上"我与非我"并没有绝对分明、唯一不变的界限，而在主观上则给人们的选择留下了很大的余地。生活现实本身就必然促使人选择：我究竟"为"一个什么样的"自己"？可见在"自己"和"他人"的界限未加思考的情况下，所谓"主观为自己，客观为他人"并未说出深刻的真理。在实际上，它却很容易利用人们自我观念上的模糊，把人引向狭隘、庸俗、低级的思想境界。

其次，"主观"为谁同"客观"为谁彼此分开意味着什么？可能恰恰意味着一种脱离实际、不负责任的盲目性。一个人的主观行为的客观后果是什么，对他人谁有利、谁不利，并不能完全由个人自己掌握，这是实情。但是，假如一个人对此既不关心，也不想关心，那就十分危险了。这种心态如果不是出于怯懦而回避，就是有意地推卸应负的责任，为有害于他人和社会的行为开脱。

记得当年鲁迅先生就曾批评过某诗人的说法。诗人说，我作的诗，犹如自己开放的花朵，倘若什么人吃了中毒，那不是花朵的责任。鲁迅反驳道，这个比喻虽然很美，但不合实际。花朵如果开在人迹不到之处，孤芳自赏，自然对别人误采误食不应负责任。但是，诗人的花朵是开在供人采食的园地里，诗人是为此拿了稿费、有名有利的，难道给人提供有毒的东西就不该负责任吗？

可见，个人在与他人和社会相关的环境中发生的行为，都是有社会后果的。一个有起码的自觉性和责任感的人，都必须对此负责，在主观上就"究竟如何对待他人"做出选择。事实上，没有人能够在主观上完全排除"为他"，只是所"为"之"他"是谁有所不同，个人对此是否自觉有所不同罢了。"主观为自己，客观为他人"这种说法所起的作用，不是提醒人们的自觉性和责任感，而是把主观和客观的分离扩大化、凝固化，变成人生的信条。这无疑是一种降低人生水准、引人倒退的倾向。

角色和面具

追求人生的最高价值，要通过从"小我"向"大我"升腾、"主观"与"客观"相统一来实现。在这个过程中，如何处理好自我与角色的关系，是一个重要的、基础性的环节。

社会角色是个人在社会关系中的身份、地位、权利和责任的总称。每个现实的人都有许许多多的身份：在家中是儿子或女儿、兄弟或姐妹、丈夫或妻子、父亲或母亲，在学校是学生或教师，在医院是病人或医生等。每一种职业的身份、地位，职务和职称，甚至国籍和种族的名义、业余爱好的状态，都成为个人的身份和角色。每一种身份和角色都联系着一定的义务和权利，没有角色的人是不存在的，和人生下来就总要有名字一样，人生就是要扮演一定的角色。对于这些角色，个人有时能够选择，有时不能选择，但是在一个大的、根本性的问题上，个人有自我选择的权利：怎样对待自己的角色，演好它还是演糟它？

一般来说，在正常情况下，人们都是愿意演好自己的角色的。"干一行爱一行""干啥像啥"，在自己的地位上有所成就，这是一种值得骄傲的自我实现。它凝聚了个人对人生的热爱，对社会的理解和认同，对自己能力的信心。但是，在一些特殊的情况下，有些人则感到角色与自我格格不入、彼此冲突，因而或者苦于角色的束缚，力求找到新的角色，或者对角色采取双重人格的态度。

角色和自我冲突，无非两种基本情况：一种是角色本身不合理或不适合个人；另一种是个人未能正确理解角色，未能从中找到自我的真正价值。

从历史、社会发展的大视野来看，角色不合理的情况是有的，而且曾经有很多。例如，奴隶和老爷，各种人身依附性的身份（姬妾、太监、嬖童、奴才），在现代标准看来均属此列。这方面的冲突，要靠改造社会来解决。至于角色不得其人，犹如让舞蹈大师去当拳击选手，则须通过改善社会机制，准许自由选择和人才流动来调整。这自不待言。

除上述情况外，更多的冲突是来自个人自我。假如一个人缺少应有的全局观念和群众观点，或者过分强调个人的主观兴趣意愿，执拗于自己的想象而脱离现实，那么就势必不能正确地理解社会角色的意义，会错误地把能够实现个人价值的角色变成与自我冲突的东西。一些好高骛远、终日挑肥拣瘦、"这山看着那山高"、从来不能目标专一的人，也许是想找到"自我"的最好角色，结果却常常是误了自己，终无所成。吃这种亏的原因，是他们丢弃了脚下的大地，使"自我"悬在空中，成了随风飘荡的幡帜。

之所以不能正确对待角色，是因为没有真正的"自我"，而真正拥有自我的人，是善于理解角色并通过角色来实现人生价值的人。

值得注意的是角色"面具化"的情况。面具，是一种用于既显示自我又真正为了掩盖自我的工具。当一个人既不愿意或不能真正担当起自己的角色，又不能放弃这个角色的时候，角色往往就成为他的面具。各种各样的虚伪、两面派、心口不一、形式主义、阳奉阴违等，就是角色面具化的表现。见风使舵、阿谀逢迎、做表面文章，尽说假话、空话、套话，从不坦荡做人或者"满口仁义道德，一肚子男盗女娼"等现象，是可悲的。不论是出于真实自我的不可告人，还是出于胆怯和软弱、无力公开地宣示自我，这种角色与自我的冲突造成的人格分裂都会导致人生价值的毁灭。

在追求和实现自己人生价值的道路上，个人对角色的最宝贵也最难得的精神状态，是真诚。因为一个人只有在他理解和热爱自己的角色的时候，才会真心实意地对待它，把它当作自我的一个部分、一个目标，只有他真正相信这个角色为他人和社会所必需的时候，他才能无私无畏地坚持角色所承担的权利和责任。只有他通过角色把"小我"同"大我"融为一体的时候，他才会感到充分的乐趣和人生的分量。所以，对角色的真诚，是个人"小我"与人生"大我"达到统一和谐的表现，是个人找到了自身价值的目标和归宿，从而有信心、有勇气的表现。达到这种真诚的境界，是追求人生价值走向成功的制胜之机。

俗话说："戏场小天地，天地大戏场。"其实，人生的天地不同于戏剧舞台。在这个大天地里，每个人都既是"剧中人""角色"，又是"编剧、导演和演员"。他编导和扮演的是自己的人生。在这个舞台上，主角和配角、正面角色和反面角色、正角和丑角，都不是预定不变的。每个人扮演什么角色，也是用自己的自我塑造出来的，而不是由外来的脚本规定的。所以在这个舞台上，"演员"和"角色"相分离，"不入戏"，采取游戏人生的态度，是对自己不负责任，最终成不了真正的角色。选择为历史所不需要的"多余角色"，必将最终被淘汰下场。为了抢夺某个显赫的角色而去钻营和用面具伪装，结果也只能是扭曲或毁灭自己的人格。唯有真诚地选择和塑造为戏剧走向高潮所需要的角色，才能创造自己有声有色、情境崇高的人生话剧。

"超越自我"还是"自我超越"

说到这里，我们常常会有一种感慨：在这个世界上，我们本以为知道得最多、最清楚，因此也最有发言权的，就是我们自己。然而，实际上却正相反：越是在遇到复杂的具体情况时，就越能暴露出我们并不是真正知道什么是自己。人生的烦恼和挫折，多半都由此而生。人生的最重要之谜，恰恰是如何掌握人生的基点——自我。

首先的一个大问题就是，我们究竟应该怎样看待这个"自我"？如果你翻一翻有关的记录和教导，或者注意一下周围人们的说法，你就会发现这里有很大的矛盾：一方面，你想不到人们为什么会对"自我"那么敏感，有那么多的忌讳、猜疑和防范。经常看到和听到的是"战胜自我""超越自我"、反对"自我中心"等这一类的教导和呼吁。仿佛"自我"只是一个坏字眼，代表着人生中应该抛弃、禁止和克服的那一面。另一方面，你可以发现，人们却又时常把"自我"请出来，让它担负起艰巨的光荣使命："自我批评""自我改造""自我完善""自我牺牲"等。越是在有麻烦的时候，就越是显出对"自我"的重视和依赖。

如果认真起来，把这些说法放在一起，就真不知道究竟应该把"自我"当作一个什么样的东西：是依靠的对象，还是斗争的对象？如果它既是依靠的对象又是斗争的对象，那么是谁来对它既依靠又斗争呢？对"自我"既依靠又斗争的，是不是人，是什么人？他有没有"自我"，是不是也要"超越"和"战胜"之？

之所以出现上述种种互相矛盾的态度，实际是因为人们对所说的"自我"有不同的理解，为了表达不同的意思。但是，如果以科学的概念为标准，我们就会发现有些流行的口号，如"战胜自我""超越自我"等，其实是很不明白甚至很不正确的。因为从科学上说，"自我"的概念大体上可以归纳成两种所指：一种是心理学的理解，或称狭义的"自我"；另一种是哲学上的理解，也就是广义的"自我"。

心理学上所说的"自我"，仅限于"精神自我"，指个人的一种心理状态、自我意识的一种形式。例如，奥地利学者弗洛伊德在分析人的潜意识时，发现了有"本我""自我""超我"三种状态。"自我"是其中一种，它比"本我"高级，比"超我"低级。因此，用"自我"超越"本我"，用"超我"战胜"自我"，是人的潜意识从低级向高级升华前进的过程。但是这里的几个"我"都是"我"，"超我"也是"我"，不是"无我"或"非我"。因此，流行的"战胜自我"之类的说法，其实是可以推敲的。如果是完全按照心理学上的意思，那么它的适用范围是一定的、不可滥用的。如果是不晓其意而照搬或误用了弗洛伊德的理论，也尚有情可原。如果是明知其意而借此来欺世唬人，就未免无理。

哲学上所讲的"自我"则是一个完整的、灵肉一体的主体自身。"自我"既包括人的精神、意识、主观的存在，即精神自我和自我意识，也包括人的肉体、现实、客观的存在，即物质现实的自我。在这里，"自我"只与"非我"相对立，并不与"超我"和"本我"等对立。在我们中国式的语言中，"自我"就是任何形式的人和人群"自己"。它是人对自己的存在和意识的概括。人人都有"自我"。张三有，李四也有；个人有，集体也有；阶级、民族、国家有，人类社会也有。谁使用"自我"这个字眼，"自我"就是指谁自己。张三的"自我"就是张三本人，李四的"自我"就是李四本人，"人类的自我解放"是人类自己解放自己，"社会主义社会的自我完善"就是社会主义制度自己完善自己。这种意义上的"自我"，是属于哲学的概念。

在哲学上，一个人、一个主体，如果是他自己"超越"自己的现状，自己"战胜"自己的弱点，这叫"自我超越"和"自我战胜"，这是一种前进、一件好事；如果"战胜自我"是让别人来战胜自己，"超越自我"的结果是变成"非我"，就未见得正常，未必是好事。所以应该说，作为一个指导人生的重要原则和口号，"自我超越"要比"超越自我"、"自我战胜"要比"战胜自我"更合理，更准确，更健康。

"超越自我"这个提法，会使人以为不要自我、抛弃自我。事实上这是不可能的。谁来超越自我呢？超越了自我以后，还有没有、是不是自我呢？所以，科学的提法应该是"自我超越"，即自己超越自己的现在和过去，走向明天的自己。自己克服自己的弱点和缺点，达到更上一层楼的新的自己。如果这样说，那么就充分体现了人的自我实现和发展的本性和规律。

对"自我实现"的错误理解，也不在于它肯定自我。"自我"是不能否定的。错误理解之处：一是只承认有个人的自我，不承认别的自我；二是把"自我"凝固化、静止化了。这后一点，恰恰是对"自我实现"的各种错误理解的共同根源。

"自我"是什么样子，绝非先天注定、一成不变的。人类和社会在物质形态上不断演化的历史，这里且不必说。单就精神面貌而言，整个人类和每个个人，也是在不断形成和改变着的。"自我"并不是一张最终完成了的、静止不变的照片。"自我实现"也不是拿着这张照片自我欣赏，或者拿它去"按图索骥"，要一切都合我的意。今天的"自我"和自我的需要、能力等，都是从昨天发展而来的，都带有昨天和今天的痕迹、烙印和局限性，它们还要发展到明天。所以，"自我"在今天一时一地的需要、一时一地的作为，并不是"自我"的全部和"自我"的终点。人的"自我"，是在不断的精神发展、精神完善中才能实现、才能保持的。停止了这种不断的超越，"自我"将会因为保守、僵化，而在精神上走向衰退和死亡。可见，"自我实现"的真谛恰恰在于不断地"自我超越"，在于"知己所未知，欲己所未欲，思己所未思，乐己所未乐，成己所未成"。这才是更根本的。

第八章
真善美的境界

不断地追求和实现价值，是人类最基本的权利和责任。人们总是按照自身的需要和能力去设计和追求它们。那么在各种各样的价值中，有没有基本的目标或标准，或者什么是人类健康的、合理的价值目标和理想境界呢？自古以来，人们不约而同地发现和概括了这样几种最基本的或者说是最具有高度人文精神的价值形态，即"真""善""美"和"自由"，并把它们当作自己所创造追求的价值的总体目标或最高境界。真、善、美和自由，都是人类生活实践中达到主客体统一的某种和谐境界，它们代表着人类的崇高价值追求的不同方面。在这一章里我们就来谈谈真、善、美和自由。

一、真知与信仰

"真"是人类倡导和追求的第一种理想价值境界。"真"的含义，用一种抽象的概括来说，是指人获得了真理，并在思想、感情和行动上享有真理提供的权利和义务的一种境界。具体来说，"真"的境界表现为两种状态：一是人获得了真知，二是人确立了真诚的信仰。

"砍头不要紧，只要主义真。"一位革命志士，面对着敌人的屠刀，慨然留下这震撼人心的绝笔。是什么支配着他坚强的意志？是对"真"的执着追求。

求真孕育文明

"真知"作为一种价值境界，是指充分满足人对世界的认识需要，获得或达到了真理。真理代表人类实践和认识中对外部世界的客观必然性的把握，是一种建立在客体尺度的基础上的主客体高度统一状态。没有这种统一就不会有人的任何成功和自由，所以人类必然把"求真""守真"作为自己的价值目标和理想。人类认识世界的成果如知识、科学和真理等，本身并不是价值，但是获得关于世界的知识和真理成为人类特有的需要，即求知求真的需要。这种需要的满足构成了一种特殊的价值类型——认识价值。它表现为人们在知识、科学和真理面前的理性满足感、信赖感和心理充实感。真知或认识价值的特点，在于"如实地把握世界的本来面目"。这一点对于人类的文明的形成和发展来说，是第一个重要的保证。然而人类求真的道路却并不平坦。

《圣经》说：上帝创造了人。在欧洲漫长的中世纪，这一信条已经成为金科玉律，神圣而不可动摇。17世纪中叶，在英国竟有一位青年偏不信邪，他深入澳洲茂密的森林中观察、探索数十年，终于发出了惊世骇俗之语：人是由猿演变而来的。这位青年便是著名的科学家——达尔文。达尔文的《物种起源》犹如一把利剑，刺穿了宗教神秘主义的面具；又仿佛一声惊雷，震醒了浑浑噩噩者的虔诚。在某种意义上，它无异于产生天翻地覆的影响。这便是求真的力量和意义。

人类每在求真的道路上留下一个脚印，便是向自身的解放跨进了一步。

求真是人类摆脱愚昧的阶梯。人对客体无知，会感到客体陌生、神秘、疏远，把客体看作一种异己力量，从而对客体产生超现实的神秘感和崇拜心理。原始人的动物崇拜、植物崇拜及对神灵的崇拜，就发端于对客体对象的无知。无知助长愚昧、迷信和盲从。求真是人对客体本性、规律在观念上的把握，可以消除人对客体对象的神秘感和异己感，克服精神上的愚昧、迷信和盲从。因此，求真是思想解放的一种力量和尺度。人掌握的知识越多，人的主体性就越强。人掌握真知的广度和深度，表现着人的主体性的发展程度。

求真是推动社会经济发展和人类进步的巨大力量。马克思曾经在预见科学知识对于社会发展的作用时指出："固定资本的发展表明，一般的社会知识，已经在多么大的程度上变成了直接的生产力。"①科学这种知识形态的东西，能够并且已经转化为宝贵的物质财富。近百年来，生产力主要是物化的知识力量。特别是在现代社会生活中，以劳动工具为主的生产资料日益与科学密切结合，新的生产工具几乎都来自科学的物化。例如，没有原子物理学就没有核电站，没有电子学就没有电气化等。知识在社会生产的发展中扮演着越来越重要的角色。科学的发展造就了一系列新兴的生产部门，这些部门依靠信息和科学知识，就可以创造出大量的社会财富，这些部门和特征被称为"知识工业""知识经济"等。现代社会同样也要求生产中的劳动者必须掌握一定的科学知识，没有相当水平的科学技术知识就难以操纵数控机床，更谈不上使用和改进电子计算机或空间运载工具了。

纵观人类历史的发展进程，我们就会发现，伴随每一项重大科学发现及技术发现的，总是人们认识自然的水平的提高和改造自然的能力的增强。蒸汽机的使用，极大地促进了生产力的发展，引起了社会生产的革命性变革；电力的广泛应用，也曾为社会经济带来了新的繁荣。这使我们不能不对一位当代政治家的话表示赞同："所有成功的国家都把科学知识的普及放在非常优先的地位，这并非因为这些国家富裕，而是因为经验已经证明，知识及其有效的使用对国家的繁荣是至关重要的。"

科学知识的力量不仅表现在推动社会经济的发展上，而且表现在促

①《马克思恩格斯全集》第 46 卷，人民出版社 1974 年版，第 219—220 页。

进社会变革上。恩格斯指出："科学和哲学结合的结果就是唯物主义（牛顿的学说和洛克的学说同样是唯物主义所依据的前提）、启蒙时代和法国的政治革命。科学和实践的结合就是英国的社会革命。"[1]科学的发展为人类社会由低级向高级的发展准备了物质条件、社会力量和理论前提。

科学知识的力量还在于能陶冶人的情操，有助于人的内心世界的塑造。高尔基说："人的知识越广，人的本身也越臻完善。""真知"既是一种文化知识境界，也是一种道德修养境界；既体现着人与自然的和谐统一，也体现着人与人的和谐统一。培根对此发表的见解更脍炙人口，他认为，"求知可以改进人的天性""人的天性犹如野生的花草，求知学习好比修剪移栽""读史使人明智，读诗使人聪慧，演算使人精密，哲理使人深刻，伦理学使人有修养，逻辑修辞使人长于思辨。总之，知识能塑造人的性格"。

信仰的力量

知识的土壤里，能够生长出信仰；知识达不到的地方，则更需要信仰来支持和引导。

信仰是人的一种价值意识形态。所谓信仰价值，是指满足人的一种特殊的精神需求，即在知识以外的范围获得精神支持方面的价值。人类精神生活的特征之一，就是要有信仰。在知识和理性不发达的情况下，信仰往往是自发的、盲目的，如迷信；在知识和理性高度发达的情况下，信仰往往带有一定的自觉和理性。但信仰总是包含着对知识未达到的某些范围的信念。这种信念的意义在于形成人对未知或未来世界的价值取向，成为人们进行价值判断和选择的精神支柱、起点。从原始图腾到宗教，再到现代的各种社会信仰和社会理想，显示了人类信仰价值形态发展的历史线索，其中宗教属于一种特殊形式。

---

[1]《马克思恩格斯全集》第1卷，人民出版社1974年版，第669—670页。

信仰是指人们关于最高（或极高）价值的信念。恩格斯曾经指出，信仰具有巨大的社会力量，有没有信仰和有什么样的信仰，其作用是不同的。"中世纪的强烈信仰无疑地赋予了这整个时代以巨大的力量，虽然这种力量处于不自觉的萌芽状态……信仰逐渐削弱了，宗教随着文化的日益发展而破产了，但是人还是不了解，他在崇拜自己的本质，把自己的本质神化，变成一种别的本质。人处在这种不自觉而又没有信仰的状态，精神上会感到空虚，他对真理、理性和大自然必然感到失望。"① 人不能没有信仰，"没有信仰，则没有名副其实的品行和生命；没有信仰，则没有名副其实的国土"。②

在某种意义上说，信仰发挥着世界观的作用。正如人的世界观有正确与错误之分，信仰也有着科学与迷信、正确与错误之分。不同的信仰会对人生造成截然不同的作用。因此，违背科学的信仰会造成人生道路上的根本方向性的错误。自觉地以先进的世界观和方法论、以科学为确立个人信仰的基础，是形成健康信仰的根本保证。

对科学与真理的信仰和追求，是人类最崇高的信仰和追求。

科学使人类逐渐摆脱愚昧，真理使人获得自由。因为科学和真理对人类的重大意义，人们信仰它、追求它。因为人类信仰和追求科学、真理，人类才最终成为世界的主人——成为自己的主人。俄国作家契诃夫说："信仰是精神的劳动，动物是没有信仰的。野蛮人和原始人有的只是恐怖和疑虑。只有高尚的组织体才能达到信仰。"是否可以说，只有高尚的信仰，才会形成高尚的组织体和高尚的人？近代哥白尼、布鲁诺等人发现和坚持"太阳中心说"，受到了教会的嘲讽、诬蔑、攻击、迫害，布鲁诺被罗马宗教裁判所活活烧死。马克思为了深刻揭露资本主义剥削制度的实质，唤醒无产阶级推翻资本主义制度，在极端困苦的情况下，投

---

① 《马克思恩格斯全集》第 1 卷，人民出版社 1974 年版，第 647—648 页。
② 惠特曼语。

入近半生的精力，为人类留下了一部"无产阶级的圣经"——《资本论》。他们以不屈不挠地探索真理、坚持真理的精神，谱写出人生意义的绚丽篇章。培根很赞赏古罗马哲学家卢克莱修的这句话："站在岸上看船舶在海上簸荡是一件乐事；站在一座堡垒的窗前看下面的战争和它的种种经过是一件乐事；但没有一件乐事能与站在真理的高峰目睹下面谷中的错误、漂泊、迷雾和风雨相比拟的。"只有信仰真理，才会追求真理、获得真理。

我们反对信仰主义，但不反对信仰。方志敏烈士说："敌人只能砍下我们的头颅，决不能动摇我们的信仰，因为我们信仰的主义，乃是宇宙的真理！"我们讲的"信仰"，只是对真理的信仰，而不是对任何偶像、任何教义的信仰。对于现代文明人类来说，信仰和知识作为谬误和真理而相互敌对的时代已经过去了，先进的信仰是人认识到自己理性力量的结果。这种信仰造就英雄，没有也绝不会创造出神来。信仰真理，追求人类崇高理想，就会化为改造现实的巨大精神力量。

从说实话开始

真知和信仰既相互区别又相互联系，作为人对世界的了解和态度，它们在人的生活中常常是相互补充、相互转化着的。真知引导着科学的先进的信仰，真诚的信仰也促进着真知的探求和发现，二者共同构成人类文明的精神基础。

要追求和实现"真"的价值，对我们最重要的要求就是彻底地、始终如一地坚持"实事求是"。首先，"实事求是"是一切科学真理的本质，坚持实事求是就是坚持和追求真理；其次，"实事求是"是实现一切价值的根本保证，它意味着创造和实现价值也必须从主体的客观实际出发，不虚妄、不矫饰，不唯上、不唯书，只唯实。总之，"实事求是"是坚持真理与追求价值相结合，是"求真"和"务实"相统一。大到民族的思想文化、党的思想路线，小到一个人的待人接物、说话做事，求真和务实都是安身立命之本、兴业成功之道。

然而，在现实生活中，要做到实事求是，有时似乎很难，这不但需要勇气，而且需要智慧。例如，有人曾这样总结经验教训说："对待实事求是，你也得'实事求是'。在该实事求是的地方才实事求是，在不该实事求是的地方，就不要实事求是！"它的意思是，在有些地方，实事求是的态度吃不开。你实事求是，实话实说，人家非但不爱听，反而会厌恶你、嘲弄你，甚至刁难你。他说的"该不该"，实际上是指别人，特别是"上头"喜欢不喜欢、爱不爱。

这种带有酸楚味道的调侃，是对党风、政风、民风不正的一种讽刺和控诉，我们当然要反过来听。因为归根结底，实事求是对人生有利，对我们的事业有利。为了人生和事业的大局，我们要有勇气和毅力去坚持实事求是，并且扭转不良风气。

求真务实，实事求是，首先要从说实话开始。

说真话，不说假话，这是说实话的第一要义。"说真话"有两个层次：第一是"说真心话"，第二是"表达真理"。达到后一个层次是不大容易的，谁也不能保证自己说的每一句话都符合真理，都正确无误，而要经过艰苦的努力才能达到这一层。如果用"说出来的话必须句句符合真理，句句正确"来要求人，那就跟不让人讲话差不多了。所以"表达真理"应该提倡，但不能苛求。而达到第一层，即"说真心话"，则应该是起码要做到的，这就是：

第一，要尽量如实地反映自己了解的客观情况，不用自己的想象和愿望去剪裁、掩盖、代替现实。"有一说一，有二说二"。这样的说实话，也许由于个人的条件和能力所限，并不是全面准确地反映了现实，而只是其中之一二，但如果每个人都能如此，并且不把自己的所闻、所见夸大成唯一的、全部的事实，那么一点两点的真实不断地增加和积累起来，不就会得到完整准确的现实吗？相反，如果连每个人眼前的一点真实情况都得不到，还到哪里去找完整准确的真理？所以"有一说一，有二说二"，尽量如实地反映自己了解的客观情况，不用自己的想象和愿望去剪裁、掩盖、代替现实，是人生"求真、守真"最起码的修养和规则。

第二，要坦率地表达自己的真实感受，坚持自己相信的道理，是非分明，态度明朗，不自欺欺人。在确认你知道的事实的前提下，也不必隐瞒自己的态度，你觉得好就说好，认为坏就说坏，拿不准就说拿不准，决不含混扭曲，对好恶取舍要认真负责。这种态度实际上就是对自己的信仰和信念保持忠诚一贯，既不自欺也不欺人，而是用自己的真诚去面对生活。保持这种态度看起来似乎比前者更难一些，但它关系到人们在真理和价值面前的基本权利。谁不敢实行它，谁就是放弃自己的基本权利。谁不让别人实行，谁就是侵犯别人的基本权利。人类社会的一切真理和价值，都必须在保证这种基本权利的基础上才能获得。所以，如实地表达自己的感受，表明自己的态度，也是人生"求真、守真"原则最起码的要求和规则。

上述两点合起来就是一句话——"不说谎"，包括在事实和价值两层意义上不说谎。"不说谎"当然不意味着说的一定都正确无误，都是真理。我们知道，人即使不愿说谎，有时也会不由自主地说出不正确、不恰当的意见。这并不奇怪，也不可怕。说错了，纠正过来就是；而且说实话的人如果知道自己错了，他在纠正时也一定是真诚的。相反，如果人们养成了不爱或不敢说实话的习惯甚至风气，那么就会将一点点纠正错误的权利、勇气和机会都统统丢掉了，那才是最可怕、可悲的局面。

二、功利与道德

"善"是另一种高度普遍性的理想价值。"善"即"好"，这个词可以说是我们生活中应用最广泛的概念。一般来说，它是指任何事物，包括人本身的行为在内，对于人和人类社会的现实生存发展具有的肯定意义。

"善"及其反面"恶"的表现是极其多样的，各种各样的善恶都同人的现实生存和发展状态相联系。"善"代表着人和社会自身必然性要求的实现，它集中体现了主体的现实尺度。因此，在价值的阶梯上，"善"高于以客体必然性为尺度的"真"，而低于以主体自由为尺度的"美"。

在实际应用中，"善"有狭义、广义、中义三种含义和用法：狭义的善仅指道德上的正价值，如合乎仁义等；广义的善与一般"正价值"相等，实际是"真、善、美"的统称；中义的善则是指与"真"和"美"相并列的独立形态，具体地包括功利（"利"）和道德（"义"）两个方面。在这里我们取其中义，即包含了"义"和"利"在内的完整领域。

人间真情的基础

在谈论"真善美"的时候，人们分歧最多的往往是这个"善"字。这不只是因为具体到每一件事物上，对"它是不是善的"容易发生分歧；更是因为，人们对"善"这个概念适用于什么样的对象和范围也有着不同的理解。例如，在很多情况下，人们习惯于把"善"理解为伦理道德方面的情况，而不包括如物质生活、经济利益等方面的价值。这样一来就造成了印象，仿佛只有道德上的价值才是善，而物质的、经济的，乃至其他利益方面的价值则与善无关，甚至注定是"非善"的东西。

这种片面的印象是一种偏见，它以主观的先入之见割裂了现实生活的整体，同时也就割裂了生活中完整的善。如果我们不囿于这种偏见，而是深入切实地观察人类生活的实际，那么就会看到：伦理道德关系仅是人类现实生活中的一个基本关系，它不是孤立的。与它同时存在的不仅有人与人之间的其他关系（如经济利益关系），还有人与物、社会与自然的关系等。在所有这些关系中，"善恶"与"利弊"总是相互联系着、彼此不可分离的。之所以如此，是因为"功利"和"道义"二者是人世生活中同一个领域、同一个层次的两个方面，它们之间有共同的本质和特征。从更高层次的视野来考察"利"和"义"的本质，我们可以把握它们之间的深刻联系：

所谓"利"，即功利价值究竟是指什么？简单地说，它是指满足主体现实生存发展的直接需要，如衣食住行、安全保障和文化消费等。通常人们把在物质、经济、政治、文化和日常生活方面获得的功用、效益、使用价值等，叫作"功利价值"，其具体形式有随着人的发展而不断扩大的趋势。功利价值的特点，在于充分显示了同主体现实利益相联系的实用性。历史上的功利主义者往往把"功利"定义为使人幸福和愉快，这里含有无限扩大"功利"概念的范围的意图。但是，说到究竟什么是"幸福"和"愉快"的时候，他们的具体解释又往往离不开日常生活中的利益和效用。事实表明，功利价值是人类生活的第一种价值。

所谓"义"，即道德价值又是什么？社会的伦理道德是一个用以调节人与人相互关系的价值体系，它本身反映了一种由人的现实社会性决定的人际关系的结构、秩序和规范。道德上的善就是指人的行为能够满足人们社会关系发展的需要，维护和促进人与人相互关系的结构、秩序的稳定和发展。作为一种价值的道德，主要在于突出人与人之间关系的状态对人和社会的意义。狭义的道德仅针对人们之间的伦理关系结构，重在规范个人的行为；广义的道德则扩展到经济、政治等人与人的关系的所有领域。在人与人的相互关系上，一定的社会有自己的一定结构和秩序、利益和追求的反映，社会和个人用这些规范去衡量人的言行和其他社会现象，将其区分为道德的和不道德的。这是社会道德生活和道德评价的共同特征。人是社会关系的动物，因此道德价值也必然是人类生活中又一种普遍的基本价值。

功利价值和道德价值体现了人本身现实生活的不同方面：前者侧重于人的个体存在和发展；后者则侧重于人的社会关系存在和发展。全面地理解人的现实存在和发展的基础，应该看到它们之间是不可割裂的，二者统一起来才是现实的、完整的善。

人类能不能不要功利？人类能不能不要伦理道德？答案当然都是否定的。人类作为人而生存于世界上，就必须同时在这两方面都有自己的立足方式，缺一不可。既然如此，那么二者之间也不可能在根本上相互排斥、互相脱离，而只能是彼此联系、相互统一的。以这种联系和统一为前提，我们理解善作为人类理想的基本价值，就必须首先强调它是两种基本价值的统一体。

善是指这样一种境界：在社会生活中，人的言行达到了同人的社会关系和人的社会需要高度一致的结果。这种理解，既适用于道德评价，也适用于其他非道德评价。例如，榨取工人的剩余价值，对资本家来说，不仅在经济上是善的，而且在道德上也是善的；对于工人阶级和劳动人民来说，不仅在道德上是恶的，而且在经济上也是恶的。为人类谋福利，不仅在物质价值上是善的，而且在精神价值上也是善的。

对善的追求和对真的追求一样，是人类的基本权利。在这种追求中才能充分展现人的本质和力量，产生人类崇高的思想感情。"义"和"利"的统一是人间真情的基础。

必须看到，善的追求本身并不是狭隘的，而是只有一个简单和唯一形式的过程。善的境界是有层次的、无限丰富的世界。它包含了从直接的物质利益之善到宏远的人生理想至善之间的许多层次和阶梯。在这无限向上的阶梯上，每一步都有人们必须要完成的事业，都有需要打牢的基础。至善绝不可能一蹴而就，必须靠永远的追求和不断的创造，才能逐渐地攀登。善的本质表明，我们不能把它与人的现实相割裂，而只能把人们的现实追求与善的创造相联系，从现实中开拓通往至善的道路。

正因为如此，才要珍惜人们正当的现实要求和从实际出发的真实情感，不是把它们与善对立起来，而是把它们与实现整体目标联系起来，通过不断前进的升华来引导，脚踏实地地争取善的实现。

义利分家：一种历史的病态

前面讲的道理看起来还显得比较抽象，如果换一种通俗的表达，也许就容易理解。墨子曾说"义者，利也"，而孟子也许说得更明白，仁义乃是国家之大利。他说，利是人人都追求的，如果诸侯只求诸侯之利，大臣只求大臣之利，百姓各求自己之利，那么国家之利就没有人管了，所以国王不必言利，只要强调"仁义"即可……聪明的古人早已经明白了二者的差别在于何处。

事实正如马克思所说："人们奋斗所争取的一切，都同他们的利益有关。"①"义"的精神实质，不是不讲利，而是讲究谁的利、什么样的利。在一定意义上，"义"其实就是某种"大利"或"公利"。孟子在给国君出主意的时候，抓住了这个问题的实质，主张要以"仁义"为旗帜，行国家君主之"大利"。而我们今天谈到"义利"的时候，真正的问题也在于要"为谁谋利，谋什么样的利"。为人民谋利，谋取人类彻底解放和全面发展的利益，其实正是我们坚持和追求的本"义"。

可见，如果破除了对义和利的狭隘印象，特别是打消了它们的神秘感，将其还原为生活中实实在在的问题，那么义和利本质上的相通就不难理解，义利统一的问题就不难解决。在实践中，这也是"两个文明一起抓"的实际要求，是"两个文明一起抓"抓得住、抓得好的保证。

然而在追求善，特别是道德之善的问题上，却长期存在着一个很大的误区，就是在看待道德与社会发展的关系时，常常会出现一个不由自主的"二律背反"："经济技术越进步、物质文明水平越提高，道德就越退步、精神文明就越衰落！"每当历史处于较大的转型时期，在社会上就会听到不少这样的感叹。例如，在国内近年的讨论中，有这样一种观点，就是认定发展经济必然牺牲道德，有人甚至直接将所谓"恶是历史

---

① 《马克思恩格斯选集》第 1 卷，人民出版社 1974 年版，第 82 页。

发展的动力"这一说法当成了确凿的普遍真理。

按照这种观点似乎是单从道德上看，人类表现最好、道德最高的时期，应该是原始时代。那时没有自私、压迫和剥削，没有一切向钱看，没有尔虞我诈，人都很纯朴真诚等，总之可算是道德的理想境界。而到后来，生产、经济、科学技术越是发展，道德也就越是衰落。到如今，人类在物质上进步到了极高的程度，在精神、道德上也堕落到了极低的境界。于是，人们就开始怀旧，就认为要在道德上拯救人类，最好目标就是达到过去某个时候的水平，最好的办法就是取法古人、"回归传统"……这种对人类命运持否定理解的悲剧道德观，其实是一种文化上的历史病态。

为什么这样说呢？从表现上看：第一，它不了解真正的历史。例如，当它描写原始人的道德多么美好的时候，显然忘记了一个很浅显的事实——原始人过的是什么日子？譬如，原始氏族内部的那种原始和谐，是怎样同氏族之间的血腥冲突时刻联系在一起的；至于那时曾不得不以人肉为食，又是一种怎样的"道德"等。与此大体相同，世界上总有一些人在历史发展的关头留恋过去，总是认为"过去"的道德最好，后世总是"世风日下"。在这样的心态中，常常是把对过去某些美好的印象或记忆就当成了那时的全部真相，而忘记了人类是怎样一步步走过来的。

第二，这种观念本身有一个思想方法上的大毛病，就是它对道德本质的理解是"超现实"的，而对道德理想目标的取向则是"逆历史"的。人们总是出自一种善意来谈道德，但往往用孤立、抽象的观点看待道德，把它当成了不是来自现实生活的，而是与整个人类命运不相关，只是完全可以凭自己的愿望和想象、从外面或高处要求于人的东西，以为道德就是"应该的好"，而与现实中的条件怎样、在现实条件下"能够实现怎样的好"无关。所以，他们不善于给自己提出这样的问题：人类为什么不能保持那种标准的原始美德，而去追求生产和科技的发展？难道人的本性就是反道德的"恶"吗？道德难道就是要人们放弃改善生活，不追求经济科技的发展才能保持的吗？或者随着社会生活的不断发展，人们就要把"二律背反"和"道德衰落"的无奈当成一曲永远的挽歌继续唱下去吗？如果问题尖锐到如此地步，倒能够使人想起要反问一句"道德究竟是什么，人类为什么要有道德"了。

那么，造成这种文化病态的原因是什么呢？总的当然还是历史本身的发展不充分所致。这种不充分的一个主要表现，是人与人之间利益的分离。由于利益的分离，对一些人有利时，必然对另一些人有害。于是，"利人还是利己"就有了不同的道德性质。"利什么人，怎样利"就有了各种不同的选择，因此也就有了不同的道德标准。这就是人类目前阶段各种道德纠纷的根源。对此我们不必讳言。

超越这种病态的一个出路，在于确立健康积极的进步历史观。这就是要站在人类整体的立场上，特别是要以大多数人民群众的解放和幸福为标准来看待一切。这种进步的历史观总是和革命实践的世界观、人生观联系在一起的。例如，孙中山先生就认为，人类总是在进步的，未来是光明的，革命在于创造崭新的世界，也必然带来更进步的道德。历来的革命者差不多都这样看。马克思主义也持这样的道德进步观，它认为虽然迄今为止没有一种道德模式是绝对的、永恒的，但人类在道德上的追求和表现，却总是在经历着不断的解放、进步和上升的过程，这个过程和人类社会的发展一样是没有止境的。各种承认道德进步的观点有一个共同的思想方法特征，就是把道德同人的改造世界的同时也发展着人自身的实践联系在一起，把道德和人类的全部生活、文明放在一起，作为一个整体进行现实历史的考察。

如果不是用抽象的观念或偏见，而是从人类自身的生活经验和可以感受到的社会变迁来考虑，应该承认人类道德总体上确确实实是进步的。现在的人毕竟比原始和古代的人的道德意识更强些、道德标准更丰富些、道德境界更高些。当然，"进步"不等于"完美"，特别是每个时期的道德现实同这一时期的道德理想和标准相比，并不总是感觉越来越好（相符）。道德总体性的进步主要表现为，时代的道德理想和标准不断丰富和提高。所以，承认现实的道德离我们的理想有差距，是坚持道德进步观的表现之一。但是，一方面，承认差距固然意味着要努力按照理想标准去改善、建设现实的道德；另一方面，也意味着要注意反思和校正道德理想本身，使之不过于远离现实，甚至全盘否定历史和现实。

幸福与正义

幸福与正义，是在个人生活和社会生活两个层面上实现了的义利统一。

约翰·格雷在他的《人类幸福》中说："幸福——人类一切企求的最终目的。"幸福是人生一切活动的目的归宿，无论是人类追求功利的活动，还是维护道德的行为，最终都是为了达到幸福。幸福通常表现为自身需要的满足状态。人的生存和发展得到了满足，便会产生内在的幸福感。幸福感是一种心满意足的状态，它植根于生活实践的土壤中。一个农民，经过辛勤的耕耘劳作，换来稻谷飘香、硕果累累的时候；一位作家，当他的作品为世人所承认、关注和喜爱的时候；一对恋人，当他们偎依在花前月下，两心之间达到和谐沟通的时候；一位志士，当他投身于火热的激流之中，为崇高的理想和目标贡献热血和青春的时候……都会由衷地体验到欢欣、自豪、惬意、满足。这些都是幸福的内心体验。这种幸福状态的展现，既是享受中的愉悦，也是创造中的欢欣；既是追忆中的情趣，也是预想中的胜境。

幸福观是与义利观直接联系的。人有物质方面的欲求，又有求知、爱美、道德、创造等精神方面的欲求。幸福成为对欲求的满足状态。如何解决物质欲求与精神欲求的关系，会导致截然不同的幸福观。在现实社会生活中，对于幸福，有两种相互对立的观点：一种观点是从个人利己主义着眼，认为个人利己欲望得到社会的肯定，如获得财富、权力、名望、地位等，就是幸福。另一种观点是从个人与社会统一出发，认为幸福固然包含着社会对个人需要的满足和肯定，但更重要的是，人追求的社会价值目标和事业在自我实现的活动中得到社会的肯定，通过自我被肯定而肯定自我为之奋斗的社会理想和社会事业。

那么，怎样评价不同类型的幸福观，怎样才能获得真正的幸福？我们的回答是必须以正义为尺度，以正义为途径。

正义是一个复杂的社会观念系统。与幸福相比，正义更在于社会价值的公共合理性、公平和正确。在人们都追求幸福的情况下，正义发挥着更高层次的协调、引导和制约的作用。孟子说的"得道多助，失道寡助"反映了正义的观念成为人心所向时，会对社会的价值选择起决定的作用。

就其本质而言，正义在于对社会利益关系的合理确定与整合。一个社会中的行为既有互相冲突，又有互相一致。因为社会合作比单个人独自努力更能产生美好的生活，所以有利益的一致。因为每个人都关心他们合作的收益如何分配，为了选择最好的分配方式，所以产生了一些原则，这些原则是社会正义的原则：它们提供了在基本的社会制度中分配权利和义务的一种方式，它们限定着社会合作的利益与负担的适当分配。

正义是在满足人的物质利益和精神利益的基础上实现的，因此便有必要对人的利益加以考察分析。显而易见，片面追求个人利益，忽视和排斥他人和社会的利益，不是正义的内容。18世纪的资产阶级启蒙思想家在"自由、平等、博爱"的口号下，尽情宣扬个人利益神圣不可侵犯的理念，曾经给予人类社会物质生产力的发展以巨大的精神推动力。然而，它未能最终将人类引向正义之路。互相压制、互相摧残、互相为敌的社会现实，告诉我们必须着眼于大多数人的共同利益去寻找正义之途。

什么是通向正义之途？

正义最终要落实到人民群众的根本利益上。正义既不是悦人耳目的天堂之音，也不是抽象空洞的神圣字眼，它植根于现实的、历史的社会土壤之中，这个广沃的社会土壤便是人民的根本利益。只有人民才是历史评价的真正主体，只有人民的利益才是唯一神圣和正义的。奴隶社会的严酷制度被揭竿者埋葬，封建秩序的森严壁垒分崩离析，资本主义"一切人对一切人的战争"终要结束，无一不是违背人民根本利益的结果。

人只有在追求正义、维护正义的过程中，才能得到真正的幸福。只知追求个人的感官享受和自我陶醉，不能称得上是真正的幸福。赫拉克利特曾经对持这种幸福观的人进行了辛辣的讽刺："如果幸福在于肉体的快乐，那么应当说，牛找到草料吃的时候是幸福的。"一个人只有立志为人民利益和社会进步进行斗争，在自我实现中创造和享受人生的真、善、美，体验人生的价值和意义，才会有真正的幸福感。在开拓、奋进的创造者看来，幸福在于经过奋斗，战胜艰难困苦，体验人作为美好世界的创造者的崇高感、自豪感和成功感。

善无止境

在我国的古代神话中，记载着一个悲壮的故事：体魄矫健的夸父一心向往光明的太阳，他开始朝着太阳奔跑。就在他即将达到目标的时候，劳累、炎热、干渴终于使他倒下了。他的血液和汗水化作了湖泊，他的拐杖化作了茂密的森林……

人类对善的需要与渴求，就如神话中"夸父逐日"般执着。

善是一种崇高的人生活动。亚里士多德说，一切事物追求的目的就是善。功利与道德的辩证统一，正义与幸福的有机整合，都是人类在追求善的活动中的具体表现。正像人生的丰富多彩、纷繁变幻一样，人们追求善的活动也具有形式上无限多样、内容上无限发展的性质，也就是说，善无止境。

首先，人类对功利和幸福的追求无止境。每个人作为有血有肉的生命实体，从脱胎伊始到谢世长辞，他必须都时时刻刻有物质资料可供消费，借以维护自身生命的代谢，维护自己的生存和发展。个体如此，整个人类社会也是如此。社会的物质利益在历史长河中是一个不断发展的动态系统。从利益主体来说，在社会演进过程中，奴隶、奴隶主、地主阶级已经从历史上消失了，他们的物质利益也成为历史的陈迹。与此同时，新的主体及其物质利益却产生了，如资产阶级物质利益与无产阶级物质利益的崛起和发展。从利益对象来说，在社会演进过程中，从茹毛饮血到现代化消费，物质资料经过了由粗糙到精细、由简单到丰富、由低水平到高水平的历史发展过程。物质利益的发展程度是社会进步的一种标志，从一个侧面表征着社会文明发展的水平。无限发展着的人类历史将使物质利益具有发展的无限性，这是一种历史的必然现象。在物质利益的基础上产生的幸福，必然也将伴随着人类追求社会功利和道德文明发展的过程，呈现出多样性和无限性的特征。作为一种人生现象，幸福既与人的心理、生理基础有关，同时也体现出其社会性的本质。它的内容、范围、表现形式及实现方式等，都由物质生活和文化发展状况决定。不同历史时代的人对幸福的体验有不同的历史内容和历史特点，现代人对幸福的体验和要求与古代人是不能同日而语的；未来社会关于幸福的内涵，毫无疑问比起现代社会要丰富得多、深刻得多。

其次，人们对道德和正义的追求无止境。我国先秦思想家荀子说："水火有气而无生，草木有生而无知，禽兽有知而无义，人有气有生有知，亦且有义，故最为天下贵也。"道德和正义是人类摆脱野蛮、愚昧，走向文明、发展的重要标志，同样也是促进社会进步的有效武器和手段。人的本性在于不仅需要物质的丰硕，而且需要灵魂的充实。只要有可能，就会竭力追求高尚的精神需要的满足。精神需要是人对他的智力、道德、审美等方面发展条件需求的反映。只要有人的存在，有社会的存在，便会有精神需要的存在。对道德理想和人类正义的需要，是人的精神需要的核心内容之一，因此对道德理想和人类正义的追求，便构成人类生活和社会发展的重要支柱和内容。从社会发展的过程来看，新的道德是在旧的道德的内部滋生和演化出来的，又是对旧道德的批判和否定。可以肯定地说，随着社会生产力的发展和人类主体意识的不断提高，道德在社会生活中的作用将越来越自觉，道德的内容也将越来越丰富。作为道德理想最高标志的正义，也同其他道德理想一起对人类社会的物质生活和精神生活产生影响和作用。在人与人的关系中，追求正义、维护正义，是为了摆脱社会关系对人的压抑和伤害，消除人与人之间的矛盾、隔阂和冲突，全面地实现人的价值和尊严，创造一个充满信任、爱和友谊的善的社会。因此，只要有人的关系存在，便有正义存在的意义；只要有人的发展，便有正义的发展。

最后，功利与道德、幸福与正义的统一和转化无止境。人类社会的发展总是在社会矛盾的对立、统一和转化中完成的。人类追求善的活动也是如此。人类对功利和道德、幸福和正义的追求，必然伴随着对道德的认识；人类对幸福的渴望，必然包含着对正义的探索。任何片面的理解和追求，都不会将人类引向善的道路，促进人类社会的文明与进步。相反，只会导致社会的分裂、变态和畸形发展。功利是道德的基础，没有功利，道德便失去生存和发展的空间和土壤。幸福是正义的归宿，人类的正义在于实现人类的幸福。反过来，道德又是功利的保障，没有道德的规范和引导，就没有社会功利的真正实现；正义也是幸福的前提，离开人类正义的所谓"幸福"，只能是少数人的作威作福和自我满足。人类追求善的活动就是这样：它是功利和道德、幸福和正义不断统一和转化的动态过程。人类正是在这种无限的统一和转化过程中，实现着社会的进步与文明。

人是生理的、职业的、情感的、经济的、政治的、道德的、审美的人，是有丰富需要的全面发展的人，追求未来是人的一种本性。人在追求中发展了自己，又在发展中产生新的追求。人们追求的目的和理想是实现完善的世界、完善的人，然而善是永无止境的，人生的意义就在于在善的追求中，既创造社会又改造自身，从而实现物质的丰富、精神的充实、正义的力量、幸福的辉煌。

三、美和自由

"美"即审美价值，是在真和善的基础上达到的更高境界。在生活中，我们常常能够对真的、善的事物产生美感，虚假和恶劣的事物只会使人觉得丑。但真实和有益本身并不一定美。美感是人超越了被动的反应和功利的计较，在发现并体验到了自己生活中积极的、健康的、充分的和谐和自由的情况下，才会有的一种高级的满足感和自由感。

美感是一种主体化的状态，它产生于人的审美需要的满足。审美需要是人特有且随着人的发展而越来越显现其意义的高级需要。审美需要表现为人对现实功利之上的更高境界的需要，其实质是人对实现自己自由创造能力的需要。人以任何事物为对象的追求，包括改造自然、改造社会、制造一切产品和工艺品、丰富和完善人自己的生活在内，在实现具体的功利目标的同时，也都可以产生美感，获得审美价值。美不美的关键在于人是否能够通过它们自由地、能动地创造自己的生活。所以，作为一种价值，美和美感的特殊性就在于人的审美需要及其满足是非功利的、无私的，是对自由的一种感觉和体验。

美是对真和善的发现

美是这样一种境界：人从对象那里充分体验到人生的意义和乐趣、生活的健康和积极内容、人的自由和创造的力量，主客体达到高度的统一和谐，并使人感到身心舒畅和无私的愉悦。

有一则有趣的故事：梅亚贝尔是法国19世纪著名音乐家。有一天，他为一点小事和妻子争吵起来。他认为，那并不是什么重大问题，不希望再吵闹下去，但也不愿意向妻子求情。为了使自己镇静，他在钢琴前面坐下，弹起友人肖邦送来的《夜曲》。琴声悠扬，他沉醉在乐曲的情感氛围里。不一会儿，原先怒气冲冲的妻子也被优美的旋律吸引，一步一步地走到钢琴旁边，在十分激动的情绪中，她忽然忘情地抱住丈夫，热烈地亲吻起来。

瞧，美感愉悦的阳光，就这样驱散使人压抑沉闷的阴霾，平息燃烧在心房的怒焰。在这里，实现情绪状态积极转化的关键，是审美者对理想生活的渴求和对高尚情感的依恋。情绪波动，心境不佳，可以说是人在所难免的事。然而，只要上述渴求和依恋尚未泯灭，人就不会永远沉湎于消极的心境中。因为富有魅力的美会唤醒人的超越意识，从而促使失调的心灵趋于正常，回复到和谐有序的状态。

美的形式是无限多样的。从门捷列夫的元素周期表，到米洛的维纳斯；从人类改天换地的生产劳动，到美不胜收的音乐歌舞；从旖旎秀丽的自然风光，到光彩照人的舞台形象；从惬意可心的居住环境，到韵味无穷的文学佳作……"真美！"当你发出如此赞叹的时候，大约不曾意识到自己的全身心正进入一种自由的状态，这便是美的魅力。当你"被赏心悦目的、诗意的魅力环绕着"，美"以迷人的微笑吸引着人的整个身心"，它使你沉浸在忘我的境界中，使你的内心得到了净化、思想得到了陶冶。这种内心感受，固然不同于喝醉酒时的腾云驾雾、神志不清，却和品咂佳酿产生的喜滋滋、乐陶陶、自由自在的味道有些相似。

美的魅力究竟来自哪里呢？来自对世界、人生真善的发现，来自生活的热爱、信赖和追求。大家恐怕都对美国小说家欧·亨利的《最后一片叶子》有深刻的印象。那位患肺病的姑娘琼西几乎已经病入膏肓。她把生存下来的信念维系在窗外的常春藤上。这是一棵老极了的常春藤，秋天的寒风把藤上的叶子吹得只剩下几片。琼西念叨着："那最后一片叶子掉下去，我也要摆脱一切，随之而去了。"又经过漫长一夜的风吹雨打，那常春藤（由于一个令人感动的原因）还挂着最后一片叶子。又过了一天，那片叶子仍然在那里。琼西感动了。她从这具有倔强生命力的叶子身上汲取求生勇气，几乎已随身体一起躺倒的精神也重新振作了起来。绿叶的生命和生命的绿叶是息息相通的。这就是美陶冶人、塑造人而造就的奇迹。这耐人寻味的故事说明，美感陶冶人、塑造人，取决于人与美、主观与客观两种力量的呼应。当人们沉浸在健康的、积极向上的美感氛围之中时，内心所体验的是风发意气、激扬斗志、振奋精神等自由创造的喜悦。此时的审美意识，是消极情绪、低级趣味和其他私欲杂念不可渗透的。

美是享受自由

人在美中享受了自由，恐怕才是美具有无穷魅力的真正的、最深刻的原因。弗里德里希·席勒在他的《审美教育书简》中认为，实现自由的必由之路不是政治革命，而是审美教育。他说，只有"通过美，人们才可以走到自由之前"。这话虽有些迂腐，但不乏启迪。

美与自由存在着内在的一致性。一方面，只有在自由的前提下，才能感受到美的存在。美作为主体与客体的统一，是在真、善的基础上实现的更高层次的主客体统一。人通过自己的创造性活动，把人的本质力量赋予对象，使客体体现出主体的智慧、力量、才能、个性等，是创造美的过程的秘密。人不单纯以消费的姿态对待客体，还以审美创造的姿态对待客体，从客体中直观自己、欣赏自己的能动本性。当主客体的统一受到阻隔，客体"作为一种完全异己的，有无限威力的和不可制服的力量与人们对立着"的时候，也就是说，当人受着盲目必然性的支配的时候，无法体现出人的力量对客体世界的支配和改造，那么这时的客体对象在人们的心目中就只能是恐怖而丑恶的。古代神话中的"后羿射日""精卫填海"反映的，就是原始人把太阳、海洋当作丑恶的对象并进行诅咒的。正是在这个意义上，有人认为，在环绕着我们，并且仇视着我们的自然界中是没有美的。

　　个人私欲的制约和束缚，也会抑制美感的产生和发展。一个忧心忡忡的穷人迫于生活，实用观念会强一些，他整天关注的是地里庄稼的收成，而对蓝天、彩霞、青山、绿水的美则视而不见。有一则逸闻说，一位卖菜的农民甚至不情愿拿面前待价而沽的几棵白菜去换取齐白石主动提出要换的一幅亲笔国画（画上是几棵"假"的白菜）。可见，只有从"必然王国"走到"自由王国"中来，认识或掌握了客观事物的运动规律，把客体对象原来那种"异己"关系变成"为我"的关系，在客体对象上打上人的智慧、才能、情感和创造性想象的烙印，真正使客体成为人对自由观照的对象，也只有彻底摆脱了狭隘功利性的羁绊，这时人们才会真正地感知到美的存在。

　　另一方面，在美的世界中，人们真切地感受到内心的自由。在美感的世界中，人们更真切地感受到超越功利的洒脱和充分体现人的智慧、力量、才能、个性等本质力量的自由。前文曾经谈道，当人们沉浸在美感氛围之中时，内心所体验的是自由创造的喜悦。这种自由创造的喜悦，首先表现为对狭隘功利的超越。在审美过程中，纯真的美感往往会使俗念俱消，个人的实用观念会暂时被抛弃得干干净净。审美者情不自禁地会用审美的眼光去观照生活的诗和诗中的生活。这种导向源于精神需要满足的超功利性的审美心理，是动物不可能有的。高尔基说得好："人按其本性就是艺术家，他随时随地都竭力想使自己的生活美丽。他想要不再做那种只是吃吃喝喝，然后就极无意识地、半机械地生产子女的动物。"这里再直率不过地指出了美感是对"饮食男女"的超越，是对物质需要的超越，是对个人狭隘功利性的超越。

　　因此，这种自由创造的喜悦又突出地表现为人可以在美的世界中充分展示自己。人可以在美的世界中自由创造，自由地抒发内心的情感。

人类通过自由的创造性活动，既创造了客观世界，又改造了主观世界；既创造了美的客体，又创造了审美的主体。中国的万里长城、巴比伦的空中花园、埃及的金字塔、欧洲的哥特式建筑等，它们都是人类智慧的结晶。反映这种结晶的古希腊神话和史诗，如巴尔扎克的《人间喜剧》、达·芬奇的《蒙娜丽莎》、曹雪芹的《红楼梦》等，无一不是人类创造的百花园中最美的奇葩。它们的美来自人面对现实可以自由地联想。人们依据自身现实的情感与理想力在美的境界中尽情遨游的时候，可以把事物的某些特征和人的某些趣味和理想联系起来，给以丰富的联想，在有限的对象物中获得了无限的乐趣。

这时候，人超越了狭隘的功利束缚和世俗的各种纠葛，从客体中看到了自己的创造性主体能力，看到了梦想转化为美好现实，精神倍感鼓舞和喜悦，思想受到启迪和教育，道德情操得到陶冶，内在心灵得到净化，整个精神境界得到升华，人欣喜无限、如醉如痴，处于高峰体验的状态中。这是一种主体与客体在情感上高度和谐、统一的境界。

通向自由之路

深入思考美的真谛，将启示我们如何去追求美、实现美、创造美。

"爱美之心人皆有之"，然而未必人人都知道美在哪里，未必人人都能得到美、享受美。终日以美酒佳肴填充于内，华服珍饰包装于外，是否就充分享受了生活之美？家资巨富且附庸风雅者，凭借金钱的力量就可以买进一切，将世间精美之物都据为己有，这样的人是否就占有了人间的"美"？不顾条件，破坏环境，极尽豪华奢侈之能事，大建仿造古董式的人工景观，其用意却仅在于赚钱，这能不能算作"创造了美"？……许多类似的现象让人深思：我们究竟到哪里去寻找美、追求美，怎样才能发现美、实现美、创造美？

想一想就会知道，美的享受绝不在于物的占有，而恰恰要求人的升华、心灵的升华。要想发现、创造和享受世界的美、生活之美，根本的条件是人自己之美、心灵之美。我们要创造美的世界和人生，就要首先塑造美的心灵。

美的心灵，总的来说是指达到了一定"自由"的心灵。更进一步具体地说，是指在健康心智的基础上，树立了一定科学的信念、真诚的信仰和崇高理想的心灵。

一般来说，"自由"是指人、主体的充分自我实现和充分发展的状态，即人能够依据自身和外部世界的必然性来支配自己和外部对象，使之在体现和发展人的能力方面达到高度的统一与和谐。自由包含"真"（真知与信仰的统一）、"善"（功利与道德的统一）、"美"和它们的统一。自由的实现是人在思想和实践上实现真理与价值高度统一的历史过程，是一个不断发展的进程。人类在依据自身和外部世界的必然性来支配自己和外部事物、不断改造世界和改造自身的过程中，才能获得越来越广泛的自由。

而"达到了自由的心灵"，则是指把握了现实而又能够超越现在，通过把握现在而去创造未来的那样一种精神境界。这种境界显然不是轻易能够达到的，它绝不等于任何"爱怎样就怎样"的胡思乱想和不负责任的随心所欲，而是需要有科学的武装和坚强的意志，需要同一定科学的信念、真诚的信仰和崇高的理想联系起来。

庄子在《逍遥游》一文中，用十分生动、引人入胜的比喻论证他的观点。他说，大鹏乘着六月的大风，击水三千里，扶摇直上九万里，从北海飞到天池，比起那些翱翔于蓬间的小鸟，可以说飞得高而远了。那个超凡入圣的名叫列子的人，能驾着风飘然起飞，与靠两条腿走路的人相比，是何等的轻松自在！可是，能说大鹏和列子是自由的吗？不能，因为无论是大鹏或列子，他们的飞行都需要风，都有所凭借或依托，这就是"有待"，即受到外物的限制。因此，在现实生活中，人总是不自由的。那么，哪里才有这种不受任何限制的自由呢？庄子说，这种自由就在那个天上人间都不存在的"无何有之乡"——虚无缥缈的玄想之中。

且不论庄子的思想倾向如何，他的《逍遥游》却是反映了两千多年前，人们得不到自由而渴望自由的思想。向往自由，追求自由是人的本性和类特征。然而，怎样理解自由，进而怎样获得自由，却是必须首先解决的根本问题。

自由和自在彼此有关，但不是一回事。自由是特指人享有的一种境界，不是指自然的自发的状态。就人来说，自由也不是先验的世界秩序，不是人的抽象的精神活动，自由是人的实践—认识活动的状态。它是具体的、历史的，是随着人类掌握客观真理的发展，随着人类获得和创造价值、实现自我发展的能力不断扩展而逐步生成并扩大的。恩格斯说："最初的、从动物分离出来的人，在一切本质方面是和动物本身一样不自由的；但是文化上的每一个进步，都是迈向自由的一步。"

人由于受到不以意志为转移的客观需求，如吃、穿、住、用等的驱使，不能不行动，不能不劳动。从这一点来看，劳动意味着人的不自由。但是，自由不是凭空产生的，而恰恰是以不能绝对自由为前提，通过把一定的不自由转化为具体的自由才产生的。《庄子·养生主》讲述了一个名为"庖丁解牛"的故事：一位名厨为文惠君表演剖牛，但见他以娴熟的技巧，仅在几分钟内，便把一头庞然大物的骨头悉数剔除，整个过程干净、利落，并且富有音乐般的节奏，给人以美的享受。更为奇妙的是，剔掉骨头的牛竟然宛若活物，使文惠君叹为观止。于是，文惠君向这位名厨询问其故，对方回答说，这是集我多年的实践经验所得啊！牛的各骨节间都有间隙，用薄而锋利的刀子顺其间隙而下，便会游刃有余。别人剔牛时，不懂得这个道理，横砍硬割，所以时间不长便要换刀，而我使用的刀子，已经用了19年，剔的牛数以千计，刀仍像刚磨过般锋利。这个故事说明，只有在生产劳动过程中，人们才能够逐渐获得并把握自然事物的客观规律和必然性，从而达到"只以神遇，不以目视"，随心所欲、游刃自如的自由境界。

马克思说："自由不在于幻想中摆脱自然规律而独立，而在于认识这些规律，从而能够有计划地使自然规律为一定的目的服务。"这就像游泳一样，水的本性体现着外部世界的必然性和规律，人的呼吸、活动机制本身体现着人的必然性和规律。游向彼岸是游泳活动的目的。人通过调节自己的动作和呼吸服从水的本性，同时也驾驭了水；水在为人服务的过程中也改变着人。完成游泳的过程，达到目的，才是获得自由。假如下不得水而只能站在岸上，或者一下水就要被溺，这些虽是自在，不是自由。

所以，自由作为人自己的获得的状态和境界，意味着人自己的超越和发展，绝不是仅停留在现有水平上。中国老百姓早就悟出了这个道理，故有民间格言说："成人不自在，自在不成人。"按照马克思主义的方式来解释"成人"，是指人的全面发展。自由在于人按照自己的面貌成功地改造世界和发展自己。人自己的面貌如何，自由的特征和水平也就如何。人的全面性越充分，自由的程度也就越高。

马克思指出，人的全面性并不是现成的、"自在的"。他说，当历史使人的全面发展成为目的时，"在这里，人不是在某一种规定性上再生产自己，而是生产出他的全面性；不是力求停留在某种已经变成的东西上，而是处在变易的绝对运动之中"。也就是说，仅停留在从旧社会而来的、已经形成了的个人需要、才能、享用和社会生产力、社会关系、价值观念等的现有水平上，实现它们的满足和发挥，还不是个人的全面发展。要发展，还必须以新的尺度和规定性，根据客观世界发展的新的要求来全面提高个人自己。在历史现阶段，个人的全面性是要生产出来、创造出来的。因此，个人的全面发展的实质是要每个人按照自然界和社会前进发展的客观规律全面地改造自己，丰富自己的需要，提高自己的能力，抛弃过去造成的一切鄙俗的享受趣味，从而成为面向未来的新人。

　　当然只有彻底消灭了人与人之间的对抗关系，把人从物的限制、束缚、压抑下解放出来，"把人的世界和人的关系还给人自己"，使人真正成为自己的社会关系的自觉创造者和主人，才会有真正的全面发展。在这样的境界中，"每个人的自由发展是一切人的自由发展的条件"，每个人最终成为全面发展的人、完整的人、完美的人、自由的人。

　　生活是一个五彩缤纷的世界，它是一个真与假、善与恶、美与丑盘根错节、相互交织的世界。也就是说，生活是由真、善、美的正价值与假、恶、丑的负价值共同组成的既对立又统一的价值系统。化丑为美、止恶扬善、去伪存真，既是人现实生活的实际内容，也是人生意义的根本所在。爱因斯坦说："照亮我的道路，并且不断地给我新的勇气去愉快地正视生活的理想，是善、美和真。"对真或善或美的追求，都不是单纯的一种追求，它内在地包含着对真、善、美的全面追求。人们在这种全面追求的过程中，充分实现了人在对象世界的自我肯定，日益创造和扩大自己的自由。

　　关于自由的思考和探索，也许是整个人类历史的永恒的话题。但是就我们每个人来说，它又是那样切近而现实。

　　我们身边的、生活中美的追求和创造，就是自由的一次次实现。而要能够不断主动地达到和体验自由，我们只需从解放自己的心灵——让它站在"真"和"善"的基础上，不断超越那些压抑人的自由和创造性的束缚——开始，不断地塑造出自己心灵的美。

第九章
评价及其标准

古希腊哲学家苏格拉底有一句名言："德性即知识。"大意是说，一个人要想做个好人、善人，要想行善，那么先得知道什么是好、什么是善，知善是行善的前提。当我们面对一些具体的人、一件具体的事，要决定一个具体的行动时，首先就要对价值进行具体的评定和估计，以了解整个事情有没有意义、有什么利弊得失、有多大价值，从而决定该怎么办或不该怎么办，这就是评价。

一、评价的秘密

评价，即评定、判断、估量、比较价值，是人把握价值的主要精神形式。评价主要是解决"知好知坏"的问题，但它的具体过程不仅是一个"知"字。

说不尽的"态度"

人对事物的评价，总是这样或那样地表现为人对事物的态度。而一定的态度，又参与了人们的评价，影响着人们的评价。

在我们的意识和精神活动中，实际上存在着两类不同的东西：一类以"知识"为代表；另一类则可称之为"态度"。知识是对一定对象的本来面目和规律的描述，如"地球绕太阳转动""人类是从类人猿进化来的""这朵花是兰花"等，这些都是知识。态度则是由主体的欲望、兴趣、爱好、情感、意志等构成的，体现主体价值意识状态的精神活动。

在日常生活中，我们每个人都在每时每刻形成着自己的态度，表现着自己的态度，有时也反省自己的态度。我们喜欢一定的事物而厌恶另外的事物，愿意一些东西存在而不愿意另外的一些东西存在，希望一定的人或物以这样的形式存在而不希望他（它）以那样的方式存在。我们会说，"要是……的话，那可就好了""我真该如此""这个人太不像话了"等。这些话就表达了我们的态度。

人们的态度有多种多样的内容和多种多样的表现形式。从内容上看，由于主体的需要是多方面的，每一种需要的即时状态又不一样，各种需要的层次、地位、强烈程度等各不相同，再加上客体的多种多样性，就造成了人的兴趣、偏好等随时区别。不仅不同的人对同一事物所持的态度会有不同，就是同一个人在不同时间地点条件下对同一事物的态度也会不同。此时喜欢的，愿意它如此的，彼时可能就不喜欢，希望它改变或消失。

态度的表现形式更是多种多样。人们可以用语言来表达一定的态度，如"我不反对这么做""我认为这么做是很不道德的""你这身衣服太漂亮了"等。也可以用非语言的动作、表情来表达一定的态度，如拍手、摇头、开怀大笑、手舞足蹈、无言的蔑视等。一般来说，一定的态度总是要表达的，并且迟早总会表现出来的。即使一些人老谋深算，很能控制自己的表情和语言，所谓的"藏而不露"，不动声色或口是心非，最终也会通过一定的行动来表现出他的真实态度。

人在长期的生活和实践中，受着文化传统、风俗习惯的熏陶和现实的实践经验（包括成功、失败、受到表扬或批评、得到好处或坏处等）的教育，形成了丰富的内在精神世界。他以此为基础，不仅观察着外部世界，而且在评价着各种事物的"意义"。他感到有意义、有价值的，便对其持有一种肯定的或赞同的态度。反之，则会持否定的、不赞同的态度。在肯定和否定、赞同和不赞同之间，有一个很宽的过渡领域，即平常说的"两可之间"。而在肯定和否定的范围内，又有着一定的层次程度等级，如有时是勉强赞同的"差强人意"，有时则比较赞同，有时是十分赞同。不赞同也有坚决反对、强烈谴责和不以为然等区别。

态度中包含了知、情、意的因素，包含了理想和信念的成分。形成一定态度是非常复杂的过程。但无论怎样，态度也是一种反映，是对价值的反映。虽然说它不像知识那样有着外界的原型，但它有自己的客观基础。因为"价值""意义"虽不是某种客体性的、实在性的具体物，但毕竟也是外界对象的属性同主体的需要之间形成的客观关系现象。尽管同一对象、同一事实可在不同主体那里引起不同的态度，但一定态度的产生和出现毕竟不是纯粹主观随意的。在马克思主义者看来，意识现象无论多么复杂，它总是第二性的，是对事物的反映。当然这是一个能动的、曲折的、辩证的反映过程。态度首先是人的精神状态的流露，如高兴不高兴、满意不满意、赞成不赞成等，而人的精神状态，则是人的现实状态的自我反映，如个人生理健康、社会地位和经历、生活方式和水平、需要和能力等。人的现实状态，从最深处决定着人的精神状态。现实中对人有利或不利、被人接受和不接受的东西，在人的精神上得到映现、观照、反应时，就表现为各种各样的态度。这就是态度产生的一般秘密。正因为这样，态度就有自觉与不自觉之分。例如，见到外国人的所作所为，我们或者有新鲜感，觉得有趣，或者有陌生感，很看不惯，这往往是不自觉的态度，而在与外国人打交道时，心里想着我是中国人，因此要有适合自己身份的表现，这就是一种自觉的态度了。一个工人和马克思对资本家的态度是一样的，但他在具备无产阶级的觉悟之前，就不会像马克思那样高度地自觉。

态度一旦自觉或为人所觉，就有了是非之分。态度"端正"与"不端正"，"态度好"与"态度不好"等，也成了像算术题一样有对错之分的东西。在生活中，对什么事"应取什么态度"往往成为人们关注和争论的焦点。可见，态度本身也是一个独具风光的"别样天地"。

何以"情人眼里出西施"？

说起态度，人们总不能忘记它有一大特征，就是往往很情感化，它似乎并不一定依赖于事实和道理。所以，态度总有很强的主观性。所谓"情人眼里出西施"便是一例。这句话说的是情人对自己爱人的评价，这种评价表现为态度，就是对自己所爱者越看越美，越看越爱看，并不以什么统一的审美标准为转移。为什么会这样？首先因为这里是"情人"的眼睛。

我们从前面的讨论中已经了解，价值作为客体对一定主体的意义，不是客体本身固有的状况，而是客体的状况对主体的意义。这意义总得由主体去体验、去了解、去把握，而主体则是用自己的需要、要求、追求去把握的。评价的这种结构关系，决定了评价者（主体）永远不可能以一种绝对超然的心境来对待客体，他总对客体持有一定的态度，他怀着一定的情感去评价客体。这种情况在任何评价中都是共同的，但在审美评价中得到了最突出的表现。在审美过程中，对象自身的颜色、线条、形状等感性形式固然是基础，没有它就根本不可能存在审美活动。但与此同时，审美主体的情感、趣味和审美态度也十分重要，它才直接决定着审美体验的产生，即美感的产生和评价的做出，绝不是一个简单的刺激——反应的过程，而是一个非常复杂的含有许多环节的辩证过程。主体的审美心理习惯、趣味、喜好等都参与了进来。如果把对象的线条、颜色、形状等看作既已存在的东西，那么主体的审美态度就好比是摄影时的辅助灯光。灯光投射的角度、亮度等不同，显现出来的"形象"，在审美者心中形成的"形象"，也就有了不同，由这个"形象"唤起、引出的审美体验自然也就不同。

懂得了这一点，我们就会明白为什么会"情人眼里出西施"了。因为是情人，已产生了爱情，而爱情往往与在对方身上看到了自己珍惜和向往的东西，在对方那里感到了生活的美好、和谐和温馨分不开。也就是说，对象的"形象"与自己的心灵之间产生了契合、合宜、和谐的关系，所以才会觉得对方是美的、善良的、可爱的。这种态度和情感，又像一面滤镜、一种有色眼镜，它放大了对象的某些方面、某些特征，又掩盖了某些特征，使美的东西美，而使不美的东西淡化和消减。总之，情人眼里看到的，正是他希望看到的，是经过他的情和爱"美化"了的东西。

事情还不止于此。科学家有一项有趣的发现：人在恋爱时，会使体内的催乳激素含量增加，因此使肌肤变得细腻光洁，富有透明感。同时，交感神经兴奋，副交感神经抑制，心率加快，瞳孔放大，脸色泛红等。这些实际上也增加了爱与被爱者的美。这就是说，爱情这种纯洁热烈的情绪，是一种善良而具有创造性的态度，它能创造美！

当然，这里说的是某种特殊的典型化了的情况。现实生活中的评价并非都是这样的典型，有这样强烈的情感色彩和效果。但无论如何，情感态度在评价中起重要的作用则是毫无疑问的。某人喜欢一个人，就会觉得他很顺眼，看到的多是他的优点和长处。而在讨厌一个人时，则会觉得他处处不顺眼，看到的多是他的缺点和短处，甚至会把人家的长处也看成短处。这种情况是我们经常、大量地遇到的，这不过是"情人眼里出西施"的一种普遍化。

从评价态度的表现中，我们可看到它有四大突出特征：

一是主观化。就是说，人们的态度是从主体自己的精神状态出发的，是主体从精神上对待事物的方式。无论什么人对待事物的什么态度，都并不是由对象本身决定的，而是由主体自己的精神状态决定的。对同一事物可以有这样的态度，也可以有那样的态度，由主体自己决定，这就是评价态度的主观性。

二是情感化。就是说，人们的态度总是伴随着人们的兴趣、情绪、意志等因素表现出来的。不论态度以什么形式表达出来，态度总有七情六欲的成分在内。之所以如此，是因为评价是对与人相关的利害、善恶、美丑等价值的反映，它不同于纯科学认识式的客观观照。

三是个性化。就是说，人们的态度总是因个人的情境不同而不同，因主体的情况不同而不同。俗话说："一家十五口，七嘴八舌头。"一家人尚且各自态度不同，一个社会、整个世界就更是如此。所以，从社会上看，对同一类事物的态度总是多样化、多元化的。

四是流变化。就是说，人们的态度总是在变化着的，越是对具体事物的具体态度，其流变性越强。人们对同一事物的具体态度，往往因时、因地、因情境而变化，并非总是保持不变的。喜怒哀乐，阴晴云雨，人的精神活动总是处在这样的流转起伏之中。如果没有这种变化，就像自行车的前把手被固定死了一样，那么人的价值生活在精神世界里就无法进行。

总之，从态度看人的评价活动，看人在精神上把握价值的形式，可以说这是一块属于每个主体在精神上自有的一亩三分地。在这块"自留地"上，人们保持着自己的精神自由，显示着自己的精神特征，同时相互进行心灵的交流和撞击。它在人的精神生活中的作用是很大的，因此对它的深入理解和反思也是非常重要的。

评价，总是说明评价者

人们通过评价来把握价值，产生并表达自己的态度。所以，"态度"代表了评价的一种结果、结论、精神产物。这种精神产物如上所述，具有主观化、情感化、个性化和流变化的特点。既然如此，那么要想理解态度及其规律，就不能仅限于它外在的表现，不能就结果看结果，就态度说态度，否则，态度就会成为一种完全捉摸不清的东西。

从精神上的原因看精神上的结果，从评价的过程看产生态度的原因，就应该找到"态度"背后的东西，这就是评价标准或态度背后更深层的态度。

评价就是对事物"说长道短"。在评价中，人人都说长道短，事事都有人说长道短。那么，这里所说的"长"和"短"是从哪里来的，是对象固有的吗？这就要注意区分"长短"的两种不同所指。例如，到市场上去买布，卖主拿出一块布来量，四尺五寸，就是这块布固有的长短。可一个买主说短了，另一个买主又说长了。前者说短是指不够他所需的长度，后者说长则是指比他所需的要多。很显然，买主们所说的长短既与布本身的长短有关系，可又不是一回事。"这块布是不是四尺五寸"这类回答不是评价，"这块布对于做一件衣服长短如何，合不合适"其回答才是评价。可见，"说长道短"所说的长短，往往是合用不合用、长处和短处、优点和缺点、好处和坏处的意思，是作为价值概念的长和短。

要想弄清这里的究竟，就要弄清楚评价和知识的不同。一般来说，知识只是揭示对象自身的事实，它除了"实事求是"之外，没有别的标准。人们发明了一些标准，如尺寸、时间、划分颜色、层次的标准等，也只不过是为了标志事物自身的情况。而评价则不同，评价必有主体自身需要的标准，即包括兴趣、爱好、选择、态度等在内，这是知识中所不包含的。

在很长的时期内，人们没有把两种不同意义的长短区分开来，没有把知识和评价区分开来，认为善恶、美丑、好坏、是非、利害就像重量、尺寸、形状一样，是对象自身的一种状况、一种性质，所以把评价与认知当成一回事，不晓得、不承认评价中有主观的尺度在内，因此做出了许多糊涂事，甚至荒唐事。

到了今天，人们对这个问题的认识才比较清楚了。价值确实是与重量、尺寸、形状等客体事实不同的东西，它不是事物自身所固有的、永恒如此、对谁都"一视同仁"的那种东西。它是与人相联系、与具体的主体相联系的。既然这样，那么评价的标准，人们用来衡量、判断价值的标准，就必然是一种包含主体在内、有评价者的"我"在内的标准。

对事物的价值说长道短，谈人论事评头论足，褒贬客体的好坏，总是明摆着或暗含着这样一个前提，即"对谁来说好或坏"。这就是评价标准中不可避免的主体性。

在日常生活和说话中，人们常常不说某东西对谁好，而说这东西好（或不好），在一般情况下不省略主体，但仔细分析时主体就会发现，仍然是特有所指：我说什么东西好，总是意味着它对我、对我们、对人来说是好。所以我说什么东西好，大家也都能理解这是什么意思，不必要再去追问到底是对谁好。可在另外一些特殊的场合时，就必须追问这是对谁好，对谁有好处。也有的时候是彼此心照不宣，我明白你所说的好仅仅是对你有好处，或对你们那一派有好处，只是不捅破这层窗户纸。这在彼此利益有矛盾时是常有的事。所以，评价总是说明评价者的立场、角度和偏好。

总之，主体的特殊标准是评价的本质特征。评价，就是主体拿自己的评价标准去衡量、比较、选择事物的价值，像用天平、尺子去衡量事物的轻重一样，不过这里称量的不是事物本身，而是它对人的意义。前面所说的两位买布的买主，就是这样去说那块布的"长短"的。

主体的评价标准也是带有主观性的，也是主体的兴趣、情感等所构成的，也有个性化的特点，也有一定的流变性。但是同评价的结论、结果、态度相比较，评价标准却是更深层、普遍、稳定性的东西。

一个人对某个事物的具体态度，是由他对事物的价值的评价标准决定的。所以，评价标准是比具体评价结论、具体态度更深层的东西。就像一位观众对一场戏剧好坏的评价，他喜欢不喜欢、满意不满意的态度，是由他对"什么样的戏剧好"的深层看法，由他"喜欢什么样的故事和表演"的兴趣倾向和趣味特征决定的。这是评价标准的深层性。

一个人对各类事物的具体态度，往往有他的独特个性，使他对许多不同事物的具体态度之间可能表现出一致性。例如，有人不喜欢通俗歌曲，也不喜欢迪斯科舞，还不喜欢抽象派作品，这些都是由他自己的审美标准决定的。这对于他评价各种审美对象都具有普遍性。这是一种个性中的普遍性，它比在这里不喜欢这支歌，在那里讨厌那场舞会这样的具体态度，更能代表一个人的深层态度和心理特征。这是评价标准的普遍性。

一个人在某个时期内，对具体事物的具体评价和态度可能会变，但是变化的前后有着一定的一致性、一贯性。例如，追求时髦的姑娘，今天喜欢穿这种衣服，明天又觉得另一种款式更美。在这种时装的变化中，可能有一种东西是不变的，这就是"以时尚流行为美"。以时尚为美，对她来说是一种相对稳定的评价标准。这个标准尽管实行起来表现是千变万化的，实际上深层却是稳定的、轻易不会变化的。任何人在任何事情上都有自己的类似的深层标准，这是评价标准的相对稳定性。

二、评价标准的来历

评价标准是评价的主观依据，是人们心目中称量事物价值的"天平"、衡短量长的"尺子"。那么，它是怎样形成的，是头脑自生的吗？它的根据又是什么？

"以司令官的表为准"

让我们从军队中形成的一个有趣的规矩谈起。

在影视作品中，我们有时会看到这样的场面：一场大的军事行动前，各路指挥官集合在一起研究作战部署。当发起总攻的时间定下来以后，在场的司令官抬起手腕，看着自己的手表说"对表吧，现在是 X 点 X 分"，于是大家都把自己的表调整，没有人提出异议。这种场面在真实的军事行动中是常见的。所以在不少军人中流行这样一句半开玩笑的话：

"只有司令官的表才准。"

"司令官的表果真就准吗？"如果有人认真地提出这个问题，显然是误会这里的"准确"二字。平时所说的钟表准不准，是指它的报时与科学精确测定的标准时间是否一致。所指的"标准时间"，可以叫作"事实时间"，是个天文科学概念，而"司令官的表准"，则是指一种价值选择，即"在按怎样的标准计时的问题上要以司令官的手表为准"。司令官的手表走时的情况，成了评价各路指挥员手表走时准确的标准。这个标准与事实时间的标准关系不大，它的真实含义是"保持全军行动在时间上统一"的价值标准。

这种与事实相独立的价值标准是从哪里来的？是来自司令官的权威地位和意志吗？其实，这并不是问题的实质。司令官为什么要把各路指挥官的手表走时也管起来呢？为什么不先去核对一下自己的表是否走时准确呢？这一切都是出于一点：军事行动的条件和需要。

在军事史和战争史上，不乏由于行动时间出现微小差错、不协调一致而造成损失惨重甚至战败的例子。不知经过了多少次的教训，将士们才总结出这样一条经验：战斗打响前要对好表，以保证行动时间统一、衔接准时精确。因为在战场上，一分一秒的误差都可能关系到士兵的生命和战斗的胜败，所以为了保证行动的高度一致和准确，就必须"对表"。至于以司令官的表为准，则不过是一种比较简便易行的方法罢了。其实以某个别人的表为准也是一样，这里需要的只是大家在时间上的共同语言，以保证行动的一致。没有这种共同语言和行动一致，军事行动就难保会按计划进行，就会失去主动权和整个优势。

这个例子中可讨论的内容很多。在这里，我们首先可以从中得到启示，发现评价标准是从哪里来的——评价标准，是人们自己实际需要的反映，是一定实践经验的总结。虽然随着科学技术的发展，这种在现场对表的方式迟早会过时，但是实践的需要决定特殊的评价标准这一根本的道理不会过时，评价标准形成的特殊规律不会过时。

俗话说，"无规矩不能成方圆"，这就道出了社会生活中的规矩、规范、评价标准，是来自社会生活中一定的实际需要和经验。

规和矩原本是两种东西，规是校正圆形和画圆的工具，矩是画方的工具，即方尺曲尺。没有规和矩，就画不成方也画不成圆，更无法确认一个图形是否正圆、是否正方。规矩连称，后引申为法度、规则、标准、规范之意，各种纪律、禁忌、礼仪、程序甚至风俗习惯等也都成了规矩。"不懂规矩"总意味着某种批评、贬斥的意思。

规矩是人们在长期的生活和实践中确立的，也是为了人们能正常地生活而设的。它一经确立并定型化以后，就担任起了"尺度"的功能，具有了某种客观性品格。它在一定意义上是不可违反的东西，违反了就要受"惩罚"。当然这"惩罚"是各种各样的，轻重程度各不相同的。各种规矩反映到人们的头脑中来，就成了评价标准，人们又用标准来评价各种各样的行为和社会性的事物，来调整和指导人们的行为，小至某种游戏中的行为，大至社会集团的行为，都由标准来评价。

规矩有各种各样、方方面面的。有的管做事，有的管做人。每种规矩都有一定的适用范围。一定家庭的"规矩"只能适用于这个家庭、这个家庭的成员，最多包括一些来这个家庭做客的客人，对别的家庭、别的人就不适用。一定民族的规矩主要适用于本民族的成员，对别的民族的成员无约束力。一定国家的法律也是适用本国的公民和在本土从事活动的外国人。某种游戏的规则只适用于本游戏，不能用于其他游戏，也不能用于不参加这个游戏的人。而每一种规矩又都从某个方面来规范人们的行为，又有它的"方面"的范围，也不能乱套。

规矩和人

自从生活中有了各种各样的规矩，人们的日常活动也就有了章法。按规矩做人做事，拿规矩教人知事，用规矩评人论事，世界就变得有条理、有明鉴、有公断，可以减少或避免许多麻烦。

但是任何事情总有它的反面。"循规蹈矩"惯了，人们有时就会忘记或是弄不清规矩是怎么回事，是从哪里来的。有人产生了错觉，以为规矩、规范都是"天地良心"的表现，是在有人之前或随着人出世注定了的天理。

拿道德规则来说，我国古代的孟子就提出，人生来就有向善的本性，具有"仁义之心"。孟子最早提出了"良心"这个概念，"良心"就是"仁义之心"，它包括"恻隐之心""羞耻之心""辞让之心""是非之心"等。这是人们不学而能、不虑而知的"良知""良能"。到了宋朝，道学家朱熹甚至认为有作为"至善"的天命之性。这"至善"的"天理"在没有人时就在了，各种道德规范如仁、义、忠、孝等都是天命之性的具体表现，人人生来就具备这些道德品质，只是由于私情和物欲的蒙蔽而难以显现。在西方的封建社会，教会既管教育又管道德。他们认为，善恶、是非来自上帝的意志，是上帝印刻在人心中的东西。信仰并热爱上帝，一切按上帝的意志去做，就是善、就是道德的，违反上帝的意志则是堕落，就是恶和不道德。

这些都是唯心主义的观点，这种观点颠倒了事情的本末，掩盖了各种社会规则的真实面目。由于这些原本同日常生活和实践活动联系十分密切的东西，越来越加上了抽象的形式，它们与物质生活的联系越来越被一些中间环节隔绝，这种联系就显得越来越模糊了。再经过一些为现存的统治秩序进行辩护的思想家们的有意渲染，规则更加神秘化、神圣化，弄得云山雾罩，使人看不清其真面目。还是马克思主义说得透彻：道德规范和各种评价标准，不论它们在形式上表现得多么抽象，归根结底都是生活和实践，特别是人们经济关系的产物，是在历史的延续中逐渐形成，用来为现实生活服务的东西。在这里根本不存在什么神秘的、永恒不变的"天地良心"，有的只是人自己的知识、认识、利益和追求。

　　从规矩、规范、规则和评价标准的来历，我们可以知道，任何规矩本身都有双重性质和双重功能。一方面，规矩都是人立的。人既可以立规矩，也可以改规矩。立和改，都是人为了自己的生存和发展，为了维持社会生活的一定秩序，为了按自己的方式和需要改造世界。这是"规矩来自人、为了人、服务于人"的一面。另一方面，人立的规矩，代表了人要生存发展于世就要服从的一些东西，人得接受规矩、尊重规矩，遵守一定的规矩。不遵守任何规矩的人就无法为人，也无法做事。这是"规矩外于人、约束人、指导人"的一面。这两个方面对任何规矩来说，都是同时存在、一身而二任的，本质上不能分离。

　　但是，在社会生活中，人和规矩之间却常常会发生冲突。有些规矩似乎只是限制人、约束人，甚至压制人，使人对它望而生畏，极端反感；而有些规矩却似乎只是为人服务，任人朝令夕改，随意破立，规矩摆在那里只是个幌子，人们并不重视和理睬它。这又是为什么呢？原来事情出在"人"上。自古以来在规则问题上，人就有极端的不同的两类：一类是"立"规矩的人，他们有权制定规矩、修改规矩，这些规矩实际上是反映他们的利益和要求、维护他们的生活方式和社会秩序、为他们服务的。所以，他们愿意让大家都服从这些规矩，至于他们自己，如果奉行起来没有困难，他们也尊重这些规矩。另一类则是被规矩所"立"的人，这些人无权参与制定和修改规矩，有权参与的人也不大考虑他们的利益和要求，而只是要他们服从和遵守，否则这个由立规矩的人做主的社会，就不能容忍他们。这些人则往往只感到有些规矩对他们的束缚和压抑，而感觉不到这些规矩对他们的生活有什么好处，所以他们服从规矩也是被动的或盲目的，甚至是被迫的。

　　马克思指出，道德、法律等规范，在阶级社会里从来就是有阶级性的。这就道出了规矩和人的关系的实质，"规矩是什么人的规矩"这样的问题也就明朗化了。革命，总是新一代的人和新一代的阶级去改变旧规矩、建立新规矩。于是，规矩就从"神秘天意"和"永恒法则"重新回到了人的手中，回到了人的现实生活中。在这时，规矩的本质和功能，就能看得特别清楚。

"应该""想要"与需要

从内容上看，任何规范、规则作为评价标准，它们都包含着一层普遍的、共同的意思就是"应该"。规矩就是告诉人们"应该怎样，不应该怎样"。评价，就是拿头脑中的"应该"，即"事物、事情应该怎样才是好的""理想的情况应该是什么样子"等去衡量眼前的对象。所以，人们的评价标准就其内容来说，就是人们头脑中有关"应该"的愿望、想象、信念等。

在这里，"应该"的秘密，首先就是评价者的"想要"。这个"应该"不同于科学和事实预测中的那种"应该"。科学和事实预测中的"应该"是指，按事物本身运动变化的规律，事物会合乎逻辑地出现什么情况。例如，"哈雷彗星应该在七十六年后重新出现""按照正常的速度，飞机应该到达了"等。评价标准中的"应该"则是指，人自己希望、期待、主张、要求、指令事情为什么样子。例如，"帮助弱者是我们应该做的""见利忘义是不应该的""应当信守诺言"等。这里的"应该"就有评价主体"想要"（或"想不要"）的意思。想要的是应该的，不想要、想不要的是不应该的，不曾想要也未曾不想要的则是不知是否应该的。所以，评价标准实际上总是与人们头脑中的"想要"相联系并受后者的影响。

评价标准总是有很浓的主观色彩，那么问题就来了：用这样主观的标准去评价事物，能够可靠、正确、有效吗？事实上，我们经常发现，也经常说：有时我们想要的，并不一定是应该的，而不想要的，也不一定是不应该的。一位大夫对病人说："你应该少吃一些肥腻的食物，这对你的身体有好处。"而病人却说："我想吃肥肉却不让吃，这对我有什么好处?"病人有权自己选择自己的饮食,但医生知道他的"想要"违背了他的应该。这样一来,"想要"和"应该"之间就又有了冲突。

这种冲突,实质上是主体(病人)自己的"主观想要"与"客观需要"的冲突。评价标准确实是主体的价值标准,这一点也不假。但是主体的价值标准也有主观和客观之分。主观的价值标准,即评价标准,是以"想要"为基础,代表"想要"。而客观的价值标准,则是以"需要"为基础,代表"需要"的。

需要不同于想要,它是主体自身客观存在的状况,就像病人的生理和营养状况一样。人的各方面需要,都有其客观的形态和实质。它是不是被人自己意识到,但变成"想要"或通过"想要"表达出来,是另一回事。需要是在人的实际存在、实际状态中存在的。就像病人是否需要吃肥肉,是由吃下去的生理和病理反应来证明的。医生通过科学的考察,知道病人现在非常不需要,而病人自己却不一定知道这一点。可见,想要不一定反映需要,自己认为应该如何,实际上不一定真的应该那样。这就是主观标准与客观标准的区别。

客观的价值标准,不仅包括主体客观实际的需要,也包括主体客观实际的能力。这两方面合起来成为主体的客观价值标准。一个事物对主体有什么价值,最终就由这两方面决定。不为主体所需要,对主体当然就没有价值。为主体所需要,但主体没有相应的能力来接受和转换,也不能形成真正的价值。例如,一个重危病人客观上需要进食,但他没有消化吸收能力,那么硬给他吃东西,不但对他不利,而且对他有害。客观标准起作用的形式,主要不是靠想和说,而是靠实践,靠主体生活的实际过程,靠事实。

在"实际的应该"和"主观的应该"、"需要"和"想要"、客观价值标准和主观价值标准之间,是谁决定谁、谁服从谁呢?答案是很清楚的:是需要决定想要、想要服从需要,客观决定主观、主观服从客观。这种关系，是从根本上、从必然结果上说的。因为事实上，人们主观认为的"应该"和"想要"，多少都是直接或间接地同自己的客观地位、需要和能力等相关的，都是一定实际需要的反映。只不过有时自觉、有时不自觉，有时反映得准确、全面，有时反映得不准确、不全面而已。如果真的知道自己实际上不需要、不能接受，或接受了以后有害，人们一般是不会硬要坚持那个已有害的"想要"的。否则，这样的人如果不是疯子，就是有意自毁自灭的人。执迷而不悟的人，最终是会连"想要"的机会也难以得到的。

所以，对主观的价值标准、评价标准也是可以判断其是非的。这种判断，就是看它是否反映并符合主体的客观价值标准，是否反映并符合主体客观需要和能力的实际。如果同客观标准相一致，那么这种主观标准就是可靠有效的，对主体来说就是正确的；反之，则是荒唐有害的，对主体并不是真正有效的。客观的价值标准，即主体的客观需要和能力，在评价中成为"标准的标准"，它同"实践是检验认识之真理性的唯一标准"的道理完全一致。

三、校准心目中的天平

通过前面的分析可以得知，人在评定价值的时候，起最直接、最关键的作用的是评价标准。评价标准是人们认识价值、把握价值全部活动中承上启下的中枢。"承上"，是指它反映主体的客观价值标准；"启下"，是指它决定并产生具体的评价结论和态度。

因此，我们要学会自觉地、正确地认识和判断价值的本领，就要学会首先校正自己的评价标准，校准自己心目中的"天平"和"尺子"。

"说你行你就行"与"跟着感觉走"

在我们生活中有一种将评价随意化的现象。这就是有意无意地以为，在评价上没有什么客观的、科学的道理、规则、标准可言。似乎"只要

愿意就行""心诚则灵"。反映这种情况的,有一副嘲讽意味的对联:

上联: 说你行你就行,不行也行

下联: 说不行就不行,行也不行

横批: 不服不行

这副对联的本意是批评在识人、用人问题上的官僚主义。但它提出的问题,对于一般的评价来说也有普遍性。

社会生活需要一定的权威。所谓权威,实际上是社会评价主体的代表。在公务活动中,对于工作人员的能力和成绩,领导者要做出评价,而且相对于部属人员各自的自我评价,领导的评价是一种权威评价。领导觉得你行,才会信任和依靠你,提拔和重用你。从这一方面说,确实是由他说了算,以他的评价为准,"说你行你就行""说不行就不行"。不然,权威何在,权威的作用何在?所以,"不服不行"这就是现实。这里的"行",既有"称职""能干"的意思,也有"实行""通行"和"行得通"的意思。

但是从另一方面说,一个人到底有没有相应的能力,工作成绩如何,比别的人行还是不行,又是一种客观的事实。尽管在一些场合、一些条件下辨认这种事实很不容易,但它毕竟是不以领导、经理的意见为转移的。并不是"说你行你就行,不行也行;说不行就不行,行也不行",倒是恰恰相反,行就是行,不行就是不行,以行为不行和以不行为行都是一种错误的评价,以这种错误的评价指导就会做出错误的选择,进而带来不利的后果。诸葛亮曾以为马谡很行,让他为主将去守街亭,结果街亭失守,形势急转直下,诸葛亮也差点丢了性命。诸葛亮后来自贬三级,说自己识人不明,误用马谡。这样的例子多得很。

总的来说,一个人行不行,有一定的客观标准,即客观的价值标准。这个客观的价值标准就是一定社会、团体的实际需要,是它维护生存和进一步发展的需要。一定的个人,他的能力、作风和工作态度等,只有

能满足这些需要时，他才算是"行"，越能满足这些需要，就越"行"，其价值就越大。在这里是有实绩可察、实绩可考的。关键是领导者的评价所持的评价标准，只有符合了这个客观的价值标准和价值事实，才能说是合理的、正确的。否则，即使上级说行，硬要提拔重用，其结果也还是不能"以不行为行"。阿斗终是阿斗，谁也扶不起来。我们这么说有一个前提，即领导者一定是从维护本社会、本团体的利益出发的，是想让本单位、本团体的事业成功、兴旺发达的。如果领导者不是这样，而是拿了别的标准去评人、用人，那自然就另当别论了。

我国家喻户晓的钟馗的故事，便是这种以错误的评价标准论人造成冤案和悲剧的例子。钟馗本是唐朝的一位举人，满腹才华、刚直不阿，只不过长相不够英俊潇洒。皇帝老子拿了选驸马的标准去点状元，虽然钟馗考了第一，可是因为相貌不能令皇帝满意，结果还是名落孙山。钟馗在羞辱之下，愤而自杀了。中国老百姓的眼睛倒是雪亮的，他们在传说中给钟馗任命了个"鬼王"的职务，让他在阴间捉鬼驱邪、造福两界、大显神威。"钟馗捉鬼"这个传统民间故事，可作为"说你行……"那副对联讽刺意味的注解，表达了人民对于在官僚主义面前"不服不行"的一种反叛。

"说行就行"表现了一种对评价和评价标准非理性主义的态度。这种态度有时表现在普通百姓身上，则成为相反的另一极。前几年社会上流行的一句歌词——"跟着感觉走"，就是一个代表。

"跟着感觉走"，有的人认为这是一种个性觉醒的征候，是改革开放和市场经济时代的必然产物。它冲击着在几千年封建社会中形成的为别人而活的旧观念，有个人重视自我、重视自我评价的表现。这样说当然也有一定的道理。确实，对于个人来说，我们过去是太缺乏自我肯定，对自我评价的重要性太不重视了。一个人好不好、行不行，主要甚至完全依靠别人和上级怎么说、怎么看。人们似乎只是在"做人"，做给别人看，而不是在生活。跟着感觉走，在某种意义上就是对这种习惯的一种反动、一种否定和批判。它强调了人生的另一面，以自我感觉为重，自我感觉良好就行，别人怎么说，不必过于在意，不能将别人怎么说作为自己选择和行事的标准和指导。这种情绪或思潮，不能说完全是消极的、毫无道理的。但是，从思想方法上说，"跟着感觉走"与"说行就行"其实是相通的，只不过前者是对自己，后者是对别人罢了。自我感觉是不是自我价值乃至自己社会价值的最终衡器和确证？一个人的价值是否以自我评价、自我感觉为转移，或者说这二者是否就天然一致？答案也是否定的。

一个人对自己的评价和感觉，与自己的实际价值并不是一回事，二者并不是天然一致。一个人的实际价值，包括他的社会价值和自我价值，二者都有其客观的标准，不以自我评价和感觉为转移。别人的评价可能会犯错误，可能会不合理，自我评价同样也可能会犯错误。个人为什么会产生后悔的情绪？就是因为自己当时的某个评价不合理、不恰当，根据这种评价而做出的选择带来了不利的后果。

重视自我评价、尊重自己的感情和体验并没有错，错的是夸大自我评价、自我感觉的作用，错的是完全把它与别人的评价、社会评价对立起来。把自我与社会完全对立起来，其结果是造成自我的封闭，听不进别人的意见，一意孤行，顾影自怜，顾盼自雄，孤芳自赏。这样对个人的发展也是有害的。

"说行就行"和"跟着感觉走"，是非理智、非理性主义评价方式的孪生兄弟。这两句话曾在同一时期流行，它们都反映了现实中在评人论事上出现的心态失衡。其共同特点就是对评价及其标准失去自觉或还未达到自觉。正确地评人论己，应该是让感觉和理智拉起手、自我和社会拉起手、说和做拉起手、评人和论己拉起手来，以一种较为客观的态度进行评价。

要有自信自尊，但不要自欺。有"严于解剖自己"的精神的鲁迅先生，才是我们应该效仿的榜样。

把准星定在实效上

任何偏颇的、主观主义的评价，都是脱离实际的，都是只顾着一时感情上的痛快或心理上的平衡而失去真正的实效的。价值，作为对主体生存发展需要的满足，总是实实在在的。要正确地认识价值，有效地把握价值，就要把评价标准的目标，牢牢地对准价值的实效，这是"天平"的"定盘星"或"尺子"的标准"度"。

实效，是指在实践中形成的实际价值，即所谓"实际效益"。实效是与虚效即"虚假效益"相对立的。实效和虚效的区别在于主体真实的、客观的需要是否得到满足？如果是，那么得到的就是实效；如果这种满足越全面、越充分，那么对这个主体来说，实效就越大。相反，如果满足的并不是主体的真实需要，而是主体并未正确反映自己的客观需要的主观愿望，那么这种所谓的"效益"，就是虚效，即虚假的、仅仅是想象中的效益。形式主义、贪慕虚荣、重名轻实、口惠而实不至、"假大空"、"花架子"、哗众取宠、自欺欺人等，都是追求虚效的典型。

实效和虚效的区别，并不在于有没有主观的愿望和追求，而在于这些主观的愿望和追求是否同客观的需要和实际相一致。有人误以为，实效仅仅是指物质的、经济的实利，只有这些方面的效益才是"实惠"，而精神、政治、道德、文化等效益，则统统是虚的。其实，人的客观需要不仅有物质的、经济的，也有精神的、政治的、文化的等。满足精神方面的真实需要，也是实效。人的求知需要、道德需要、审美需要，以及理想需要、信仰需要等，若不能得到及时的满足，人在精神上的发育就会受损，人的精神生活就会变态。如果这些方面的精神需要同人的社会存在及其发展相一致，那么它们都是客观的、必然的需要，都是实实在在的需要，不能把它们一概看作虚的。只有当这些方面的精神需要同客观现实相背离时，它们才是虚的、不能实现的、无益的。所以，不应把"虚"和"实"同"精神"和"物质"混为一谈。

把评价标准的目标对准实效，也就是让主观的价值标准自觉地建立在客观的价值标准之上，自觉地让主观标准反映客观标准，让"想要"服从"需要"，观念的"应该"符合实际的"应该"。一句话，就是"实事求是"。要做到这样，首先就要深入、准确、全面地认识自己、了解自己。人们对自己的现实存在、社会地位、真实需要和实际能力等有什么样的自觉，就有什么样的评价标准。自觉程度越高，评价标准就越可靠有效，自觉的内容越是全面完整，评价标准就越是稳定一贯。

通常在把握评价标准时，最容易发生的一个失误就是"主体不到位"或"主体不明"。究竟以谁的利益和需要为标准，追求对谁的效益和价值？这个看起来不应成为问题的问题，在实践中却常常被模糊。大者如评价改革：究竟以使谁获益为衡量改革成败的标准，是广大人民和有功于祖国强盛的人，还是少数在旧体制下获取既得利益的人？这里就有尖锐的矛盾。不认准这一点，这个评价标准就不可能科学、一贯。小者如"找对象"：青年人寻觅配偶，究竟是以同谁合得来、让谁满意为标准？是自己，还是父母家庭、亲戚朋友及上下级同事等他人？这里就有一定的难处。有些人以"拿得出去""面子上好看"等为标准，恐怕就是以别人的眼光和需要为标准了——他不是在为自己找生活的伴侣，而是在找可以献示于他人的礼物。

容易发生的另一种失误，就是对主体自己和自己的需要、能力等，做了过于狭隘、失实的估计，"目无全豹""眼高手低"。把某一方面的需要，即使这是真实的需要，当成全部，也会使评价顾此失彼，"捡了芝麻，丢了西瓜"。只从需要出发，不顾自己的能力，好高骛远，心劳日拙，结果也不能正确地判断好坏得失。在社会发展评价中，经济、政治、文化、教育、生活、国际关系乃至自然环境等方面的综合指标是不可少的；在发展目标的规划中，关于社会需要、人力物力资源等国情和国力的综合平衡，也是不可少的。"综合原则"是制定正确的、实实在在的评价标准必须遵循的原则。

还有一种容易发生的失误，就是僵化地看待现实、看待主体的需要和能力、看待环境和条件。头脑僵化，目光短浅，没有发展的眼光，只看到现在，看不到昨天和明天，用眼前代替长远，这样评价事物也必然导致脱离实际，在发展变化面前丧失实效。有些眼前看起来很需要、很重要的东西，在长远看来可能无足轻重，而有些眼前看来无足轻重的东西，可能随着社会的发展越来越重要。没有对主体、客体、环境和条件发展趋势的洞察，没有"人改造世界"的长远眼光，这样的评价标准也会失准。所以，一种注重实效的评价标准，应该是一种开放的、发展的标准，包括标准本身随着实际情况的改变不断地更新和发展。

"公理""婆理"与公论、公道

价值的主体性、主体的多样性，决定了评价的主体性和评价标准的多样性。我们在前面讲的要讲实际、求实效，用价值标准来核正评价标准和评价，是就每一个独立的主体本身来说的。而在现实生活中，主体并不是单一的。于是，越是讲实效就越会出现一个问题：多个主体间的评价标准能否统一、如何统一？

俗话说："公说公有理，婆说婆有理。"对于同一个对象，"公"有一种评价，"婆"是另一种评价，彼此都说自己的理是真理，彼此都不服对方的理。为什么会这样呢？原来"公""婆"双方各有自己的一套标准，而且这些标准也往往是同他们各自的实际相一致的。遇到这种情况该怎么办呢？人们自然的想法，就是寻求统一的评价标准，想要找一个客观的、统一的、绝对的尺度和标准。如果找不到，就强行制造一套标准，规定人们必须照办，或者按有关的多数人的意见办。强行制造和推选一套标准，这种方式在许多国家都实行过，并在很长时间内占统治地位。

所谓"以圣人的是非为是非""以圣经的是非为是非"就是这种情况，但后来就越来越行不通了。

"公"与"婆"，我们常常把它们作为不同个人的代名词，其实它们不光是代指不同个人主体，也可以代指不同的群体主体、民族主体、国家主体。在这样的主体层次上，要想长久做到"一言定乾坤""一手遮天"，显然是办不到的。代之而起的是理性的处理，即以有关的大多数人的意见为准。这就是所谓的"公论"。在众说纷纭的情况下，"公论"代表着相对统一的、有权威和有效的评价。

"公论"是指大家一致的、共同的评价和态度。在社会生活中，"是非自有公论"回答了评价标准如何统一的问题。这句话的意思是"是非好坏，由大多数人来判断，以大多数人一致的意见为准"。这里包含了十分丰富的智慧和情感，是人类在纷繁复杂的价值生活冲突中，理解和处理评价问题的一个经验总结。其中最主要的是：一方面，它否定了以任何少数个人和权势的评价为最终结论的做法，而把社会公众放在真正的评价主体地位，这是与"人民群众是历史的主人"相一致的看法；另一方面，它也体现了群体在价值选择上的"民主原则"。

在由许多个体组成的群体、共同体中，总是存在着个体价值标准与整体价值标准的关系问题。个体与整体既不可分，又不互相等同。那么当众多个体之间、个体与整体之间在价值的评价和选择上发生了矛盾时，怎样处理呢？这就是个体要服从整体。那么谁代表整体？答案是群体中的大多数。所以，事关整体利益、公众利益和共同是非的价值评定，就要由相关的大多数人来表决，少数服从多数。这就是在价值问题上、也只有在价值问题上才需要实行的"民主原则"，这个原则也是包括了要保护少数个体的、与整体无关或不损害整体利益的选择。

所以，"是非自有公论"有一个特点，就是这只在涉及"公事""公众"的地方有效。"公论"也只是指真正按公众共同一致的标准来评价事物、不一致的东西，也算不上是"公论"。"公允"就含有大家承认的意思在内。假如"公说公有理，婆说婆有理"纯粹是个人家庭生活中的私事，不涉及任何公共的是非和利益，那么是无须什么"公论"的。在家庭中，"公"和"婆"就是公众，他们之间利益和要求的共同点、一致性，会使他们统一起来。如果他们之间没有这样的共同点，那么这个家庭事实上就已经破裂了。到那时，结果便会诉诸"公论"。依据"公论"做出的判断，是在多数情况下有效的判断。人们的行为，特别是群体的行为，要受它的指导和影响。

那么，"公论"就一定靠得住、一定正确吗？这又涉及"公道"的问题。"公论"如果是指"公正、合理之论"，那么就是"公道"。"公道"是人们对真理和正义的统称。"公论"当然并不一定公道，这要看是什么样的公众，它有没有客观的先进性和进步性。换句话说，"公论"毕竟只是评价，它是否公道要看它的评价标准和价值标准是否合理、先进。这当然要做具体的历史的分析。

但是无论怎样分析，真理只有一个：人民群众总是最可靠、最清醒、最公道、最权威的评价者。把人民群众看作最高的主体、最大的"公众"、最终的裁判者，那么"是非自有公论"和"公道自在人心"就是颠扑不破的真理。在价值和评价的标准上，我们只能从这里找到统一的根据、统一的基础、统一的表现和统一的形式。

第十章
价值实践的挑战

认识价值是实现价值的保证，但认识还不等于实现。我们的生活实践是一条由鲜花和荆棘、欢欣和痛苦、成功和失败铺成的道路。在追求实现人生价值的道路上，处处都充满了矛盾和诱惑、歧路和暗礁。其中有一些问题有普遍性，能否处理好这些问题，是人们经常面临的挑战。这一章就来研究几个这样的问题。

一、需要和实际

价值，总是同人的需要相联系，不对需要而言就无所谓价值。所以，追求和实现价值，就免不了要"从需要出发"。"从需要出发"和"从实际出发"是什么关系，怎样处理好二者之间的关系，就常常成为人们行动开始之前的一个困惑。

需要也是一种实际

在这个问题上，首先应该澄清的一个观念就是，要看到，人的需要本身就是人的一种客观实际。

需要，产生于人的生存和发展对内外部条件的依赖。有需要就表明人在生存、在活动、在发展，没有需要则表明人不再生存和发展了，这就意味着死亡。一个"心如枯井"的人，失去了一切精神需要，他的精神生命也就已经完结。假如他连与他人交往、呼吸饮食的需要都没有了，那不是整个人已经死了还能是什么？所以，真正科学意义上的"需要"，是指同人的物质和精神生命存在相联系的某种依赖性。需要是人或主体的一种客观现实的状态，它不同于"想要"，不是主观的。

第九章已经就"需要"和"想要"的关系做了说明。在这里还要进一步指出，"从实际出发"理所当然地应该包括从主体的需要出发。如果不从自己的实际需要出发，人实际上不会知道该做什么、不该做什么，何谓成功、何谓失败。譬如，商店里有一双40码的皮鞋，它质地优良，款式诱人，价钱公道。我很想买来穿上。可是我的脚是38码或42码，就是说，我实际上不需要这双鞋。那么究竟买不买？谁都知道，不买才是明智的。所谓明智，就是按主体的实际办事。在这件事上，鞋（客体）的客观实际和"我"（主体）的客观实际都起着作用，但最终决定是该买还是不该买的，是我的脚（主体需要）的实际。

主体有主体的客观实际，需要便是其中之一。主体的需要并不决定客体的存在，但最终决定主体的行为。这种决定是通过以需要来检验和改变"想要"表现出来的。认识了需要的这种决定作用，我们说话办事贯彻"从实际出发"的原则时，就要把主体的实际需要考虑在内。从这个意义上说，"从需要出发"不仅是必要的，而且是正确的。但是，生活中有很多事情是复杂的，不像买鞋那样简单明确，何去何从一清二楚。在复杂的情况下，人们有时忘了从这个实际出发，或者不懂得要从这个实际出发，而是"只要东西好、便宜就买"，结果"花冤枉钱""自己买罪受""搬起石头砸自己的脚"的事就经常发生。

实际的需要和需要的实际情况，必须经过细致的调查和科学的分析来把握，不能用想当然来代替，不能根据一时的热情和口头宣传来判断。例如，一个尚未识字的人，他的实际需要只能是首先"扫盲"，而不是立即上大学；一个刚及温饱的民族，它的现实需要只能是达到"小康"，而不可能是一夜之间巨富。在主观上，人们常常不注意其中的差别，一个文盲提高文化水平的目标，可能就是达到大学程度；一个不富裕的家庭向往的，可能恰恰是巨富。但是在客观的行动和措施上，如果混淆了真正的需要和主观想要的差别，就会适得其反，"欲速则不达"。我国在20世纪50年代的"大跃进""全民大炼钢铁""大办人民公社""大办集体食堂"等，最初就是起于一股热情和愿望，想要"跑步进入共产主义"，却忽视了刚刚建立起来的社会主义的真实需要，结果留下了惨痛的教训。实践证明，不符合主体需要的东西，即使想要，并且在一定条件下似乎可以办到，结果也是"中看不中用"。犹如尚吃不饱肚子的人当掉全部家产铸造一只金饭碗，最终还是不能要、保不住。所以，认真地弄清自己的真实需要，总是实行正确决策的前提。

几十年来，我国人民从正面与反面、成功与失败的经验教训中，逐渐明白了一个道理，就是要从国情实际出发。所谓国情实际，不仅指自然人文环境、经济政治条件，也包括国家人民的实际需要。离开了这个实际需要，即使多年来早就知道国情是"地大物博，人口众多，历史悠久，贫穷落后"，也还不能正确地决定做什么、不做什么。为了认识这一点，我们曾付出了沉重的代价。但是，认识到这一点无疑是一个巨大的飞跃。

对个人来说也是如此。有人常常觉得，自己需要什么，自己自然知道，其实不一定。因为认识自己实际上更难些。要认识自己的现在，就要超越自己的现在。要知道自己缺少什么，就得有一个比现在更完全的自己。这往往不是自然、自发地做到的，而必须自觉。例如，越是知识贫乏，有时越是不觉得自己需要知识，更不能知道自己需要哪方面的知识，充其量只想到"要个文凭"而已。生活中不乏爱慕虚荣、喜出风头、随波逐流的人。这样的人就不知道自己的真正的长远需要，而是把自己或他人想要的当成了原则。

总之，充分地重视和理解需要在人的活动中的地位和作用是十分重要的。只有了解自己的需要，才能正确地把握自己。以往有很多教训表明，我们的失误并不是由对需要强调得太多、太过造成的。倒是对它重视不够、理解不透，或者有意回避和掩盖，用"想要"代替了需要，才造成了决策的失误和人生的失落。因此，在需要问题上的自觉与真诚才是实事求是的态度。

什么样的需要是合理的？

"那么，只要是真实的需要，就应该承认、应该满足吗？这里有没有合理与不合理、适当与过分的界限呢？"人们常常不无疑虑地提出这样的问题。同时想到的是放纵需要后引起"人欲横流"的可怕景象。

的确，绝不能说任何人的任何需要都是合理的，都是应该满足的。榨取剩余价值是资本的生命所在，不满足它的这个需要，资本家阶级就不复存在了。吸毒是身患毒瘾者的真实需要，断绝了毒品的供应，这种人简直就不能活下去……面对这类实际情况，我们是应该思考需要的合理性问题。

那么"合理"是什么意思，由谁或什么来判定某一需要是否合理？这却是个长期争论不休的问题。

大体来说，人们所说的"合理"，有两种基本意思：一是有理由、有根据、合逻辑、合规律；二是合道理、合理想、应该的、合乎需要的等。按前一种意思，可以说只要是现实存在的、已经发生的东西，就都是合理的。资本家会说："我活着就需要剥削，不让剥削就是不让我活下去，这不合理！"吸毒者会说："不让吸毒就是不让我活，这合理吗？"按后一种意思，则会遇到"要合什么样的道理，合谁的理想和需要才是合理的，为什么？"犹如资本家和吸毒者分别质问："为什么我不可按我的道理和理想继续剥削和吸毒，而要听你的呢？"可见，问题并不在于要不要区分合理与不合理，而是怎样区分合理与不合理。

马克思主义提出的关于合理性的科学含义，是把两种意思结合起来，

以"合乎人类进步发展的历史规律"为合理性的根本标准。这个标准从
两个方面规定合理与不合理的原则性界限：一方面，关于"什么人的需
要"；另一方面，关于"什么样的需要"。

　　需要不是抽象的，而总是具体人的具体需要。现实生活中不同人有
不同的需要，它们彼此矛盾和冲突着。资本家有剥削的需要，工人阶级
有消灭剥削的需要，那么以谁为标准呢？马克思主义提出的原则是以人
类大多数为主体，以人民的需要为根本标准。这是因为，人类社会的健
康肌体本身就是由占人口绝大多数的人民群众构成的，人民群众的需要
直接代表和体现着人类社会进步发展的需要。除此之外，没有什么人的
需要比它更有这种历史的权威性。因此，以人类社会的发展为标准，也
就是以人民群众的客观需要为标准。人民群众的需要在客观上、本质上、
总体上是合理的。没有了这一条，就没有了判断合理的主体，除非是乞
求于神、上帝或别的神秘意志。

　　"人民群众的需要在客观上、本质上、总体上是合理的"，这是就人
民群众的根本利益同历史发展规律相互一致而言。具体到每一时期、每
一地区的人民群众身上，是不是一切需要都完全合理呢？这里还有一个
更深层的标准，也就是看它们是否符合历史发展的规律，是否符合人民
群众的根本利益和长远利益。如果符合，即使是人民群众一时并不需要
的，在历史上也会是合理的；如果不符合，即使是人民群众自己需要和
想要的，也未必合理。资本主义的剥削曾经是比封建主义的剥削更符合
历史发展规律的现象，资产阶级在反封建时代也曾经是人民中的一员，
所以资本主义的建立曾经是合理的；但是，随着历史的发展，消灭人剥
削人的现象成为合乎历史规律的现实任务，成为人民群众现实的根本要
求，资本主义的存在就从合理变为不合理了。这就是"什么样的需要"
合理或不合理的根本界限。这一界限适合于一切人的一切需要。

　　上述两方面的标准和界限，对于我们理解和看待日常生活中个人和

集体的需要具有重要的指导意义。首先要坚信人民的需要、大多数人的共同需要的合理性，对此不应动摇，否则便失去了根本标准。唯物史观的观点，就是用人民的需要来理解历史的"大势所趋、人心所向"。毛泽东曾指出，党的领导工作、方针、政策是否合理、正确，犯不犯错误，是"左"了还是"右"了，其界限就在于是否符合人民群众的需要并为人民群众所拥护。必须以人民群众是否愿意为标准。毛泽东说："当着群众还不觉悟的时候，我们要进攻，那是冒险主义。群众不愿干的事，我们硬要领导他们去干，其结果必然失败。当着群众要求前进的时候，我们不前进，那是右倾机会主义。"

这里谈到群众觉悟，即群众是否认识到自己的真正需要和利益问题。就是说，群众想要、想干的，也不一定合理，人民群众也会有历史的局限性。但是，人民群众的需要不能用别的来代替，人民群众的觉悟也只能由人民群众自己来提高。违背了这一点，即使良好的愿望是为人民服务的，其效果也不可能好。这就给一切先进的阶级、政党和领袖人物规定了根本的任务，即要真正了解人民群众的需要，适合这种需要，善于启发群众认识自己的需要，依靠人民群众而不是命令或代替他们来坚持自己的根本利益和长远利益。

对于人民群众自己和人民群众中的成员来说，把握自己的需要的合理性的最大要求，一是使具体的、个别的需要同大多数人共同的、根本的和长远的需要保持一致。以小害大，以眼前损害长远，是不合理的。群众狭隘的、落后的观念，短期化的行为，个人的不良嗜好和恶习等，最终受害的都是人民群众自己，它们是要不得的。在历史上不乏一个国家的多数人受个别人挑唆利用，干出了危害自己和别国人民利益的错事的先例。这些虽然后来都由人民自己加以纠正，但它造成的损失毕竟是难以弥补的。所以，人民群众自己也应自觉地珍惜自己的地位和权利。二是根据实际的能力和条件去实现自己的需要。需要的合理性不等于行动的合理性。即使有合理的需要，在没有相应的能力和条件时，仅凭需要去行动，也是不合理的。这往往是人民群众和自己的代表犯历史性错误的主要原因。需要不应是孤立的。离开了主体的能力和客体的条件，需要只能是一种潜在的动力。这种动力既可以把人引向成功，也可以把人引向失败。成功多半是由于找到了需要、能力和条件相结合的途径，而失败则多半是由于片面孤立地看待需要，忽略了能力和条件，用愿望代替了现实。

总之，对于人民群众来说，需要的合理性在根本上是不成问题的。只有对于站在人民之外的人来说，他们的需要是否合理才是一个大问题。但是，人民群众是否体现自己的需要的合理性，却不是自发的、盲目的。这里也有一个自觉、符合不符合实际的问题。自觉地符合实际，必须要有全面的、发展的观点。

需要在于发展

破除对需要的偏见和疑虑，掌握需要的合理性的根本界限，不应产生一种误解，即以为需要就是根本，需要就是一切，或需要创造一切。科学地看待需要，更应该看到它不是一成不变的，不是凝固静止的。人民群众的需要也是历史地发展变化着的。学会在实际中引导需要健康地发展，是一门更高的学问，是最高的实践艺术。

人类有些基本的需要是从来就有、永远会有的，如饮食、住宿、劳动、娱乐等。但是这些需要的内容、对象和方式是不断变化着的。原始人茹毛饮血的生活已不是今天衣食住行的方式。今天的劳动生产等，都在日新月异地发展着。人类还有些需要，本来就是随着社会的发展向逐渐产生的，是原来不曾有、后来才出现的，如学习科学文化知识、参与政治生活、等价交换商品、建立婚姻家庭等。这些方面的需要也不是千篇一律、永恒不变的。需要的变化和发展，是人类自身存在状况和能力水平发展的显示，是人类社会与自然、人与人相互关系发展的结果。没有需要的发展，就不能显示人的发展，也不能推动人的发展。

需要的发展，意味着人在改造世界的同时，也在改造自身。其中，包括按照实际情况和客观规律改变原先的需要，形成新的需要。对知识、科学、真理的需要，是人类在改造和发展自己需要的进程中一项最伟大的自我改造。人要在自然界生存和发展，就要认识自然界；人要在社会生活中发展自己，就要认识社会。这种认识世界的需要，最初可能并不自觉。但是它形成之后，就使人类有了认识规律、服从规律的自觉需要，有了实践中的第二个"尺度"，使人成为自觉的人。这一发展使人放弃了许多类似于动物的需要，而得到了新的能力和无限伟力的源泉，它是人类特有的光荣。假如没有这一发展，人类也许永远不会走出与野兽无多大差别的原始状态。

需要的发展，是在实际生活中、实践中，由主体的全部实际情况造成的。主体需要和现实条件的反差，是其中的主要动力。假如一切条件都和需要彼此相对应，也就不会产生新的需要和新的发展了。正因为现实不能完全满足人的需要，现实中又有人需要之外的东西，这种反差才会使人努力，或者去寻找满足需要的新途径，或者是去认识新的东西，总之是产生了超越原先需要的需要。从这种新的需要产生时起，人就开始发展了。可见，人类需要的本性，不仅在于它意味着等待满足，而且在于总是产生不满足，产生超越自己现实的需要。不要把需要当作一座静止的空货仓、无底洞，而要把它看作燃烧的生命之火。火本身既不断地吸收燃料，同时也不断地发光、发热推动着生命的运动。

懂得了需要不断发展的本性和规律，我们就可以提出自觉引导需要发展的任务。不能停留在"我的需要就是我的一切，只要满足我现在的需要就行"的水平，使个人的需要沿着符合人类发展的方向不断地丰富和发展，才是最自觉、最崇高的人生追求。

引导需要向前发展的途径，是坚持从全面的实际出发，既要把握自己的实际需要，又要了解实际的条件和环境，在二者的反差中建立新的具体目标。这就是从实际出发，丰富和发展自己的需要。譬如，一位环卫工人为了满足自己和社会的实际需要，他选择了环卫工作这项职业。如果他能够从工作条件的不尽如人意中产生改变这种条件、发明创造更优越的工作方式或设备的愿望，就是自觉地建立了一种新的、更高的需要。他个人和他对职业需要的理解，就前进了一大步，他的需要就变得更丰富了。相反，仅仅满足现状，迁就条件，或者一味抱怨现实，坐等条件，则意味着需要仍在原地踏步。

在科学、技术和生活实践都迅速发展的今天，人们的需要也和整个社会的实际一道在发生着变化。能够自觉地看到并利用这种变化，使自己的需要更加丰富，并使它变为社会发展的新的现实，这样的人是时代的强者。

二、目的和手段

从需要出发采取行动时，就有了目的和手段。目的是指满足一定的需要本身，手段则是达到目的所需要的条件和过程。目的和手段是两种最普遍的价值。一切具体的价值都可以按它们在主体活动过程中的地位划分为这两类，或者是目的，或者是手段。

"猫论"引起的沉思

在价值生活的实践中，目的和手段的问题以各种各样的形式出现在人面前，有时会成为困惑的焦点。

例如，"黑猫白猫，捉住老鼠就是好猫。"这句话是中国民间流传已久的格言，人们一直对它表现出各种不同的感受和态度。有人充分肯定它，敢于在关键时刻大声说出它；有人则十分蔑视它，认为它代表了一种不讲道义原则的实用主义；有人在心里觉得它无法反驳，却又觉得它似乎不大光彩，因此采取"实至而口不言"的态度……那么究竟应该怎样看待这个民间的经验之谈呢？

　　从理论上说，"猫论"是一个典型的价值命题，一个典型的价值观念。它首先强调的是好坏问题上的实效原则、实践标准。在这一点上，"猫论"是无法否定的。谁也不能针锋相对地说："白猫（或黑猫）即使不捉老鼠，也是好猫。"除非他指的是个人对观赏猫的毛色有特别的爱好。否则，在鼠患成灾的地方这样说，会被人看作"为鼠作伥"。

　　从更广泛、更现实的意义上看，引起争议的焦点恐怕主要是"猫论"提出了在目的和手段关系上的一种态度、一种原则。它提倡的是只要目的正确，就要放开手脚，不要挑剔手段，唯以达到目的为衡量手段的标准："黑猫白猫，能捉老鼠就是好猫！"

　　不难看出，把这一原则应用于实际，是非常鼓励人解放思想、敢试敢闯、不拘一格、唯实是举的。例如，用它指导我国的社会主义建设和改革开放，就是要敢于打破传统观念的束缚，重新以是否有利于发展社会主义社会的生产力、是否有利于增强社会主义国家的综合国力、是否有利于提高人民的生活水平为标准，凡是有利的就可以采用，凡是不利的就要破除。用它来指导用人任事，就是要举贤任能、唯才是举、不避亲疏，不论资排辈，唯以能忠于职责、开拓事业、强国富民是取等。总之，这是一种使人有大气魄、敢下大决心、敢用大手段、以成大事业的原则。当然，这是指正当地使用这一原则。

　　而引起人们疑虑和思索的，则往往是它的反面：不论黑猫白猫，只要能捉老鼠就是好猫，这是不是说，可以不择手段、不讲道德、不讲原则、不按规矩办事，只要能办成事就是好样的？若是如此，那么善恶、美丑还有没有界限，是非、黑白还有没有意义？我们长期信奉的那些为人处世的观念还要不要？诸如此类，不一而足。总的来说，对"猫论"的疑惑大多出自道德和道义上的忧虑。这在我们这个有着悠久道德传统的民族中是很自然的。

不可否认，这些疑虑中确实有不少是狭隘的旧观念在作怪。例如，孔子那样"席不正不寝，割不正不食"，对手段苛求挑剔的老爷派遗风；"重名轻实""轻利重义"的陈腐说教；抱残守缺、顽固不化，对国家民族毫无责任感的逃避态度；认定好人一定办不成事，办成事的一定不是好人的失败主义情绪等。对这些可以姑且不论。但就严肃认真的思考而言，这里也确实包含着一个常见的思想难点：能否像"猫论"所说的那样来看待实践中的目的和手段的关系？换句话说，按照"猫论"办事，是不是会必然引起原则的丧失、道德的沦落？"猫论"涉及的目的和手段问题，不论是否有人用这种方式表达出来，实际上都是存在的，其具有普遍性。在社会生活实践的各个领域，包括经济、政治、道德、文化、艺术和日常活动中，都有目的和手段的关系。提高到这个普遍的高度上来思考问题，我们可以看到"猫论"的精神实质是正确的，是符合唯物论和辩证法的。但它毕竟还不是理论，要在理论上进一步思考，才能理解它的正确含义和前提，把握它的正面效益和反面效果的界限。

人能够"不择手段"吗？

"捉老鼠"是目的，"用猫"是手段。对猫的评价和选择，要以捉老鼠为标准和根据，这是让手段为目的服务，用目的来检验手段。"猫论"强调了手段应该充分放开，不要束手缚脚、左顾右盼、坐失良机。在这里，对手段是有"择"的，并不是可以不择手段。

事实上，只要是人的有目的的活动，只要他是确实打算实现自己的目的，只要他不是处于精神错乱的状态，就总是对手段有所选择的，不可能"不择手段"。有的"不择手段"本身就是手段。"管他是好是坏，先干起来再说""饥不择食""病笃乱投医"等，仿佛是失去了选择，但这种不选择其实就是选择，是在干与不干中选择了"干"，在食与不食中选择了"食"，在投医与等死中选择了"投医"。只不过这种选择比较被动，带有一定盲目性罢了。

我们通常谴责的"不择手段",其实是指没有采取应当采取的手段,特别是指选择了正当的手段。那么,什么是手段"应当采取和不应当采取""正当和不正当"的标准呢?实际上,这里往往有着彼此不同又相互影响的两重标准:一个是主体目的标准,另一个是社会规范标准。

所谓主体目的标准,是指手段是否有利于达到主体的目的。对一定主体来说,有利于达到目的的手段就是可用的,反之则是不应当的。打个比方:我要去瞻仰天安门,目的确定了,行进的方式和线路就是手段。选择手段的标准是哪种方式(乘车、骑车和步行等)和走哪一线路快捷、安全、经济。最符合这个标准的,就是我应当选择的。从原则上说,能够到达天安门这一目的地的方案都是可以选择的。所以,手段是可以充分放开的、有高度选择自由的。但是,放开手段并不是目的,目的是要快捷、安全、经济地到达目标,因此放开是为了选择最佳的行进方案。为此就要解放思想,多几种选择和比较的可能,不能只是照习惯和想象走老路。要看一看,随着北京城市建设的发展变化,交通的方式和线路有了什么新的特征,原先认准的线路是不是还畅通,有没有比它更好的新方案等。只有经过多方面的比较、试验和摸索,才能真正解决究竟应当采取什么手段,应当怎样做的问题,从而保证以合理的方式达到目的。

主体目的标准是任何主体自己选择手段的标准。一般来说,任何主体都是以此标准来衡量手段的。只要目的是捉鼠,那么不论是黑猫白猫、大猫小猫、本地猫外地猫,能捉老鼠就好,而且捉得越多越好。这是一种必然的、明智的态度。

相反有两种倾向则是愚蠢的:一种是因手段而忘记了或者不如说是放弃了目的。"运动就是一切,目的是没有的"这一机会主义论调,就是个典型。这就像本应"选猫捉鼠",结果却成了"为玩猫而玩猫"。另一种是凝固、狭隘、僵死地看待手段和目的,不懂或不肯为了实现目的而灵活、开放地对待手段。认定"只有从脚下画一条通向天安门的直线,才是唯一可采用的方案""只有白猫才能捉鼠，没有白猫，宁可让老鼠泛滥"。这种教条主义、经验主义的态度，可以和机会主义一样，划入"不择手段"之列。它们都是导致主体碰壁之道。

所谓社会规范标准，是指行为是否为社会的政治、经济、法律、道德等各方面的规则所允许。允许的就是正当的，不允许的就是不正当的。例如，我不论选择什么方案到达天安门，都要遵守交通规则和社会公德。否则即便我比别人先到达，也并不光彩。社会规范标准不仅用于衡量手段，而且更在于衡量目的。在社会规范的标准看来，所谓不择手段，是指采用了社会规则和人们的道德原则不允许的手段。出现这种情况的实质原因，主要不在手段本身，而在于目的。

我们可以看到，抱有不正当目的的人必定会采取不正当的手段，这是他自己不会放弃的；而抱有正当目的的人即使有时采取了有些不正当的手段，他自己也能加以改正和弥补。这就是目的对手段有决定性和约束力的表现。譬如，目的是帮人和救人，那么发现手段有不利于人的效果时，目的就会出来纠正手段。只有目的就在于害人、损人利己时，那样的手段才会继续下去。我国古代一则故事说，有人自称"专治驼背"，保证能使驼背者身体挺直。他的方法就是用门板硬夹。结果背直了，人却死了。他狡辩说，我只说管矫身，没说管生死。这个人的手段与目的的"一致"，只能说明他的目的并不在于利人，而是骗钱利己。有些打着"为人民服务"旗号的人，采用的却是损害人民利益的手段，其实质大都如此：目的并非真正为人民，而是为己、为钱、为权。

当然，有时采取了不适当的手段方式、造成了不良的效果，不一定都是有意的，不一定是因为目的不正当。在围绕一个正当的目的而选择最佳手段的过程中，有时难免会出现"好心办坏事""帮倒忙"的现象。如果确是出于好心，那么这种现象属于前进中的曲折，是能够得到及时纠正的。假如出现了这种情况而不能自觉加以纠正，那么问题就往往同目的有关了。就我们的经验教训而言，多半是出于目的本身的不明确、不完整，或者在执行过程中偏离了目的。例如，采用盲目扩大基本建设、重复引进生产设备、片面追求产值和产量、无计划地乱采滥伐等手段来发展经济，以为这些有利于实现"发展生产力"这个目的，其实是对发展生产力的错误理解造成的。在头脑里没有弄清"生产力"与对自然的"破坏力"的界限，没有掌握生产力发展的标志是提高生产率，没有把提高长远经济效益和长远社会效益当作发展生产力的真实效果等。把发展生产力仅仅当成扩大生产规模和产量，甚至当成"抓钱"的同义语，以此为目的，结果恰恰损害了生产力的发展。真正明确、完整而科学地理解发展生产这个目的，绝不应是如此。

端正目的，放开手脚

总之，手段是目的的镜子。在选择手段上出现的问题，归根结底要从目的上加以解决。 具体到"猫论"上来，关键在于"捉鼠"意味着什么。譬如，"灭鼠"和居家过日子、卫生环境建设等是不是一体的？如果是，那么对猫的习性就不能完全不考虑。灭鼠是不是准备长期地搞下去？如果是，那么就要考虑养猫、训练猫、繁殖猫的问题。灭鼠又是为了什么，是不是为了改善我们的生活条件？如果是，那么就不能只有"用猫"的单一考虑。不能把一切指望、一切责任都推给一只猫，还要考虑我们其他方面的"配套措施"和制度体系，选择别种"猫"去捉别种"老鼠"等。这样，"捉鼠"本身既不是一个简单、片面、短期的目标，那么"选猫用猫"也就不是一种狭隘的、随意的、不顾后果的行为了。

社会主义革命和建设的目的，可以说归根结底是为了人民生活得更美好，这是不容怀疑的。但是，人民生活得"美好"是指什么？仅仅是指物质富裕、享受充分吗？如果世上还有阶级对立、剥削和压迫，还处在必须由一部分人的贫困来保证另一部分人的富裕，一部分人的愚昧是另一部分人"文明"的基础，一部分人的劳动是另一部分人享受的源泉，物质的富裕与精神的迷惘相联系的情况下，能够真正使人民生活得美好吗？显然不能。社会发展的目标实际上是一个整体。消灭落后达到先进等，是与消灭阶级、消灭社会的分裂对抗联系在一起的，是同人民的经济解放、政治解放、文化解放和两个文明的高度发展联系在一起的，它是许多具体目标的统一体。这些具体目标之间，固然有着一定的因果先后、轻重缓急的关系，但是它们不应彼此割裂和孤立。对人民来说，"过得好"绝不仅仅是有钱有物，而是人的全面发展得到保证。社会主义和共产主义本身包含、代表着这样的一种目标。所以，"走社会主义道路"本身不仅仅是手段，它也包含着目的。如果对"让人民生活得美好"的理解是深刻、全面的，那么就应该看到，走社会主义道路必然是最佳的、正确的选择。同时，真正全心全意为人民谋福利的，真正有利于人民的生活得到根本、长远改善的东西，也一定是符合社会主义原则的东西。也就是说，不论是黑猫白猫，能为社会主义"捉老鼠"的猫，对我们来说就是"好猫"。

在实际生活中，有时会发生手段与目的相冲突、这一目标与那一目标相冲突的情况。例如，经济与政治相冲突、功利与道德相冲突等，常常使人陷入两难的境地。这里的关键问题，还是对整体目标、对各具体目标之间的根本关系如何把握的问题。如果孤立地、片面地强调某一具体目标，忽视了这一目标同其他目标的关系和其在整体目标中的地位，就势必造成顾此失彼、左右为难、相互抵触、相互抵消的局面。

当然，其中有某一目标背离了为人民、为国家民族的宗旨，是造成冲突的更深刻的原因。譬如，追求经济效益同提高道德水平的关系，如果不弄清二者的根本联系，而是把它们各自孤立起来，它们就必然相互冲突。当追求经济效益仅仅是为自己捞钱，而不是为人民和社会增加有效财富的时候，或者所谓提高道德水平只是用一套陈旧的观念来要求现实，不是服务于人民创造自己的新生活的时候，它们之间的冲突就是不可调和的了。

对于个人来说，"我究竟要成为一个什么样的人"是一个大目标。如果一个人为自己选下的人生目标，是在生活、学习和工作，物质和精神，个人、家庭和社会全面的意义上加以考虑的，是想使自己成为一个完整、健全意义上的个人，一句话，是对全面发展的追求，那么他的兴趣爱好就会很广泛，选择自我实现、丰富和发展自己的手段就会很灵活、很主动、很有效，他在社会生活中的乐趣和自由就会很多。反之，如果一个人为自己选择的人生目标很狭隘、很模糊，那么他面对的矛盾冲突就会很多。现实中他不愿或不能选择的东西会越来越多，他的痛苦和烦恼会越来越多，他的人生的道路也会越走越窄。在人生之路的每一个十字路口上，都立着这样的牌子："你究竟要做个什么样的人？"正是这个根本的目标，决定个人选择什么方式来生活，走哪条路。

总之，在目的和手段的关系上，最重要、最根本的是明确目的，使它完整、全面、系统，而不应就手段来说手段。过多地限制和挑剔手段，对于有不正当目的的行为来说，只能治标，不能治本。对于有正当目的的行为来说，则会使人过于拘谨，束手束脚，思想僵化，不能充分发挥创造力，无法开拓新局面。所以，总的态度应该是"端正目的，放开手脚"。

端正目的并不是一个简单的过程。目的本身也是要在实践中不断具体化、不断丰富和发展的。端正目的包括要接受手段的反馈。目的和手段之间不是单向决定的。在主观上，手段的选择由目的决定，目的是检验手段的标准。在客观上，手段还受到条件的限制，手段也检验目的。如果一个目的是用任何手段也实现不了的，那就证明了这个目的没有客观现实的根据，是一个不合理的目的。所以，充分放开手段，对于选择和确证合理有效的目的，也有重要的意义。

目的，是我们前进中的大目标、大方向；手段，是建成目标大厦的材料和脚手架。只要大方向、大目标是明确的、有信心的，就要相信"血管里流的是血，水管里流的是水"。敢于放开手段，不拘一格，选取最新、最优、最美、最便利的材料和工具，这样才能真正建成最新、最美的生活大厦。

三、效益和代价

需要和现实的矛盾、目的和手段的矛盾，表现在行动的过程和结果中，往往构成收获与代价的关系。同需要和目的相一致的效果、收获叫作"效益"，为此而付出或损失的东西叫作"代价"。对效益与代价的权衡与处理，是追求和实现价值过程中必须通过的一项考试。

从"塞翁失马"到"舍子擒狼"

凡事"有所得必有所失"，这是自古以来人们就懂得的一个道理。祸福相依，得失相伴，相反相成。懂得这个道理并不难。但是，仅仅懂得这个道理，还不足以教导人积极地、自觉地创造幸福的生活。它常常带来两种相反的态度。

我国古代"塞翁失马"的故事说，塞翁家一匹心爱的马走失了，亲友们纷纷来安慰他，塞翁却说："安知非福？"不久这匹马回来了，而且还带了另一匹马来。于是，亲友们又来庆贺，塞翁又说："安知非祸？"果然，他的儿子因骑马摔断了腿。塞翁仍是说："安知非福？"过了些日子，战争爆发了，青壮男子应召上前线，塞翁的儿子因跛脚而得免入伍，保全了性命。

这个故事由崇尚"无为"的道家学说大师庄子讲出来，很有点"辩证转化"的哲理。但是，这个故事表现的人生态度，却是很值得推敲的。一方面，它告诉了人们"有一利必有一弊""好事和坏事可以互相转化"的道理，是很正确的。另一方面，它又把利弊得失、好坏转化的契机说得过于狭隘、偶然，人在它们面前显得毫无自主权，似乎只是听天由命。

这就未免太消极了。假如人人在命运面前都像塞翁那样，除了说"安知非福""安知非祸"之外，再不能有所作为，岂不是让阿Q式的"精神胜利法"和自我安慰成了大彻大悟的代表？还有什么人生的拼搏和抗争可言呢？塞翁和他的那跛脚的儿子苟全性命之后，接下来不是还要继续受命运的摆布吗？如果把故事继续编下去，我们能看到的，将是一幅怎样的人生图景呢？

可见，即使懂得了得失的"辩证转化"，如果没有自己的目标和追求，也不能形成积极的人生态度，不能创造崇高的人生价值。

与塞翁式的消极态度相反，我国广大人民则形成了一种自强不息的奋进精神。这就是把得失的辩证转化当作自己奋斗向上的动力，力图用人生的目标来驾驭这种转化，主动地利用转化来达到改造自然、改造社会的目的。把"所失"变为"所得"的补充手段，用"所失"去赢取"所求"。这样的"所失"，就成为名副其实的代价。"舍不得孩子套不住狼""不入虎穴，焉得虎子""吃得苦中苦，方为人上人""不经一番风霜苦，哪得梅花扑鼻香"等，许多这类俗的、雅的、直率的、含蓄的格言，表达了中国人的代价意识。

有没有代价意识，情况是大不一样的。像塞翁那样的境遇，只是生活中有代价，而头脑中并没有代价意识。每次的损失和收获，对他来说都是意外的、被动的。塞翁只是相信得失祸福会互相转化，却从未表示过要利用这种转化来成就些什么。所以，他最多是说了点聪明话，并未做成什么聪明事。他的所得与所失之间，没什么必然的联系，大都依赖于某种偶然。这是一种随波逐流、"脚踩西瓜皮——滑到哪里算到哪里"的生活态度。而有代价意识则不然。代价意识意味着：一是自觉地用"所求"来衡量得失，并不是对任何得失都听之任之；二是主动地用"所失"来换取"所求之得"，并不是让"失归失，得归得，对得和失不加所求"。所以，代价意识体现的是一种同"有所追求、有所作为"相联系的、积极进取的人生态度。

形成代价意识的基础：一是价值目标追求的明确性和坚定性，二是对客观规律和必然性的认识。"舍不得孩子套不住狼"这句话，显示了一种"下定决心，不怕牺牲"的狠劲。这股"狠劲"从哪里来？一是深感捕狼的必要和紧迫，有了坚定的目标；二是深知捕狼条件的客观必然性，按捕狼的特殊规律办事。这二者如果缺少其一，也就不会有舍子捕狼的决心和魄力了。

"值不值得"凭谁说？

代价，就是有代有偿的价值。代价意识的一个特点，就是要对得和失、利和弊加以比较权衡，看它们孰大孰小、孰轻孰重，以此来确定一项事情"值不值得"去做。如果得大于失、利大于弊，人们就认为值得；如果得与失、利与弊相抵、不分高下，或者得不偿失、弊大于利，人们就会认为不值得。值得的就应该去做，不值得的就不应该去做。这是个很普通的常识。

但是，我们在生活中可以看到两种相反的情况，是缺少这种代价意识的极端例子。一种是舍不得付出代价，只对"所得"心安理得，一见"所失"就无法忍受，怨天尤人，趑趄不前，对代价吝啬得要害心疼病。另一种则是对任何代价都毫不在乎，光见"交学费"，却不见"长知识"，用"赔本主义"的方式对待事业和生活，对代价大方得俨然一个"败家子"。这两种情况，"舍不得"与"不在乎"、"吝啬鬼"与"败家子"的心态之间，有种共同的东西，就是"胸无大志"。换句话说，就是对人生和事业没有认真的、长远的追求，或者虽有所求，但"所求"是非常狭隘、目光短浅的。正因为如此，前者极端保守，后者极端不负责任。

"所求"为何，这是人们思考"值不值得"的思想基础，是心目中称量得失、利弊、轻重的"天平和砝码"，是权衡取舍的"主心骨"。"所求"不明，则必称量失衡，取舍无主；"所求"不当，则必称量失准，取舍获咎。所以一事当前，我们要思考值不值得去做的时候，应该首先反思自己的"所求"，对它有所自觉。

古人云："两利相权取其重，两害相权取其轻。"这自然是以"利"为所求、"害"为所不求为前提的。但是再深入下去，对所求之"利"为何，所不求之"害"为何，却不是这两句话能回答的。就拿孟子的教导来说："鱼，我所欲也；熊掌，亦我所欲也。二者不可得兼，舍鱼而取熊掌者也。生，亦我所欲也；义，亦我所欲也。二者不可得兼，舍生而取义者也。"这可谓是"两利相权取其重"的典型。可是，认为熊掌比鱼更可取，无疑是以他的口味和市场价格为标准的。若是所求不同，譬如对捕鱼与捕熊造成的生态影响甚为在意，那么取舍也会不同。"舍生取义"这个主题，恰恰是以"仁义"为人生最高追求的选择。若是一个以名利或"好死不如赖活着"为人生目标的人，当然就不会舍生取义，而要"舍义取生"了。"舍不得孩子套不住狼"则是"两害相权取其轻"的典型。在不牺牲一个孩子就不能保住许多孩子的情况下，能够认识到"舍得一个孩子是最小的牺牲"，是因为所求的是所有孩子的安全。假如没有这种所求，或者虽然牺牲一个孩子但不能保障所有孩子的安全，那么牺牲就成了野蛮的、惨无人道的犯罪，或者至少也是毫不值得的，人们决不允许这样的选择存在。

世界上"不可得兼"的好事看起来很多，而且"有一利必有一弊"，一件好事也很难十全十美。一般来说，所得越多，所失也越多，利越大，弊也越大。没有大的代价，不冒大的风险，就不能干成大的事业，这是很难排除的普遍现象。在这种情况下，只有清楚自己的所求，才能冷静地对待代价。只有自己的所求是清楚的、明确的，才能准确地判断代价是不是必要的、"值得"的。只有自己的所求是执着一贯的，才能从得失利弊的权衡中看到前进的道路。不然，人就会在错综复杂的利弊得失之间迷失方向，手足无措，或者患得患失，首鼠两端，犹豫不决，终至贻误。

《三国演义》中袁绍、袁术兄弟的下场，就是个很好的例子。书上说，二袁出身于"四世三公"的显赫家族，并有雄厚的政治、经济和军事实力，但最终败在实力远不及他们的曹操手下。这是因为他们兄弟长期养尊处优惯了，养成了"干大事而惜身，见小利而忘义"的气质，因此临机不能做出正确的决断，又不肯放下架子采纳忠言，终究自取灭亡。

"干大事而惜身，见小利而忘义"，是没有真正的抱负，因此也没有真正的眼力和魄力的写照。总是怕失去什么，因此对该舍的东西也舍不得，实际上是不懂得该追求的、该得到的是什么。只对眼前的小利志在必得，却往往失去大义和大利。这种教训告诉人们，在人生拼搏的道路上要有远大的抱负、高尚的目标，而不要斤斤计较一时的得失、眼前的利弊。

"会当凌绝顶，一览众山小。"以这样的境界为所求的目标，是不会因失去欣赏山下风景的机会而动摇的。

风险并不是地狱

懂得了要有所获就要付出一定代价的道理，就可以进一步理解人生事业中的风险问题。

风险，总是在人有所求、欲有所为的时候被注意到的，是与成功的"机会"相伴随的另一种可能性。"有风险"意味着有可能不成功、有可能失败、有可能得不偿失、有可能代价过大而使成功失去意义等。但这毕竟是"可能"，而不是必然。风险固然不是天堂，可也不是地狱，它是天堂和地狱的岔路口。能够战胜风险，就会进入"天堂"，在风险中覆灭则可能陷入"地狱"。

严格地说，风险并不是在人注意到它的时候才有的。人只要活着，只要在活动，就有各种各样的风险，如各种天灾人祸。只是多数风险都被人习以为常罢了。一般来说，人越是要有所作为，就越是会冒特殊的风险；越是要干大的事业，就越是会遇到大的风险；越是向新的、前所未有的目标前进，就越是会面临难以预测的风险。不论人自己是否意识到，这些风险总是会有的。所以，"冒风险"是人有所作为、有所前进时必然要付出的代价。

当人们意识到风险或注意到做某件事要冒什么样的风险时，就已经有了一定的理智和自觉性，这比"洗脸盆里扎猛子——不知深浅"要好得多。说到风险，人们往往强调的是事情困难、复杂、有危险、可能失败，要付出较大的代价的一面。所以，"冒风险"就意味着要准备付出代价。用代价意识来理解风险，风险是一种"随时准备付出代价"的代价，它还不是具体的代价本身。犹如既然要参加比赛，就要准备经历一场拼搏、准备输球，但比赛和拼搏并不等于输球。如果一个球队参加比赛时想的只是输球，或者只是为了输球而参加比赛，看不到比赛、拼搏、输赢中还有其他可能，如赢球、锻炼、学习、交流、迈向成功起点的机会等，那么这样的球队也就没有参赛的必要，甚至没有存在的必要了。

可见，风险绝不是只有一面，风险的另一面就是机会。有机会就有风险，没有风险也没有机会，二者如影随形，不可分离。正确地看待风险代价，绝不是保守主义和失败主义、逃跑主义的借口，而恰恰是让人抓住机会、做好充分的准备，去拼搏、进取、创造。

不敢冒一定的风险，就是不准备付出一定的代价，也就是不打算有所作为、有所前进。人类进步发展的历史绝不是这样走过来的。可以说，人类从出现在地球上那一刻起，每前进一步都是冒着各种各样的风险，人类闯过各种各样的风险才发展到今天的。其中有些风险事先并不知道，事后才发现。对今后可能遇到的风险，却是看到的越来越多，想到的越来越远了。这些风险能够使人类止步不前吗？不能，过去不能，将来也不能。因为人类的生存和发展决定了人必须学会也已经学会了如何通过风险去开拓前进的道路。

就拿工业化生产来说，人类用它给自己创造了前古未有的文明，尽情享用着它带来的福利。但是，人类也发现，工业化使人类付出的代价也是空前的，工业化的继续发展预示着一系列极大的风险：能源的消耗和浪费，生态环境的污染破坏，人对机器和物的过分依赖而引起人的生活能力的退化，少数人用经济和技术的力量控制他人甚至毁灭人类的可能等。这些代价和风险过去就有，但在今天和将来可能会更加突出。面对这种情况怎么办？难道人类能够只见其利而闭眼不见其害，或者因其害而舍其利，退回到工业社会以前的时代去吗？事实上都不是。人类只能前进，不能后退。在前进中，人类采取的态度是用新的创造去弥补和转化风险代价包含的损害。例如，在发展工业时，尽可能控制已经掌握了的副作用，减小它的危害，变废为宝，化害为利。一系列新兴的高科技工业——生态环境工程和新的能源工程等的出现，就是这种前进的标志。对于工业化带来的其他社会风险，人类则要用社会关系的革命，用经济、政治、文化道德等方面的制度和措施来应付。以这种积极创造性的态度来迎接风险的挑战，其结果并不是走向"地狱"，而是日益向更高的水平前进。

当然，人类也已经知道，冲破风险不是一次性的、一劳永逸的。应付风险的措施本身也会有风险。治理环境、生态、能源的工程本身也会引发新的环境、生态、能源和社会问题。革命和改革更是从来都要冒风险的，这一点谁都知道。因此，还要继续实验、探索、创造、革命和改革。这是一个无止境的前进过程。这是效益和代价的矛盾辩证法。没有这种矛盾和它的辩证转化，人类也就失去了前进的动力。除此之外，人类没有别的生存发展途径。这难道不是一条铁的规律吗？

"无限风光在险峰"，人类进步和解放的事业，人生价值实现的旅途，就是要有一种不畏风险的精神。科学的、革命的风险意识，是为了人民的利益，以主动的创造精神去迎接前进道路上的风险。它不仅同怕冒风险的保守主义和失败主义有着天壤之别，也同盲目被动的冒险主义和赌徒心理有着天壤之别。冒险主义和赌徒心理，归根结底都是让自己做盲目性的"奴隶"，做内外部条件的"奴隶"，听凭现实的摆布。而科学的风险意识，则是把"冒险"与"探险"、"犯险"与"化险"自觉地结合在一起，志在主动地进取，有效地、持续不断地改造世界、发展自己。用毛泽东的诗句来说就是："为有牺牲多壮志，敢教日月换新天！"

四、异化和回归

在价值生活中，最常见的一种负面现象就是没有去追求自己应该追求的价值，不能实现本可属于自己的价值，结果却得到了负价值。这种"事理相悖""事与愿违"的现象，可以叫作"价值的异化"。它是在价值生活中发生虚假、失误、谬误和异化时的特殊表现。要正确有效地进行价值生活实践，就要经常注意防止和校正这种异化，向真实的价值回归。

"卢刚事件"和失落感

失落感，是主体对价值异化的一种自我感觉。社会条件的复杂、生活道路的曲折，同主体的追求相冲突，就会引起人的失落感。特别是当人有所期待而又不能得到满足的时候，就更容易引起失落感。因此，失落感总是和不满足、不满意的情绪状态联系在一起的。

有了失落感，不同的人会有不同的反应、不同的表现。有人沉静下来思索，寻找失落的原因和出路，继而奋起；有人却悲观消沉，积郁自艾，一蹶不振；也有人感情失控，心理失衡，怒火中烧而做出不明智的举动。在人生的紧要之处，失落感引起的反应有时会造成终生的后果。"卢刚事件"的影响，就很能说明这一点。

卢刚，一个28岁的青年，中国名牌大学培养出来的高才生，去美国留学获得了博士学位，这些令不少人羡慕的经历，却并未使他逃脱异化的困扰。因为对指导教授和校方在其论文评奖及就业等方面的处理不满，他于 1991 年 11 月 1 日在美国爱荷华大学枪杀了该校的四名教授和一名中国留学生，重伤了一名女职员，然后开枪自杀了。这一事件轰动了美国，也深深地牵动了海内外中国人的大脑神经。人们对此众说纷纭，见仁见智，余波绵延。

"卢刚事件"的社会背景、个别原因、法律性质、道德教训和文化蕴含等，分属不同的层次，不可简单视之，一概而论。但是，就他个人的结局而言，事实却是十分清楚的。这就是，他的失落感激发的他的行为，非但没有挽回失落，反而给他人和自己造成了更大的甚至是彻底的失落。

失落感和失落是有所不同的。真正的失落，有时正是失落感中未能觉察的东西。拿卢刚来说，他在论文、评奖、求职等事情上遇到挫折，便产生了强烈的失落感，这本在情理之中。但是，当他把这些眼前的得失看作"严重的个人羞辱"，过分地耿耿于怀，而不能用清醒的信念使自己恢复理智、表现出豁达胸怀的时候，他是不是正在失去人生中一些更重要的东西？再如，卢刚从一些现象中认定，指导教授、"系，研究院和校方一直在合谋孤立"他，并进而得出结论，"在这个世界上作为小人物是没有正义可言的，必须采取非常手段"。当他这样想的时候，他是把自己失落感的根源完全归咎于他人乃至整个世界。如此轻易地断定这个世界、他人和自己的人生都只有不义和绝望，那么卢刚心目中的世界和人生，是不是早已失去某些比他看到的更多、更普遍的东西？例如，是不是个人的命运和前途都完全靠他人的承认和尊重才能保证，而自己则是完全无辜、没有任何责任的？"小人物"的世界和人生是不是真的就那么狭小，如果有了冲突，除了相互毁灭、"拼个鱼死网破"之外，就没有别的出路？如果问问这些，就可以想到，在个人一时失落感之外和背后，可能还有别的失落。

作为受过高等教育的人，卢刚是有自己的明确信念和把握信念的能力的。他在遗书中说："我信奉'生为人杰，死为鬼雄'。"看来，他的确是按照自己的人生信条去做的。当他觉得成为"人杰"的希望已经破灭时，就转而实行另一面来弥补这个失落——"死为鬼雄"。是他的人生信条引导他走上了这条路。那么，这是个什么样的信条呢？卢刚为自己设计和追求的"人杰"究竟是什么形象，"鬼雄"又是什么形象？我们已难以得知。但是，如果用人的决定性选择来说明人的决定性观念，那么可以这样估计：卢刚追求的成为人杰，一定同他特别看重的那些得失有关，一定同他对别人的态度有关。如果这样的估计不错，那么卢刚的悲剧就可以证明，在他的人生信条和目标中，就已经包含了悲剧性因素的种子。他的真正失落，是从他选定这样的信条和目标时就开始了。

在"卢刚事件"中，社会、他人的因素，当然不是毫无作用的。但是如何对待这一切，个人却可以有不同的选择。卢刚的失落感引发的悲剧，在一定程度上反映了卢刚自己人生信条的某些失落，反映了他的信念和心理上的某些异化。

中国人有句格言，叫作"无欲则刚"。这句话有一定的道理，就是对某些东西，你不去追逐它们，那么对它们就不会有失落感。在这方面的得失上，人就会显得坚强、豁达、大度，不易受挫折。但是，这句格言只适用于那些不值得过分追求、不宜强烈"欲"之的东西。不应将它绝对化，以致使人变得麻木不仁、无所事事。另外，对人类社会的进步、对国家民族的兴亡、对真理和正义、对崇高的人生价值，人越是有所追求、越是目标远大，就越是会变得坚强、自信、豁达、大度，不易被眼前的困境所挫败。在这里则是"有欲则强"。卢刚的不"刚"，恐怕正是不能在应该"无欲"的地方无欲，而在应该"有欲"的地方有欲的结果。惜乎哉，失落感中的失落！我们从他的教训中可以感到，对失落感要有更深的思考。

郑人买履：失落了什么？

"卢刚事件"带有个别性和偶然性。但是，价值异化的现象和它的规律则带有普遍性。在我们的生活中，并不像"卢刚事件"那样极端和令人警醒，但平时经常发生的异化，同样值得注意。

为了说明这一点，让我们听一个较为令人轻松的小笑话，《韩非子·外储说左上》篇中说，有个郑国人想为自己买双鞋子。他先用草棍量了自己的脚，做成一个"度"，即尺标。当他到市上看好一双鞋子时，却发现尺标忘在了家里，于是他赶紧跑回去取。等他拿了尺标再到市上，人家已经关门了。这个人最终没有买到鞋子，懊恼不已。有人问他："你为何不用自己的脚穿起来试试？"他却说："宁信度，无自信也。"

这个郑人的可笑、可悲之处，是他忘记了"度"恰恰是以脚为根据的，是按照脚来确定的。这种"宁信度，无自信也"的态度，就是一种价值的异化。

价值是以主体尺度为尺度的。当主体认识了自己的客观尺度，并用某种观念的或物化的形式把它表现出来、确定下来的时候，就像郑人量了自己的脚然后做成"度"一样。这在实践中是经常需要的。假如郑人委托别人代为买鞋，就非得给人家一个"度"不可。但是，当人们忘记了这些作为尺度标志的观念或实物是从哪里来的，把它们看得比主体的实际情况更重要、更可靠，而对外部的标准、规范、尺度等盲目迷信崇拜，却对人自己"无自信也"的时候，客观的价值标准就失落了。

买不到鞋也许是小事一桩，但价值标准的异化是一件大事。在价值生活中，人们进行价值选择、评价、定向、决策和实施的时候，如果失落了应有的价值标准，那就意味着本末倒置，"失之毫厘，谬以千里"，终会酿成悲剧。事实上，这种情况并不少见。例如，金钱本来就是商品价值的"尺度"。人类创造了货币，是用它来为商品经济活动服务的，是为人的生存发展服务的。但是，金钱反过来成为支配人的命运的东西。有些人觉得自己就是为金钱活着，"认钱不认人""要钱不要命"，这不就是一种放大了的郑人心理吗？其他诸如对名誉、地位、职务、权力等的态度，同样也存在着类似的情况。可见价值的异化、价值标准的异化，绝不仅是那位郑人自己的悲剧。在我们现实的生活中，这是一个有深刻历史根源、社会根源和思想根源的现象。

价值异化的主要表现，首先是价值标准的异化。价值标准的异化也有各种各样的具体表现。郑人买履属于其中一种情况，这是用代表主体价值的"物"代替和否定了主体的"人"。

与此类似的，还有几种情况：

第一，用抽象的原则代替具体的现实。不是从实际出发坚持原则，而是从原则出发回避或强求剪裁现实。什么好什么坏、怎样对怎样错，不是根据实际情况，而是根据头脑中一大堆概念、条条、框框去判断。重名轻实，只要"名正言顺"，不论是否行得通；削足适履，完全按框框办事，不惜牺牲实际。过去曾有过"宁要社会主义的草，不要资本主义的苗""宁要社会主义的晚点，不要资本主义的正点"（指火车）之类"左"的口号。各种教条主义和经验主义，其思维方式实际上都和郑人买履差不多，只不过这里的"度"不是实物，而是观念、名义、原则罢了。

第二，用主观愿望代替客观标准。自己的主观违背自己的客观，否定自己的客观。"讳疾忌医"是这种类型的代表。仅仅因为自己不愿得病，或者怕人知道自己得病，就不主动去检查身体，甚至不听医生的诊断。世上"脸丑只怪镜子歪"的人，看起来似乎很能坚持自己的价值，其实正是在异化。

第三，用片面的标准代替全面的标准。为了一时一地、一点一滴的实利，就放弃或忽视了长远的、全局的、其他多方面的价值。俗话说的"饮鸩止渴""剜肉补疮""拆东墙补西墙"等，指的就是这种情况。譬如，大人教孩子时，为了不让孩子闯祸，就什么也不许他做；为了教孩子讨人喜欢，就鼓励他说假话。这样教育的后果，与"饮鸩止渴"相去几许呢？但人们常常对这种教育安之若素，并不知道这时失落的是何等宝贵的东西。

第四，把别人的标准当成自己的标准，以为在别人、古人、外国人那里适用有效的标准，就是自己理所当然的标准。不从自己的实际出发，一味追逐时髦，模仿别人，只以前人或外国人的是非为是非，顽固地颂古复古、崇洋仿洋。这样追逐的过程也许轰轰烈烈、热热闹闹，结果却只能是失落了自己，失落了创造真实价值的时机。所谓"东施效颦"的丑态和"邯郸学步"的悲剧，不正是这样的异化吗？

第五，把活的标准变成僵死的标准。时代发展了，主体的实际情况也发展了，却还抱住旧的一套观念不放，不肯依据实情做些改动。拿儿时买鞋裁衣的尺寸来制作成人的衣装，即使是郑人也未必愚蠢到如此地步。但是，在飞速发展的复杂生活中，有许多过时的观念却不那么容易被人觉察和更新，实在是许多价值异化的原因之一。

以上所说的，都是价值标准的异化。除此之外，还有其他方面的价值异化。例如，做事情弄不清楚究竟是为谁、以谁为标准，张三来了听张三的，李四插手听李四的，"临街造屋，三年不成"，这是价值主体的异化。做事不看对象，"对牛弹琴""与虎谋皮"，这是价值客体的异化。所用方法不当、方向不对、措施不配套，犹如"缘木求鱼""问道于盲"，这是价值手段的异化等。

这里开列了一大堆价值异化的表现，是想提请注意：在我们的生活中，确实存在着一些价值方面的"疑难杂症"。它们有自己的特点，看起来并不新鲜，但治起来并非易事。

"狗恶酒酸"：从反省到回归

上述异化的表现，在生活中并不一定为人所察觉。事实证明，对价值异化的反省是走向回归的开始。

又是那位聪明的韩非子，他在《外储说右上》篇中，讲了一个很典型的故事：有位宋国人开了一家酒店，专门卖陈年佳酿。店中设备齐全整洁，环境幽雅，店员服务周到，质量上乘，招牌醒目，广告宣传得力。不料开张以后却没有顾客上门，生意冷落，眼看开了封的好酒一点点变酸了。这时店主的"失落感"是可想而知的。他实在忍不住，就跑去请教邻近的一位老人。老人沉吟了片刻后问："你家的看门狗很凶吧？""是的。可这跟卖酒有什么关系呢？"店主很是不解。老人开导他说："你家的狗那么凶，见人就咬，谁还敢上门来呢？这就是你的酒放酸了也卖不出去的原因啊！"

韩非子讲这个寓言，是为了说明"用人不当"的后果。他讲的道理无疑是正确的。但是，我们今天来思考价值异化的问题，可以不局限于他的视角，而是想得更深些、更广些。

首先，店主既然真心诚意地想把买卖做好，为什么没有想到要把恶狗拴到后院去呢？恐怕还是他替顾客想得不够周全。站在自己的立场上，他是不容易充分理解顾客的难处的，若没有老人的提示，他自己就不能发现这个原因。这就是主体自身的局限性成为价值异化的根本原因。

其次，酒和狗之间本来是没有什么关系的，可是在这里，"狗恶"却成了"酒酸"的一个原因。一个现实的价值过程是由一系列相关因素构成的系统。其中哪个因素出了毛病，都会带来整个系统的变形乃至异化。所以"酒好不怕巷子深"这句话，并不完全正确。我们要想实现一种价值，不可没有全面的观点、联系的观点。单从某些方面原因不能解释的异化，实际上是没有找到真正的原因。这样的异化感往往会给人带来消极悲观、埋怨失望的情绪。只有从全面冷静的分析中找到真正的原因，才能从异化中看到希望、找到出路。

最后，对那只狗应该怎么看？既然它很凶，那么想来看家护院一定是把好手，它对主人是有过功劳的。可是，过去封闭的庭院现在开放了，大门不再是防止不速之客的关口，而是迎来送往的通道。于是狗的长处就变成了短处。单就狗来说，责任当然不全在它。假如我们是店主，那么就应该好好想想用狗驯狗之道，如何用其所长，避其所短，而不应把责任一推了之。

在"狗恶酒酸"这个例子中，结论是很明显的。找到了异化的原因，如何回归也就清楚了。然而，更重要的是找到了异化的真正原因，首先会使"异化感"变成"回归感"人就有了方向和信心。我们在很多事情上都有这样的体验。当"失落感"袭来，人会处于一种无可名状的怅惘和压抑之中。一旦弄清了异化的所在、异化的原因，便会有"山重水复疑无路，柳暗花明又一村"的境界，内心便不再是茫然和空虚。但是，许多事实都告诉我们，这种境界的转变并不是轻易能够实现的。它有一道重要的关隘，这就是对失落感本身的超越，也就是对失落感本身的反省。

常常出现的一个误区是一旦有了失落感，有些人往往首先是想填补，找回感觉中的失落，而不是对失落的感觉加以省察。就像卢刚急于迁怒和报复，郑人急于回家取"度"，而不是像开店的宋人那样，去找人请教。宋人虽还不是自觉地省察自己的失落感，可是他也不是凭着这种失落感就贸然采取什么行动，而是找一位旁观者、有经验的老人，把自己的感受说出来，请人进行解释。这就已经在事实上走出了失落感本身，所以他才有可能真正找到原因、看到回归的出路。假如这个"老人"是店主自己脑子里的理智、经验、反省的化身，那么结论就更进一步了。自觉省察，对自己的感觉本身自觉地加以省察，这是真正超越失落感，走向回归的第一步。

例如，卢刚如果对自己的失落感和人生信条加以反思，对自己的追求和计较加以反省，就多半不会走那条路。郑人在买履时如果对"度"的来历和自己对"度"的依赖有所自觉，自然也就不会引起可笑的结局。可见，失落感带来的新的异化才往往是回归的最大障碍。

我们生活在一个复杂的、变动不定的世界中。个人、群体和大众心理上的失落，都是有可能发生的。其中最大的失落是理性、理智、自觉和反思意识的失落。而社会条件、环境、人与人相互关系等方面的不利因素和恶化，则是外部的、历史进程中的异化，要纠正和挽回外部的失落，最终还要靠人、主体，自己从中看到原因，创造条件，改造世界、改造社会，也改造自身。这样才能挣脱失落感的束缚，实现人的主体创造性的回归。

"没有人能够救人，也没有人能够被救，只有自己能救自己、解放自己、发展自己。"在异化和失落感面前，健全的主体性精神如是说。

第十一章
价值观念的世界

我们生活的这个时代，是一个价值革命的时代、价值观念革命的时代。选择和建立什么样的价值观念体系，是如今每个人、每个民族、每个国家都普遍关注的问题，它关系到人类发展的导向。

价值导向，是在人们的活动中起支配和控制作用的价值选择，它集中地表现为各种不同的价值观念体系。在当代世界上，同时有几种主要的价值观念体系，它们之间存在着激烈的冲突，成为精神世界里一场深刻的大辩论。

一、走向人心的深处

"价值观"和"价值观念"这样的字眼，近年来在我们的语汇中出现得越来越频繁了。那么它究竟是指什么呢？

"价值观"是"价值观念"的俗称，顾名思义，它是指人们头脑中有关价值追求的观念。这些观念是人们以往价值生活实践经验和感受的凝结、升华，其表现为关于一系列基本价值的信念、信仰、理想等。在人们面向现实和未来的价值活动中，价值观念承担着评价标准体系的功能。

基于上述看法，让我们来探讨这个头脑中的观念系统，一个无形而有力的观念世界。

买椟还珠者的取向

从它的功能入手，可以使人更强烈地感觉到这个观念世界的存在。

我国有个著名的古代成语故事，叫"买椟还珠"。它的大致来历是，有一天，楚王向田鸠请教，问他为什么墨子的学说内容虽好，却不大能打动人、说服人？田鸠答道：当年秦伯把女儿嫁给晋公子，为了显示女儿的尊贵，就安排了 70 名美女陪嫁做妾。结果，晋公子却爱重陪妾，冷落了秦伯之女。楚国有人到郑国去卖珍珠，为了显示珍珠的贵重，就制作了非常华丽精致的小匣子做包装。结果，郑国人买走了匣子，却把珍珠还给他了。如今的各种学说，大都讲究文辞华丽善辩，令君主欣赏之余却忘记了它们的用处。墨子"恐人怀其文忘其直，以文害用"，怕自己的学说也落得秦伯嫁女、楚人卖珠那样的结果，所以他的论说多半不大追求华丽善辩。

"买椟还珠"就是从这个故事中来的，它和晋人爱妾、人主怀文的性质是一样的，代表了一种重形式而轻内容的取舍方式。楚人精心制作木匣，是为了显示珍珠的贵重华丽。郑人买椟还珠，则是欣赏制匣的工艺。二者内心世界取舍标准的不同，便导致了对同一事物取舍相异的结果。秦伯嫁女和墨学不辩的效果也来自此。这个故事除了告诉人们不要"以文害用"以外，还给我们提供了一个理解价值观念作用的例子。

价值观念，就是指在人们选择取舍的过程中，起着评价标准作用的那些观念。前面已经谈过了评价标准的问题，在这里，我们要进一步把它同价值观念联系起来。价值观念，从其外部功能来看，就是成为人们内心导向机制、评价标准系统的那些观念。这样来回答"什么是价值观念"的问题，有助于防止和纠正一些对价值观念的误解和忽视，看到价值观念的意义。

凡是人们在进行评价，在产生和表达对事物的一定态度时，其内心深处就启动了价值观念的运转和操作。有评价、有态度的地方，就有价值观念在起作用。价值观念是人们的社会活动中始终都有、处处都有的东西，绝不是在后来什么时候、为了什么事才产生的。对每个正常的主体而言，价值观念只有成熟不成熟、自觉不自觉、正确不正确的差别，没有有无之分。有人觉得"价值观念"是个新鲜字眼，以为它是人们头脑中本来可有可无的东西，现在需要它了，就说要"树立价值观念"。其实，价值观念不存在树立不树立的问题，而是有要自觉地树立什么样的观念的问题。就像不能说要"培养思想感情"，而只能说培养什么样的思想感情一样。

把价值观念当作一个新鲜的东西，还同对它的含义的理解有关。有些人把价值观念看成和"商品观念""交换观念""效益观念"等一样的东西，实际是把"价值"当成了"价格"和"经济功利"的同义语。这也导致有人误以为价值观念是政治观念、道德观念、审美观念等之外的一套独立的、特殊的观念。其实，既然价值是经济、政治、道德、艺术、文化等各种具体价值的共同本质和总称，那么也就应该在完整全面的意义上来理解价值观念，不能把它仅仅当作"发财致富"观念的同义语。

作为人们头脑中评价标准的系统，价值观念具有深层、稳定的特点。有时人们把价值观念和人们对具体事物的具体评价、态度当成一回事，而不是从具体评价、态度的背后深处去看待价值观念，结果就会流于肤浅和表面化。如前面谈到评价标准时说，人们的具体评价结论和态度，是随时随地而生、随处随时而变的。难道能因此说，人们的价值观念天天在变吗？如同一位时髦姑娘的衣装一日三变，能说她的审美文化情趣也在一日三变吗？更值得注意的是，社会上投机、钻营、取巧的人，他们的具体选择总是在"领导新潮流"的。今天当兵光荣，他去当兵；明天上大学有前途，他去上大学；后天当干部有好处，他去从政；大后天经商发财最实惠，他又谋取经理之类的差事干。这些变来变去的现象中，变的是什么，不变的是什么，人们是不难看透的。社会在变，可是投机钻营者的内心深处未必在变。他们变来变去，不过是"怎样使个人出力最小获利最大，就怎样干"的表现而已。如果单凭表面的变化就说"价值观念变了"，那么投机取巧、朝秦暮楚、见风使舵、轻率浅薄、水性杨花、见异思迁、无所操守的行为，岂不成了价值观念变革的先锋和楷模，成了时代进步的象征？所以，绝不能对价值观念做肤浅的、表层化的理解。为了深刻地把握我们这个时代价值革命的深刻性，我们应该从深层的意义和特征去理解什么是价值观念。

观念化的价值意识

价值观念，是人类价值意识的一个层次，是一个比较理性化的、具有观念形态的层次。因此，要知道什么是价值观念，就要首先知道人的价值意识，要从人类意识的总体中，把握"价值意识"和"非价值意识"的相对区分。

"价值意识"并不是人的现实意识之外的某种独立意识，而是指人类全部意识和社会意识中固有的一种基本内容或基本倾向。也就是说，人的意识，无论是关于自然界的意识还是关于社会或思维的意识，无论是在意识的哪一个层面和环节上，都必然含有反映客体尺度和主体尺度两方面的基本内容：一方面，是人对于意识的对象、事物、世界本身的了解，包括对它的视、听、嗅、味、触等感觉，以及印象、表象、经验、概念、理解、描述等内容，其典型的成果形式是"认知"。"认知"意味着人对对象本身的现实或必然性的把握。与认知相联系的知识、科学、真理等都是如此。由于它们的内容不需要涉及或暂不直接涉及对象与主体的价值关系，所以具有相对的"非价值意识"性质。另一方面，则是人对对象、人同它的关系和人自己行为的价值取向意识，包括评价、目的、信念、信仰、理想等，其典型形式是"态度"。人对任何事物都会产生自己的态度，态度反映和表现着人的主体性尺度、需要、地位、能力等，是人类价值生活的普遍精神形式，我们将其概括为"价值意识"。非价值意识与价值意识，是人的头脑中普遍存在的关于客体的意识与主体的自我意识、对事物的客观描述与主观评价、关于世界的知识与人对世界的态度等之间区别和联系的理论抽象。

在现实生活中，人与自然、人与人（个人自我、他人、群体、社会、等）之间的价值关系，作为生活实践着的客观关系，属于人的社会存在层面，而人们的观念、态度等则属于社会意识和精神生活层面。二者之间同样是一种反映论的关系——社会存在决定社会意识。在这一意义上，应该说价值意识是人类价值关系、价值生存和价值实践的精神形式，是人与世界全面关系的一个重要反映和体现。

价值意识具有极其多样的特殊形式，如果暂不考虑潜意识，那么可以把价值意识的各种形式划分为心理层面和观念层面这样两个大的层面，而价值观念则代表着其中的一个高级的、理性化的层面。

价值意识的心理层面，是指通常由心理学研究的欲望、动机、兴趣、趣味、情绪、情感、意志等精神现象。它们处于人类意识活动的个体心理水平，是价值意识的基础形态。

欲望和动机是价值意识的最初形态。马克思指出，人的生命力和能动性"作为欲望存在于人身上；……欲望的对象是作为不依赖于他的对象而存在于他之外的；但这些对象是他的需要的对象；是表现和确证他的本质力量所不可缺少的、重要的对象"。欲望本身往往还是不自觉的、非理性的心态，它的意义在于首先确立起人与对象之间有意识的价值关系，产生人的行为的精神动力。"动机"是欲望向人的行为、行动延伸、转化的直接形式。恩格斯说，人的"行动的一切动力，都一定要经过他的头脑，一定要转化为他的愿望和动机，才能使他行动起来"。经过了头脑的、变成了行为动力和目的性意识的动机，既可能是自觉的、理性的、全面的和长远的，也可能是不自觉的、非理性的、片面的和即时的。动机的内容和质量上的差距，反映着主体自身发展的整体水平和差距。

　　兴趣和趣味是一种经常化的个人价值心理形式。兴趣是个人对客体和价值的一定选择性态度，它反映和表现着个体的需要、能力等在一定条件下的具体特征。一个人的兴趣可以是多方面的、易变的，但个体的多种兴趣之中也有一定深层的、相对稳定的、不会轻易改变的特征，它们是主体的现实精神个性，这种个性规定或造成了主体兴趣的特色及其选择标准，这就是所谓"趣味"。一个人对什么有兴趣，往往反映出他的趣味特征和水平，而一个人形成什么样的趣味特征，又受到他的生活条件和经历的制约。

　　情绪和情感是更为普遍化和强化了的个人价值心理。情绪是指与个体的有机生理需要相联系的态度体验，如所谓"七情六欲"等。情感是指与人的社会需要相联系、受社会关系制约、通过社会实践而形成的态度体验，如理智感、道德感、美感等。情绪和情感作为人对周围现实和对自己的独特的个人态度，都是在事关价值的问题上才有的心理活动。从情绪到情感，是个人的价值心理走向社会化的必然表现。正如马克思所说："激情、热情是人强烈地追求自己的对象的本质力量。"把握情绪和情感的健康、健全发展，是人的精神发育和人格发育的重要标志。

　　意志是人的价值心理的最高形式。意志是指人自觉地确定目的，并支配自己的行动以实现的心理状态和过程。它是在需要、欲望、动机、兴趣、情绪和情感等基础上，进一步达到了综合的、自觉程度的心理状态。意志对其他价值意识形式起着调控作用，人的主观能动性高度地体现在意志这种精神自主活动之中。

　　价值意识的观念层面，包括信念、信仰、理想等，它们是人类价值意识的高级形式，具有自觉的理性思维和观念化的特点，能够较多地吸收和凭借知识的成分，比较直接地构成一定目的明确、系统而完整的社会思想形式，并且用以指导实践。

　　信念是指人对某种现实或观念抱有深刻信任感的精神状态。信念是人们生活实践中实际地体验了怎样想和做才有益、有效的基础上，形成的一些思考和行动的模式。凡是信念，它所揭示的内容总是同人们应当持的态度和应当采取的行动有关，如"开卷有益""正义必胜"等。信念产生的结果并不是知识，而是选择性的价值判断和认定。信念能够凭借足够的知识而形成，但信念往往是在知识未达到的地方起作用。因此，在对待信念的问题上，应该注意信念的基础科学不科学、合理不合理、正确不正确。科学的、合理的信念引导人走正确的道路；虚幻的、不合理的信念引导人走错误的道路。

信仰是人们关于普遍、最高或极高价值的信念。信念往往是具体的，可以表现为人对一时一事的现象持有的某种观念和态度，也可以表现为人对宇宙人生的总体性观念和态度。当它成为人的一定总体性、普遍性的观念和态度时，信念就成为信仰。这就是说，一方面，信仰是一种信念，它具有信念的基本特征，正像信仰和信念都有"信"字一样，不相信的东西当然不会成为信仰对象。另一方面，并不是任何信念都能成为信仰，信仰是信念的一种特殊的、强化的、高级的形式。就像"仰"和"念"两个字不同一样，信念只是一种意念，信仰则是一个整体性的精神姿态、一种综合的精神活动。信仰使人的精神活动以最高信念为核心，形成了一个完整的精神导向，并调动各种精神因素为它服务。"诚则灵"是信仰的最大特征。不论人们以什么为信仰对象，信仰这种精神形式的特征，都在于把某种价值信念置于思想和行动的统摄地位上，成为人生的"主心骨"。所以，人不能没有信仰，没有信仰的生命就等于没有灵魂。而信仰的偏差，则会造成人生道路和社会发展的方向性的错误。

信仰的确立，并不在于对某抽象不变的绝对观念的追求，而在于对人类自身的本质力量和生存发展方向的把握。人们信仰什么，如神、自然、科学、道德、未来的美好社会等，归根结底反映了人的这种把握的程度。因此，信仰也有自觉与不自觉、科学与不科学、先进与落后的区别。恩格斯说："即使最荒谬的迷信，其根基也是反映了人类本质的永恒本性，尽管反映得很不完备，有些歪曲。"例如，在欧洲中世纪，强烈宗教信仰曾笼罩了一切，"但是人还是不了解，他在崇拜自己的本质，把自己的本质神化，变成一种别的本质"。因此，当伴随着工业革命的新时代到来时，由于原有的"信仰逐渐削弱了，宗教随着文化的日益发展而破产了，人处在这种不自觉而又没有信仰的状态，精神上会感到空虚，他对真理、理性和大自然必然感到失望"。这就告诉我们，信仰不像个别信念那样可以通过个别方面的实践形成和改变，它实际是由人们的全部社会条件、经历、知识及能力决定的。信仰主要受社会历史条件的制约，受社会文明的发展和传播的影响。因此，要确立科学的先进的信仰，需要经过几代人自觉的探索、总结和反省才能够形成，并且需要自觉地以先进的世界观方法论、以人类的全部科学和文明成果为基础。

理想是价值意识的最高范畴。"理想"的特征是：第一，它是以一定信念和信仰为基础的价值目标体系。理想是对主体追求的未来成果的完整的、具体的描述。理想包含了信仰和与信仰相联系的人生形象、社会图景。第二，这种目标体系以关于个人或社会的未来形象为标志。理想是信仰对象的未来形象，是具体实践着的信仰。它是在坚定信念和信仰的基础上，再经过抽象上升达到了高度具体化思维的产物。第三，它为人的价值追求提供着自觉的典范或"样板"。理想好比是人的生活形象的"底片"，对过去和现在，它是生活的"曝光"和"显影"；对今后和将来，它是"底本""样板"和"蓝图"。总之，在理想中，人的价值意识形态从心理水平到观念水平形成了一个完整、自觉的观念和形象系统，并且同知识和理智紧密地结合在一起，成为指导和推动实践活动的精神力量源泉。理想的培育、确立和追求，是人的精神生活的最高层次。崇高人生理想的实现，是人的最高自我价值。崇高社会理想的追求和实现，则是人的最高社会价值。

在理解了什么是价值、人的价值意识及其结构的基础上，我们可以这样从形式上确认并约定"价值观念"或"价值观"概念的所指：作为观念形态的价值意识——价值观，就是特指人们关于基本价值的信念、信仰、理想等思想观念的总和。

价值观的特征

在充分把握价值（好坏）现象的特殊性，同时也充分注意到"观念"这种思想形式的特殊性的基础上，才可以进一步理解和把握"价值观"具有的特殊性，才能够对于人类内心深处这种最富有激情和动力的精神形式给以适合其品格的应有对待。

价值观有什么特点呢？简单地说，价值观的内在基本特性是它的"主体性"和"超知识性"。由基本特性决定或衍生出来的外在表现，即外在特性，则是它在现实社会中的多元性、它的功能的深刻性和相对稳定性等。

（1）价值观的主体性是指：任何价值观都只能是一定主体的价值观，一切信念、信仰和理想都只能是什么人的信念、信仰和理想，世界上不存在所谓"无主体"的、抽象普遍的"终极"价值观。任何价值观的思想内容和倾向，都不是头脑中纯粹自生的，而是主体自身社会存在及生活经历的一定反映，并因此而具有该主体的具体本质和特征。价值观的主体性通过主体特有的、个性化的立场、态度、取向、旨趣，特别是评价标准表现出来，往往带有较浓厚的主观性和情感化的色彩。不同主体之间价值观的异同，必然与主体存在、生活方式、地位、需要（不是想要）、利益和经历等之间的异同相联系：如果主体之间在这些方面有共同性，那么他们的价值观也会有相同点；如果主体之间在这些方面有所不同，那么他们的价值观也就必然有所不同等。

价值观的主体性来自价值和价值标准的主体性。"物的价值因人而异，客体的价值依主体而定"，具体的主体性是一切价值的客观本性，因此也是一切价值观的根本特性。把握价值观的这一根本特点，对于观察和处理价值观问题，有以下两点重要的启示：

第一，我们在考察任何价值观的时候，都要首先明确"这是谁的价值观"，是谁的价值观，"谁"就是主体。应该明确主体，并进一步以主体的社会存在来说明他的价值观。绝不应混淆各种不同的主体，或无视现实主体的多样化形态，采取一种"单一化"的态度，以为可以彼此不分、推己及人，用一个角度、一个思路、一套标准来判断和理解所有的价值观；更不应颠倒社会存在与社会意识之间的关系，以为可以不联系人们的实际生活去谈论价值观，甚至可以反过来用人们的价值观来说明人们的地位、需要和利益等，从而将价值观的问题统统主观化，这样会导致以表面化、简单化的形式主义方式去处理。

第二，我们在论证、反省和建设我们自己的价值观的时候，要首先把握好我们自己的社会定位和历史定位，认清我们自己的根本利益、需要、能力、条件和历史使命，始终明白"我（们）是谁，我（们）应该和能够要什么，不要什么"依此来提高自觉性的程度，掌握好价值判断的标准，这样才能正确地提出和规定价值观建设的任务和目标。价值观的先进性只能与主体历史地位、生活方式的先进性相联系。在价值观建设上，最忌讳的是忽视了切实的自我认识、自我把握和自我改造，从单纯的愿望和想象出发，把"想要"当成需要，把"应该"当成可能，在现实中陷入抽象的、盲目的幻觉，或者缺乏对于主体之间在生存状况及其条件上现实异同的分析比较，对他者的价值观采取简单追随、模仿，或一味排斥、"对着干"的极端态度。

（2）价值观的超知识性是指，价值观的存在和作用往往在于已有知识的范围以外，不是知识所能包含或代替的。构成价值观的信念、信仰、理想等不同于知识、理论和科学，二者有交叉关系，但不重合。人类的知识系统表明人们"知道什么，懂得什么"，而价值观系统则表明人们究竟"相信什么，想要什么"。知识能够为价值观提供一定的基础和选择范围，价值观则指导人们在已有知识（不论多少和深浅）的基础上，按照人自己的尺度进行价值选择、定位、定向。一般来说，"知道什么"还不等于"就要什么"。特别是，越是在知识和经验达不到的地方和时候，信念、信仰和理想就越起作用。

知识和信仰的关系是一个争论已久的复杂问题，本书不拟多说。但有一点看法需要明确：已往单纯地肯定知识，而对信仰（不等于宗教）采取否定和排斥的态度，从而漠视人类价值观的存在及其作用，显然是不合适的。诚然，人类知识的发展是无限的，但任何时候人类现有的已知总是有限的。既然如此，那么在全部已知的边缘和界线以外，当人们遇到问题而需要做出回答或选择的时候，就只能凭借信念、信仰和理想了。所以，知识和科学永远不能代替价值观，反过来也是如此。

观察社会上（包括宗教和非宗教）的信仰现象，我们不难发现这种超知识性精神活动的特殊存在及其巨大的作用。面对各种迷信现象，我们深为愚昧无知造成的悲剧而扼腕叹息。但经常引起人们困惑的一个现象是对宗教甚至某种低级迷信抱有虔诚态度的信徒们，并非一定是科学知识贫乏的愚昧之人，他们中甚至有一些科学家、高级专业人才。这足以证明，信仰和迷信（迷信只是一种极端化的、病态的信仰而已）是发生于知识之外的。无论是什么人永远都不可能掌握全知全能的知识，再伟大的科学家，他们在自己专业领域之外都可能是无知者。事实上，往往越是真有知识的人，越能感觉和注意到自己有所不知或无知，因此也越需要建立信仰。可见，并不是什么样的知识本身，而恰恰是知识的有限性使任何人都需要寻求信仰。在现实生活中，如果人们没有找到健康的合理的信仰，那么就可能堕入迷信。

信仰是如此，信念和理想的道理也是一样的。

价值观的超知识性同样来自价值关系和价值标准的主体性。价值不是产生于世界和万物本身的现象，因此它也不可能用关于世界和万物本身的认识、知识来直接回答，而应该用人本身的状况、需要、能力及其意识等来回答。把握这一特性的重要启示有以下两点：

第一，价值观的主体性意味着个性化，而它的超知识性则意味着它必然含有某些非理性、情感化的因素。因此，社会上的价值观不大可能像知识、科学、真理那样高度合理和统一，也不可能像普及科学知识那样，不必考虑人们的个性需要，仅仅通过传播就能够用一套结论来统一人们的头脑。事实上，价值观是不能强求一律的。在这个领域中，首先要充分理解人们形成自己价值观的多样性、条件性和过程性，尊重人们选择执行自己的信念、信仰和理想的权利与责任。在此基础上，必要时可以通过交流、建议、示范和合作等方式来进行引导，这样才能更有效地发挥先进价值观的作用。

第二，价值观的超知识性并不等于无理性。事实上，人类的发展越来越需要和依赖于理性的引导，人类的价值观也越来越需要进行自觉的反思和自我校正。在这个层次上，人类价值观的自我发展不是越来越远离科学，而是相反，它越来越需要和依赖于广义的科学。人类的科学知识是有限的，而人类的科学精神、科学态度却能够超越这种有限性。彻底的科学精神是沟通知识与信仰的桥梁，是预防迷信的解毒剂。针对价值观的超知识性特征，我们的价值建设在力求传播先进的社会科学和自然科学知识的时候，更要注重树立对科学和真理的信仰，把倡导和培养科学的理性精神、科学的思维方式放在首位，这样才能从根本上预防和减少各种迷信及病态心理的发作。

价值观的上述两大基本特性，决定了价值观在现实生活中的其他表现和特征，其中最重要的就是价值观的多元性。

（3）价值观的多元性来自价值的多元性，它是指在（并非只有一个主体的）一定范围的社会生活中，由于现实主体的存在是多元的，而每一主体都有自己的价值观（在每一主体那里是一元的），不同主体之间的价值标准和价值观念不能彼此等同或替代，因此总体上就呈现出多元化状态。这是在人类内部存在着多样化生存条件、利益差别和角色分工的情况下，一种不可避免的基本现象。

价值的多元性是世界无限多样性中的一种特殊情况。这里"元"的含义，是指最终的根据、基础和标准。唯物主义一元论认为，万事万物的共同本质在于它们的物质性，物质世界是无限多样性统一的世界。这是一个存在论意义上的一般结论。如果我们注意并进一步考察世界"无限多样性"的具体表现，那么可以发现，在一元存在论的前提下，所谓"多样性"也有不同的具体情况。世界的"无限多样性"不仅仅是形式上、数量上、暂时性的，也有本质上、实质性、根本性的。而多元性就是指那种根本性、根据性、实质性的多样化。

例如，有一种多样性，是多样之间可以在同一根据和基础上最终综合、统一、一致起来的，就像一个物体的形状、颜色、硬度等多种属性之间是完全统一的，一个主体在经济、政治、文化等多方面的价值追求之间，是必须和能够综合、统一起来的一样，这种情况可叫作"一元的多样性"。而另一种多样性则不然，如同一个物体的颜色、形状并不与另一物体的颜色、形状相统一，一个主体的经济、政治、文化、利益并不能与另一主体相互等同一致，同一双鞋给不同人穿的效果必然不同等，它们之间如果要统一一致起来，意味着要"一方吃掉另一方，一方否定另一方，或一方屈从另一方"，这是一种在现实意义上不能用同一根据、在同一基础上综合统一的多样性，可以相对地叫作"多元的多样性"。

价值的多样性包括了上述两种情况。"一元的多样性"适用于一元化的主体情境，"多元的多样性"则是多元主体情境下的必然。但我发现，在现实中人们往往囿于知识论的传统习惯，不能充分注意和理解后一种情况，不能把握"多样性"和"多元性"两个概念的分量和它们之间的关系，从而经常有意无意地将其混淆，导致对实质性的多样化有所忽视和误解。因此，我们有针对性地重点提出了价值和价值观的"多元性"概念，并认为充分注意且合理对待这种多元性，是自觉的、清醒的价值观所应具备的条件之一。

把握价值和价值观多元性的重要启示是：

第一，要清醒面对多元化的现实。在价值和价值观的领域中，社会上的多元化是一个客观的、必然的普遍现象。人们之所以不能清醒地承认并自觉地按照这种情况去对待它，往往出自两个误区：一个是"事实与价值不分"——出于某种利害考虑或主观愿望，不愿承认、不敢正视或拒不接受这种多元化的现实；另一个是缺少主体性思维——"人我不分"，不懂得以独立、平等的眼光看待自己和他人，把自己认定的价值标准或终极目标，当成一切人应有的价值归宿等。这些误区都包含着对社会和历史的现实，特别是对人的主体权利与责任的忽视。价值领域中的"普世一元主义"和绝对普遍主义的危害是，在现实中往往使强者产生"一元主义的僭妄"，成为他们推行霸权主义、专制主义的借口；而在弱者那里，则总是导致消极的屈从和依附心理、奴化主义倾向。面对这种情况，正视并承认多元化的现实，本身就具有十分重要的意义。

第二，要勇于坚持自我主体性。面对多元化意味着要坚持主体性。只有懂得外部环境和不同主体的多元化现实，才能更自觉地把握坚持自我主体性的必要和可能。因为不同主体之间的多元化，恰恰是以每一个主体自我的一元化为前提的。一个主体（个人、群体、民族、国家等）只有保持自身的价值一元化，才能够生存和发展。这就像虽然世界上的人走路时，各自都有不同的方向，但对每一个人来说，不可能也不应该选择"多元"的方向道路，而只能沿着一个方向，走一条道路。因此，一切所谓"自我多元化"或"自我指导思想多元化"之类的主张，如果不是出自无知，就是出自虚伪。只有充分把握主体自我权利和责任的统一，在经过认真选择和论证的基础上，坚定不移地"走自己的路"，才是多元化背景下的自觉主体意识。

价值观的一般结构

人们对基本价值的信念有许许多多的方面、许许多多的因素、许许多多不同的种类。所以，价值观念实际上是一个非常庞大、繁杂的信念体系。概括起来说，人们价值观念中最基本、最普遍、最重要的信念，有以下五大方面，它们是价值观念结构中的基本要素和组成部分。

第一个是关于人自我定位的信念，我们把它叫作"主体的历史方位感"。意思是说，一定价值观念的主体是什么人，他内心深处对"我是什么、从哪里来、到哪里去，我的社会地位和人生使命是什么，我与他人是什么关系"等有什么样的感觉和想法，这些感觉和想法确定了主体关于自己历史方位的观念。这种观念成为这个主体评价一切社会现象、自己和他人的行为的出发点。例如，马克思关于工人阶级的历史地位和使命的观点，就代表了工人阶级这个主体的历史方位感，它是工人阶级批判旧世界、创造新世界的全部思想的起点和核心。同样，一个人关于自己的生命和存在、权利和责任、归属和独立、角色和位置的看法，也是这个人看待人生一切、做出各种选择的根本出发点，是他个人的主体方位感。显然，主体方位感是同人的世界观、历史观和人生观密切相关的，是其中最重要的基本观点。

第二个是关于人类生活和社会结构方面的信念，我们把它叫作主体的"社会秩序信念"。意思是说，一个主体对人类社会生活应该有什么样的结构、秩序和运行方式，对于一个"好"的社会应该是什么样的，如是平等的还是等级制的、是合作的还是竞争的、是集权的还是自治的、是自下而上还是自上而下运作的等，会自觉或不自觉地形成自己的一套看法、期待和理想。这些综合起来就是"社会秩序信念"。这个信念从内心深处决定人们对社会制度、社会现象的具体看法，是拥护还是反对、是维持还是变革、是建设还是破坏、是合作还是抵制等。古往今来社会上的各种价值观念的斗争，往往都在这一点上表现出来。

第三个是关于社会的各种规范方面的信念，我们把它叫作"社会规范意识"。意思是说，人们对各种社会规范，如经济规范、政治规范、法律规范、道德规范、艺术规范、日常生活规范、娱乐休息规范、生产劳动技术规范等，会在两个层次上形成一定的信念和深层选择：一个是对规范与人的总体关系，如规范是约束人还是服务于人的、是自己的规范还是异己的规范等，有一个基本的立场和态度；另一个是对具体规范体系的选择和信奉，如信奉个人主义或集体主义、资本主义或社会主义、现实主义或浪漫主义等。人们的社会规范意识，是在最直接、最具体、最表层意义上的价值观念。现在通常所说的"价值观念"，往往就是指这个层面上的信念。历来的价值观念变革，往往是从批判和摧毁旧的规范体系开始，而以建立新的规范体系告终。所以，社会规范意识的革命往往成为社会价值革命的晴雨表。

第四个是头脑中关于实行价值追求方面的思维特征，我们叫它"价值实践意识"。意思是说，人们对于自己选择和追求的价值，在实施、实行方式上有什么特殊的信念和信条。例如，在确定目的和目标时，是偏重理性还是偏重感情、是务求高远还是讲求近实；在选择手段时，是充分放开还是自我约束；在目的和手段的关系上，是倾向于强化目的意识，还是倾向于强化手段意识；当目的与手段有了冲突时，是重在反思目的，还是重在调整手段等。这些是由不同的背景、地位和经历形成的不同人的不同行为特征。这是一个不易为人觉察的价值观念层次，但是在实践中会很明显地表现出来。例如，有人遇事经常瞻前顾后，反复推敲；有人却勇往直前，不屑迂回。人们在实践方式上的不同，来自人们内心深处的这种意识。这种特点也直接影响到人们对各种社会活动、社会行为的看法。例如，有人重稳妥，有人重进取，有人重含蓄，有人重直率，有人重名，有人重实，有人重程序，有人重效果，有人惜代价，有人不惜代价等。

第五个，我们叫它"价值本位意识"。意思是说，现实中的价值有各种各样、许许多多。其中哪一种最重要？当各种不同价值相比较和权衡时，用什么来换算、折算它们？当不同质的价值不可兼得时，人们侧重取哪一种？在这些问题上，人们总会现实地形成一种选择。被选为最重要的价值的，作为各种价值换算通项的价值，就是本位价值。自古以来，在不同时期被不同人确认为本位价值的，就有许多种，如自然物、神、信仰、知识、权力、金钱、道德、人情等。一般来说，一种成熟的价值观念体系就有一种自己的本位价值。什么价值成为本位价值，人们就会"一切向它看"。

上述五个方面的基本内容，相互之间有机地联系在一起，构成人们心目中的"价值坐标系统"，即评价标准系统。人们评价事物的时候，往往就是自觉或不自觉地在头脑中，把事物放进这个坐标系，辨认它的位置和大小，从而做出判断。用上述五个方面的因素概括的价值观念系统，是迄今我们观察到的价值观念中最一般的、基本的结构。不同时代、不同的人，其价值观念是不同的。但是只要有完整的价值观念，就有这些具体的方面。就像每个人的面孔都彼此不同，但每个人的面部都有五官一样。有了这样的要素结构，我们就好对各种不同的价值观念体系加以具体的比较对照，也便于考察同一个主体的价值观念体系前后变化的脉络。

人的灵魂形象

从来源和实质上看，人的价值观念是人的社会存在、地位、生活方式和经历的反映，是"我"的现实世界在"我"的观念中的投射。所以说，人的价值观念就是人的灵魂形象。

灵魂中的自我，是人的内在本性的产物，是人对自身存在和需要的认识和反映。一个人的价值观念体系，是人们在长期的价值实践中不断地积累价值经验和知识的结果，是主体、人自身在成长过程中形成的。因此，价值观念与人的精神面貌是一致的。一个人的价值观念，也就是他的深层精神面貌。

意识是存在的反映。既然如此，那么一个人的价值观念，就不能完全当作他主观随意选择的结果，而是他的社会存在和经历使他做出了如此的选择。人的主体方位感，事实上就是他对自己现实和历史状况的感受。他有什么样的社会理想和规范意识，自然也离不开他们生活的条件和环境。由此可以知道，价值观念的变革，绝不是在头脑中孤立地发生的，也不是凭思考和愿望就能完成的，而必须同社会的改造和变革一起进行。落后的价值观念是同社会进步方向相悖的观念。当社会前进时，落后的观念即使被一些人所固守，最终也只能在历史面前碰壁。超越和脱离现实太远的价值观念即使是进步的，也只能作为愿望和想象。只有既同现实相联系又符合现实发展方向的价值观念，才能真正被多数人接受和奉行，也才能对现实的实践起到导向的作用。

既然价值观念作为人灵魂中的自我，是对现实自我的反映，那么，从一定的人是什么样的人，就可以判断他们有什么样的价值观念，或者什么是符合他们实际的价值观念。同时也可以从一定人的价值观念中，反观他们本质上是什么样的人。就像巴尔扎克笔下的葛朗台，他的灵魂就是金钱，金钱就是他的灵魂，所以他是一个被金钱拜物教完全扭曲了的人。

在生活中有时出现"魂不附体""魂不守舍"的情况。这是指人的价值观念同自己的现实相互背离、相互冲突。我们前面讲过的各种异化就属于这种情况。例如，一个人、一个民族、一个阶级，如果完全失去了独立自主的意识，完全跟着别人的信念和信仰走，缺少必要的自尊、自爱和自强精神，或者他们的言行不按自己的价值观去行事，不能坚守自己的信念、信仰和理想，这就是"魂不守舍""失魂落魄"了。但是，通常更为隐蔽，也更为严重的"魂不附体"，则是不能正确地认识自己，不能正确地反映自己的根本利益和需要，不能自觉地形成有自己特色的、同自己的社会存在相一致的价值观念，结果造成"体"是一回事，"魂"是另一回事，二者貌合神离，各行其是。

当然，魂和体彼此完全脱离是不可能的。事实上总会有一部分魂体相附，在人的观念中总是会有一部分真实的自己。于是，事情就往往成为这样：一个主体的价值观念中有两套标准，一个人的灵魂中有两个"自我"，即人格和灵魂的分裂。电影《七品芝麻官》中，塑造了一个按人民的愿望为官的人物形象。其中就有这样的镜头："芝麻官"唐知县遇到了一件棘手的案子，事关一位声势赫赫、盛气凌人的诰命夫人触犯刑律，该不该依法办事？这时，唐知县的心头走出了两个"小唐知县"，他们各主一见，彼此争论，唇枪舌剑，痛陈利害。这是把"两个自我"形象化了。许多文艺作品都采取这种手法，用来表现人心中的真与伪、善与恶、美与丑、进与退、苦与乐的斗争，实际上就是两套价值观念、两套评价标准的斗争。这种斗争的结果，便预示着主人公的"两种命运，两种前途"。唐知县的最后选择，是"当官不与民做主，不如回家卖红薯"的为官信念占了上风。所以他断然惩治了为非作歹的权贵，然后辞职回乡去了。这一为民众所称道的抉择，反映了广大民众的价值观念，是民众之魂附在一个"父母官"之体上，实际是把"官体"附在"民体"上的表现。而唐知县身上的另一个魂，则代表了一般封建官僚通常具有的价值观念。

"一体二魂"是常有的，有时还是难以避免的。出现这种情况，必然会使人感到痛苦，人不免陷入自我矛盾和冲突之中。但既然是"一体"，那么就终究要辩个明白、斗出胜负，这也会使人警醒、使人思考、使人自觉。当然，最后的结局，总是要以"体"之所归为准。这就是人的社会存在决定人的社会意识。

价值观念的深刻性和重要性，使我们不能不对这一精神世界里的情况给予高度的重视。

国情之首与民情之魂

要想充分认识观念对我们国家和社会的意义，标题上的这句话是一个概括。为什么这样说呢？让我们先从国情的高度谈起。

国情，是指一个国家的社会性质、现实状况和历史条件的总和。国情包括国家的自然、经济、政治、文化等各方面的基本情况和客观特征。从国情出发，采取适合国情的社会发展战略和措施，是每一个国家走上正确健康发展轨道的起点和保证。

在国情的方方面面中，民情即大多数人民群众的基本情况和客观特征，是最重要的、鲜活的、决定其他方面的方面。与民情相违的政策和措施，不论主观愿望多么良好、具体手段多么有力，也不可能贯彻到底，不可能收到真正的实效。这也是社会历史中屡试不爽的规律。因此，要重视国情，就不能不重视民情。民情乃国情之首。

民情既有民情的物质形态和实体方面，如群众的经济、生活、劳动、健康、安全、福利、保障等；也有民情的精神形态和观念方面，如知识、能力、智力等文化的素质和愿望、情绪、情感、兴趣、信念、信仰、理想等价值意识的形式。如果前一方面算作"民情之体"，那么后一方面就可算作"民情之魂"。这二者犹如电子计算机的"硬件"和"软件"。就电子计算机来说，软件是灵魂，硬件是躯体，二者如若分离，就不能进行计算。对人来说也是一样，精神文化素质和价值意识状态作为人的行动复杂系统的"软件"，是通过人的现实行为表现出来的。它指导和调节着人的具体行为。

价值观念作为人的精神软件系统中的一个定向、导向的因素，可以说是人的灵魂的中心要素。人民群众的价值观念，就是民情之魂的核心。

一个国家、民族中大多数人的价值观念如何，不能不成为解国情、尊重国情、从国情出发时的重要依据。而一个国家、民族在自己主导价值观念建设方面的成败，在平时是潜移默化地表现出它的影响；而越是在重大关键时刻，越能显示出它的巨大的决定性作用。

价值观念的地位和作用，可以清楚地告诉人们价值观念斗争的实质、价值观念建设的意义。在中华民族走向现代化的历史关头，无论从哪个方面说，我们都应该重视对自己价值观念体系的建设和完善。在探索有中国特色的社会主义道路的过程中，形成和发展我们自己的、有中国特色的社会主义价值观念体系，并用它去振奋我们的精神、鼓舞我们的斗志、协调我们的行动，这是我们的事业的制胜之道。

同国家、民族的命运一样，我们每个人的命运，也同我们自己有什么样的"灵魂"、有什么样的价值观念相联系。生活在这个风云变幻的时代里，我们头脑中的价值观念要能够反映最科学、最先进的价值取向，能够适应历史进步的主流，并且站在它的前面，那么我们的人生就将获得广阔的天地，我们对国家、民族就可以做出更大的贡献。

二、当代三大观念体系

知道了价值观念是什么，再来看一看现在的实际情况。在目前的世界上，有三种主要的价值观念体系，这就是封建主义的价值观念、资本主义的价值观念和社会主义的价值观念。它们分别同离我们时代最近的三个社会历史阶段相联系。从整个世界来讲，它们在思想上代表着人类的昨天、今天和明天。我们生活在这三种价值观念体系相互交织和冲突的时代里，今天的人类文化和意识形态领域，是这三种观念体系的战场。

尚未消尽的幽魂

封建主义的价值观念，是指封建社会中占统治地位的价值观念体系，即地主阶级的价值观念体系。它并不能代表广大劳动人民的利益和优良传统。

如今在世界上很多地方，包括我们中国在内，封建地主阶级的统治早已被推翻了，封建主义社会制度已经被消灭了，因此作为价值观念体系的封建主义的价值观念，也已成为历史的昨天。但是有两点原因，使我们不能忘记这个"昨天"：首先，今天和明天是从昨天发展而来的，不了解价值观念的昨天，就不能很好地了解价值观念的今天和明天；其次，即使是在今天或今后一段时间里，封建主义的价值观念的影响也并没有绝迹，它还常常以各种新的面貌出现，同资本主义的某些东西结合在一起，为旧制度招魂。特别是在我们中国，它曾有两千年的历史，它的很多观念根深蒂固，更成为我们今天现代化进程中的思想障碍。

封建主义的价值观念是封建社会的自然经济基础和小农生产方式的反映，它的真正主体是封建地主阶级。这种价值观念体系实质上代表地主阶级利益和生活方式，但以种种方式被说成服从"天意"和"天理"的观念，从而成为社会普遍灌输的思想。

这种观念体系的核心即主体定位意识，是"家族本位""家长主义"和"君主至上"。以一家一户为基本的经济单位，"家"就特别重要。个人之间的家族血统关系重于其他社会联系，一家之中家长是主宰者，其他人对家长来说，在人格上就处于从属地位。小家庭隶属于家族，族长往往有更高的权威。把家族关系放大到整个国家社会，君主则是最大的"家长"。所谓"家有百口，主事一人""普天之下莫非王土，率土之滨莫非王臣"。对皇帝来说"家即国，国即家"，就是这么回事。大小家长的地位来自对"祖荫"的承继和同"祖宗"接近的程度，君主则直接受命于天，所以称"天子"。在这样的社会关系体系中，血统、门第、辈分是极其重要的。每个人的地位、命运、权利、责任等，都在这里由"天命"决定了。天生就有"大人""君子"和"小人"之分，谁也不能自己决定自己。"身体发肤，受之父母，不敢损伤"，个人的生命就是家族血统的附属物，没有多少独立性；"父母之命，媒妁之言"，不仅婚姻，一切人生大事也都要以尊长前辈的是非为是非；"不孝有三，无后为大"，做事情主要是向先人祖宗负责，而不是面向现实和后代；"一人治天下，天下奉一人"，若不当君主，世上所有人生下来的命运就是服从和侍奉最高家长等。

这种"家族本位""家长主义"和"君主至上"的格局，落实到每个人的头脑中，就形成了各种不同的人生方位感，视其地位而定。例如，普通百姓早就被叫惯了"小民""子民""草民""蚁民"；大小地主和官僚们在百姓面前自有一副尊长的面孔，俨如"民之父母"，而在上司和君主那里，却总是自感为奴仆、奴隶；君主虽居亿众之上，却时刻对冥冥之中潜伏着的"天命攸归"不无顾忌，处处防范有新的"真龙天子"来取代自己……这样一来，谁都不会真正感到自己是社会的主人、自己是自己命运的主人，而只是"天命""天意"手里的玩具。"梦里不知身是客，一晌贪欢"，一个当过君主的诗人曾这样说。一个"客"字说明了不少问题。它表明，在封建主义价值观念体系中，把个人看作社会、国家、历史的"过客""看客"或"游客"，这已是一种普遍的方位感特征。谁都觉得自己无力成为真正的主人和主体，最多也就是"良禽择木而栖，贤臣择主而仕"罢了。

封建主义社会制度及其社会秩序信念的核心是宗法等级制，讲究"尊卑有别，长幼有序""君君、臣臣、父父、子子"，一切权力都是按这个顺序"自上而下"地行使。上述主体方位感表现在人们的社会秩序信念和理想中，就形成相反的两极：一种是对宗法等级制的崇拜，希望这种秩序保持下去，人人各安其位，不作非分之想，自己也有选择向上爬的目标和阶梯；另一种则是广大劳苦人民对等级制的反叛，要求实现一种"等贵贱，均贫富"的平等。这种带有平均主义色彩的社会理想，在当时是封建主义社会秩序信念的对立面和补充，它从未真正战胜过封建宗法等级制。

封建主义社会规范的基本内容是"纲常""礼教"，其最大特点就是用"天"来压"人"。地主阶级把自己的伦理观和政治规范说成"天意""天理"的表现，所谓"王道之三纲，可求于天。天不变，道亦不变"即此意。一方面，掩盖了"三纲五常"的阶级实质；另一方面，把大多数人的现实需要和利益说成违反天理的"人欲"，强制人们"存天理，灭人欲"。规定了许许多多的"非礼勿……"，都是以"禁"字打头，"禁民为非""禁民为恶"。而封建主义道德中的是非善恶，其本质究竟是什么？正如《礼记》中所说，"贵贵尊尊，义之大者也"，是为少数贵尊者服务的。对于大多数人来说，这些政治规则和道德规范只是精神绳索。强制推行这些规范，必然与人们的生活实际相冲突，结果要么牺牲人的个性，把个人的行为变成规范的外壳和工具，造成许多"祥林嫂"那样的悲剧。要么事实上鼓励和提倡虚假，造成分裂型、表现型、两面型人格，使"伪道学""伪君子""以礼杀人"的现象泛滥。

与上述现象相联系的封建主义的价值实践意识，是一种保守主义、封闭主义的思维方式。

封建主义的价值观念的本位价值，是封建宗法等级制度中的权力，即"权本位"。在一切价值中，权是最高的价值，最终都要以权来衡量，唯权是听。物的价值，要看它对维护现有权势的作用；人的价值，则取决于人占有和享用的权力的等级。权力并不是个人责任、能力、贡献甚至财产的对应物，而只是由个人在宗法等级阶梯上的位置赋予的。在家庭中，个人的权力多半来自他的辈分；在社会上，则主要来自他们的门第和官级。所以封建社会中，代表价值的最重要的"吉祥物"，莫过于与"官级"相联系的"四子"："印把子"（官印）、"帽子"（"乌纱帽"）、"椅子"（"交椅"）、"轿子"等。"权本位"是整个封建主义的社会制度和人与人关系的凝结。"权本位""一切向权看"的观念则是封建主义价值观念最集中、最典型的表现。

封建主义曾是历史上新兴的社会制度，它的价值观念体系也曾拥有很强的生命力。但是到了今天，它已经成了完全落后的东西，成了民族文化传统中的糟粕。在我们这个封建社会历史很长而资本主义和社会主义的历史都很短的国家里，彻底清除它的流毒和影响的任务仍然是很艰巨的。很多事实都表明，虽然时代不同了，但封建主义的幽魂并未散尽，我们仍然要同它的纠缠进行长期的较量。

诱人的彩色广告

资本主义的价值观念，是指在资本主义社会中占主导地位的资产阶级的价值观念。它形成和建立于资本主义的经济基础之上，反映的是私有者的利益和生活方式。但是，它给人以一种错觉，仿佛自己是与"人性"、人的现实最为接近、最为合理而有益，对全人类都永远适用的观念。这很像市场上竭力美化商品的彩色广告，用了很多夸张的许诺来兜售其实并非那么完美的商品。

资本主义的价值观念体系的核心是"个人本位"和"个人主义"。资产阶级的思想家认为，社会的一切权利"源于一个人对自己生活的基本权力"。因此，主张把全部社会、群体都归结为一个个的个人，认为只有个人才是实在的。人人都是自己生命、能力和财产的私有者，这是不可侵犯的"天赋人权"。每个人都从自己出发，为了自己，整个社会的关系和结构依靠个人之间的相互交往和相互制约来形成。个人之间的相互联系都往往通过商品买卖式的等价交换才能实现，则是"个人本位"和"个人主义"的实质。

资本主义的价值观念中的"天赋人权"看起来是强调了人与人之间无条件的平等，但它掩盖了人的权利实际来自对私有财产的占有这一前提。私有制并不是天赋的，而是人赋的，即建立在阶级分化和剥削基础上的。掩盖了社会关系方面的根源，就可以把个人说成孤立的、自由的、已经完全平等的，这显然有利于既得利益者。在"个人本位"的观念下，确实容易产生"人人都是自己的主人"这样一种虚幻的主体方位感，而实际上却导致"人对人是狼"。每个人在有很强的个人独立意识、自我意识、竞争意识、个性意识等的背后，往往埋藏了在社会和他人面前的孤独感、冷漠感、压抑感和危机感。似乎谁都不怕谁，但实际上是谁都不信任别人。每个人的命运都是在不停的竞争和淘汰中造成的，并不能由个人自己和大家的联合来掌握。

资本主义社会秩序的特征，是私有制基础上的商品自由贸易和自由竞争。因此，"自由"这个观念在它的价值观念中占有突出的地位。这种自由是在承认天赋人权的"平等"前提下，按照"物竞天择"的方式实现社会运行的自由。事实证明，这种社会秩序及其信念，比封建主义更能调动社会因素的积极性，提高生产和生活的效率。但是，这种"自由"是以牺牲社会的公正和平等，并扩大不公正和不平等，维持两极分化为代价的。它事实上不是大多数人的自由，而只是"资本的自由"。有钱才自由，没钱就只剩下了一种出卖自己、任人剥削的自由。在这种"自由"的观念下，资本主义社会中不仅剥削、投机和巧取豪夺无所顾忌，而且许多病态的、畸形的现象，如黑社会、吸毒、反社会反道德的犯罪行为，也可以堂而皇之地走上街头，公开要求社会承认。这些都足以证明这种"自由"的不彻底性。

资本主义的社会规范意识，具有功利主义、手段化和多元化的特点。在内容上，资本主义的社会规范是以经济功利为核心的。保护私有制，维护商品自由竞争的秩序以有利于整个私有者阶级获得经济实利为主要目的，是它的政治、道德和法律规范的最高原则。在形式上，各种社会规范日益成为人们借用的手段。人们习惯于用法律来解决问题，但资本家关心的只是通过钻法律的空子来牟取暴利，而不是用法律来建设公正的社会秩序。人们对政治的态度也非常讲究实际，但人们多半把政治本身当作政客的游戏。对道德所关心的，更多的是它与经济实利的联系，而不是人格的塑造和完善。在"个人本位"和"自由竞争"的基础上，资本主义社会中经济、政治、道德等规范的标准，是普遍多元化的。每个人、每个集团和政党都可以各行其是，只有被诉诸法律时，才有约束。人们在法律之外没有或极少有共同的准绳。

与上述观念相联系，资本主义社会盛行的价值实践意识，是实用主义的思想和行为方式。

资本主义社会的本位价值，是商品交易中的功利，其物化的标志和"吉祥物"就是金钱。"钱本位"集中显示了资本主义的社会制度、人与人相互关系及其价值观念的实质和特征。一切都可以折算成钱。一切都可以做现金交易，有钱什么都可以办到。赚钱是最大的追求和成功，赔钱是最大的痛苦和失落。"一切向钱看""金钱拜物教"的盛行，表明了资本主义商品关系渗透到生活的各个角落，也表明了人的活动和人的社会关系异化到了极端的程度。

以个人主义、自由主义、功利主义、实用主义和"钱本位"为特征的资本主义价值观念，与以家长主义、极权主义、礼教主义、保守主义和"权本位"为特征的封建主义价值观念相比，有其历史进步性的一面，但同样也是以往时代的产物。它们都是阶级分化和对立、少数人统治大多数人时代的价值观念。但是，资本主义作为取代封建主义的新的社会制度，资本主义的价值观念作为目前世界上尚被奉行的价值观念体系，在现阶段仍有一定的基础。它的许多具体观点、观念和特征，不仅同资本主义的经济基础有着深刻的联系，而且同一般商品经济、工业化生产也有一定的联系。所以，尽管资本主义价值观念本质上仍然是剥削阶级的观念，总体上是不合理、不科学、虚假的观念体系，但是要战胜、抵御它那富有现实色彩的欺骗和诱惑，却必须比战胜封建主义付出更多、更长期、更踏实和卓有成效的努力，绝不是简单的否定和批判就能解决的。只有在建设比资本主义有更大的优越性的社会制度的同时，也建立和建设更为科学、合理和先进的价值观念体系，才能真正战而胜之、取而代之。

托起明天的太阳

社会主义的价值观念，是指历史发展到要取代资本主义制度、彻底消灭阶级和剥削的时代产生的，以无产阶级和人民大众为主体的新型价值观念。

在理论上，马克思主义通过对社会历史必然趋势和工人阶级历史使命的科学分析，建立了科学的共产主义学说和它的基本价值观念原则。社会主义价值观念则是共产主义价值观念体系在现阶段的历史形态。在实践上，社会主义革命和建设事业是这一价值观念逐步具体地形成和完善的条件。

按照马克思主义的基本思想，社会主义的价值观念的核心可以概括为"人民本位"和"人民主体论"。人民群众从来就是历史的创造者，以无产阶级为先锋队的人民大众，是当代人类社会发展主流的代表者。但是，人民成为社会制度及其价值体系的真正主体，只有在建立自己真正当家作主的新型所有制和人民民主政治的条件下才能实现。中国共产党在领导人民实现这一历史性转变的过程中，就旗帜鲜明地确立了"为人民服务"的宗旨。社会主义制度的真正建立，应以人民为主体作为各项事业的根本标志。

"人民本位"既是对封建主义"家族本位"的否定，也是对资本主义"个人本位"的扬弃。它的前提是打破狭隘的小农生产方式，代之以社会化的大生产；打破了宗族血统关系，代之以劳动化的人际关系。它是充分承认和尊重劳动者的个人社会权利的观念，同时，它又不是以抽象的"全人类"和分散的、孤立的、狭隘的个人为本位，而是以现实的绝大多数人或全体人民的共同利益为本位。"一切以符合最广大人民群众的利益，并为最广大的人民群众所拥护为最高标准"，集中地体现了人民自己成为主体的价值观念。"人民当家作主"和"主人翁"的新型集体主义意识，是社会主义价值观念特有的、人民群众每个成员要确立的主体方位感。

人民主体论的价值观念体现在社会秩序和社会理想中，突出地表现为对新型的社会平等和效率、新型的社会公正和正义的理解与贯彻。从根本上解放和发展生产力，从实际出发，实行有利于解放和发展生产力的所有制和分配制度，以满足人民的物质文化需要为发展生产力的目的；注重劳动人民共同富裕的效果，防止重新发生两极分化；人民在自己内部实行充分的民主政治以最终消灭阶级剥削和压迫为归宿等，既是社会主义社会自身建设的基本特征，也是社会主义区别于并优于以往一切社会制度的主要特点。

以人民为主体的社会规范体系，其最大的特点就是两种主体从根本上达到统一：人民作为社会主义的政治、道德、法律等规范的主体，通过各种方式成为规范的制定者和执行者，用各种社会规范来保证自己的利益；人民的广大成员作为个人行为的主体，认识到自己的根本利益和要求同社会规范要求的一致性，因此自觉自愿地遵守必要的规范，并通过奉行规范使自己在各方面得到健康发展。人民自己制定、执行和遵守自己的社会规范，这样才能够真正做到规范的约束性和服务性、目的性和手段性的统一，不再需要也不再制造人格分裂、压抑、虚伪和社会风气败坏的悲剧。

与上述特点相联系，社会主义的价值实践意识必然表现为一种生气勃勃、奋发进取、开放灵活、讲求实效的实事求是精神，是充满创造性活力的"实践的唯物主义"。

社会主义社会的"本位价值"，是目前在理论上还有待于继续探索和总结的一个问题。历史上的任何一种本位价值，都是在相应的社会制度趋于成熟的过程中，客观地、必然地形成的，不是根据人的主观愿望凭空产生的。社会主义目前还处于刚刚建立不久的初级阶段，它的整个价值体系都还在形成和创造之中。在这个历史的进程中，要形成既现实又先进、既普遍又强有力、完全可以战胜和取代"权本位"与"钱本位"的东西，当然不是三言两语或魔术般的技巧就能办到的。同时，更由于社会主义是以达到共产主义为目标的，实现人的自由而全面发展是它的目的。既然如此，它要造就丰富多彩、全面发展的生活条件和方式，那么是否还会形成单一的价值本位，本身也有待于历史来验证。因此，不如说，在社会主义阶段首先要解决的问题是战胜和消除"权本位"和"钱本位"两种旧的模式及其观念的影响。

社会主义是人类历史上从未有过的全新的社会形态，它在理论和实践上都要经过长期、曲折、复杂的探索和创造，才能最终实现。马克思主义的学说指明了它的基本道路和原则，却没有也不可能预先确定它的一切细节。社会主义的价值观念的各个方面，更多地依靠社会主义的建设者们在实践中加以具体的创造、总结、充实和发展。它犹如精神世界的东方日出，它的升起是不可阻挡的，但它还要经过一段路程，并且冲破重重云雾，才会把灿烂的光芒照遍人间大地。

三、在历史的转折点上

三种价值观念体系的优劣成败，从历史发展的大趋势来说，结论是很分明的。但是，在现实的生活中，它们之间的相互比较和斗争却不是自然而然地分出高下胜负的。对我们来说，要用社会主义的观念战胜封建主义和资本主义的观念，不仅意味着要击败它们的侵袭和挑战，而且意味着要适合现实条件尽快建设和完善一套全新的、有中国特色的社会主义价值观念。这是一项极其重要的精神文化深层建设事业，它从精神、心理上决定我们民族和国家的前途命运。

转型：一个伟大的历史进程

考察我国价值观念的现状和变革趋势，不能忘记一个总的大背景：我们正处在一个社会转型的现实进程之中。价值观念变革的走势，离开这一背景，就无从得到说明。

这里所说的"社会转型"，是指我国的改革开放和现代化建设事业。我们每个人都可以从生活实际中感受到，短短四十余年的改革开放和现代化建设，已经使中国社会发生了巨大而深刻的变化。特别是 1992 年明确提出把建立社会主义市场经济体制作为我国经济体制改革的总体目标之后，这种变化无论是在广度上还是在深度上，都比以前更迅速、更深刻了。现代化将引导我们的国家和民族走向伟大的复兴。中国现代化实现之日，将是中华民族以崭新的姿态屹立于世界民族之林之时！

为什么说现代化的过程就是我国社会转型的过程？这需要从历史的大尺度上加深对社会转型的理解和认识。

所谓社会转型，从社会发展的意义上看，就是指社会形态的根本变革。这样的变革在人类历史上曾发生过好几次，如从原始社会向奴隶社会的发展、从奴隶社会向封建社会的发展。不过，这些历史上发生的社会转型，就其意义来说，远不及近代以来发生的人类有史以来最深刻的一次变革——从传统社会向现代社会的转型，对人类的前途命运产生如此深远的影响。

马克思在《1857—1858 年经济学手稿》中，依据作为主体的人的生存发展情况，把人类社会的历史发展划分为依次更替的三大形态：人的依赖性社会、人的独立性社会和个人全面发展的社会。他指出："人的依赖性关系（起初完全是自然发生的），是最初的社会形态，在这种社会形态下，人的生产能力只是在狭窄的范围内和孤立的地点上发展着。以物的依赖性为基础的人的独立性，是第二大形态，在这种社会形态下，才形成普遍的社会物质交换，全面的关系，多方面的需要以及全面的能力的体系。建立在个人全面发展和他们共同的社会生产能力成为他们的社会财富这一基础上的自由个性，是第三个阶段。第二个阶段为第三个阶段创造条件。"马克思在这里所说的三种社会形态的依次更替，都可以看作社会转型的过程。

用这一框架来分析我国的实际情况，所谓社会转型，就是指我国从传统型社会向现代型社会的转变和过渡。而所谓传统型社会，在这里主要是指以"人的依赖关系"为特征的社会。所谓现代型社会，主要是指"以物的依赖性为基础的人的独立性"社会。当然，现代型社会中也包含着"自由个性"的萌芽和因素，但作为第三种形态，它主要是社会发展的未来趋向。

具体地说，从传统型社会向现代型社会的转变是传统性的消解和现代性的生成过程，它表现在社会的各个方面：从经济形态看，是从自然经济向以市场为导向的商品经济转变；从政治形态看，是从各种以卡里斯玛式（Charismatic）的权威控制为特征的集权专制型社会向建立在个人自由平等基础上的民主法治型社会转变；从社会关系看，是从各种以身份为特征的依赖性关系向以个人独立自由为基础的契约性社会关系转变。以上三条，用帕森斯（Talcott Parsons，1902—1979）的现代化理论来概括，就是现代性具有三个标志性特征：市场经济、民主政治和个人自由。凡具备这三个特征的，就是现代型社会。不具备这三个特征的，是非现代型社会，就我们现在所知，也就是传统社会及其变种。由此不难明白，我国的现代化过程，就是一个实现从传统社会向现代社会变迁和转型的过程，这是中华民族振兴的契机和希望所在。

把视线往前追溯，我们可以看到，中国的现代化是一个发端较迟而又充满曲折坎坷的艰难历程。即使把明朝末年江南等地资本主义的萌芽看作中国现代性发轫之迹兆，但它根本不成气候。中国基本上是在西方列强"坚船利炮"的进攻和侵略之下，才不得不被动地提出自己的现代化（当时叫作"近代化"）任务，但满清政府根本没有能力实现这一任务，它只能穷于应付种种不时来临的内忧外患，最终也挽救不了走向覆灭的命运。推翻清朝建立中华民国后，中国又很快陷入内战之中，一直没有赢得在统一的民族国家内、在统一的政府主持下实施现代化任务的充分条件。中华人民共和国建立后实现现代化的政治条件已经具备，而且我们在第一个五年计划期间取得了很大成绩，初步建立起比较完整的工业体系和国民经济体系，为实现现代化打下了较为坚实的基础。可是，从20世纪50年代后期起，我们就陷入不断的政治运动之中，现代化事业严重受挫。直到1978年开始拨乱反正以后，我们才重提现代化的目标，并在排除各种干扰的基础上，逐步走上了一条健康发展的道路。

总之，今天的局面来之不易。意识到现代化是我们民族振兴的希望所在，就要努力维护之，并积极促成中国社会转型的成功实现。

今非昔比的中国人

那么，我们如今的价值观念状况怎样呢？有关的调查研究表明，目前我国人民思想意识的深处，正处于价值观念深刻变革的过程之中。这里有许多重要的内容值得我们深思、抉择。

大体上说，我国目前价值观念的状况是悠久的历史积淀下来的优秀民族文化传统精华与封建主义的糟粕，在几十年的实践中已深入人心的那些社会主义的基本观念与外来资本主义的种种诱惑和侵袭、新的与旧的、自觉的与盲目的、科学的与迷信的等，各种观念都在新时代的气候下涌动着、撞击着、竞争着，交织成我们目前精神世界特有的图景。其中，最近十几年来出现的以下三个方面的变化，具有特别发人深省的意义。

首先，人们的主体意识显著地增强了。大家越来越重视用自己的眼睛看问题，用自己的头脑想问题，根据自己的亲身体验去判断是非。不再是简单地等待和听从长官的指令，而是主动地追求和坚持自己相信正确有益的东西。对人的个性多样化的理解和尊重正在强化。人与人之间平等合作和交往的形式日益丰富化、明朗化。更多的人对自己的社会权利和责任有了较强的自觉意识，增加了选择自己生活方式和道路的自由感等。这种主体意识的增强，对于不同人和不同情况来说，显然会有不同的效果。对于大多数人民来说，主体意识的增强意味着主人翁精神的成长和发扬光大，这正是巩固和建设社会主义、振兴国家民族所深切需要的。而对于缺少爱国主义和社会主义思想基础的人来说，则会意味着削弱中华民族的整体意识，带来个人主义、自由主义等负面后果。因此，在现实面前，我们应该如何看待主体意识的增强，自觉地选择和建设什么样的主体意识，就不能不成为价值观念建设中的一个首要的问题。

其次，人们的实效意识更加显著地增强了。人们对实效，首先是经济生活方面的实效，同时也逐步扩大到政治生活、精神文化生活方面的实效，日益表现出最大的关心和热情。过去落后意识中重名轻实、重脱离实际的"义"而轻经济和科技发展之"利"的陈腐观念，贪图虚名、形式主义、弄虚作假、花架子等，在人们的思想和行动中正在彻底地丧失其市场。实效正在成为审视各种价值的真正标准。

实效意识的增强，是我们摆脱"左"的僵化思想的束缚，走上以经济建设为中心的轨道这一历史性转变的必然产物。在坚持以发展生产力为最高标准、以提高人民生活水平为发展目标的社会主义建设中，实效意识的普遍增强无疑是一种向真正的社会主义价值观念的复归，因此它有极其重大的意义。但是，当人们以片面的、孤立的观点看待实效的时候，实效意识的增强则会导致狭隘功利主义的泛滥，从而干扰建设的大方向。在这里也同样存在着一个自觉地选择和建设价值观念的问题。

最后，人们开始注重多方面的、全面的价值。在社会上，不仅物质文明要发展，精神文明也要发展，同时生态环境的文明也提上了日程，而且要求把三者协调一致。这突破了以前仅仅重视片面的政治价值、道德价值或功利价值的狭隘框框，而是追求社会自身发展的和谐、社会与自然的和谐。在个人生活中，人们的追求也是日益多面化。温饱与丰富、劳动与娱乐、职业与特长、知识与情趣等都成为生活的热点。多层次的文化生活开始成为人们向往的境地。

全面价值意识的增强在目前虽然仅仅是略显端倪，但它有着深远的意义。它是在政治安定、经济勃兴、文化繁荣的条件下，人们的需要和能力走向全面化、协调化发展的表现。这一发展趋势正是社会主义所要创造和追求的，它的充分实现是与共产主义理想相联系的。因此，它代表着价值观念发展的方向。但是，全面性需要的满足必然受到社会全面发展因素的限制。在社会发展还不具备充分满足全面需求的条件的时候，这种意识的超前增强，则会成为潜在的社会压力和不安定的因素，结果反过来对人的全面发展产生不利的影响。可见，这里仍然包含着深刻的现实问题和观念问题。

从上述三个方面的变化中可以看出，社会主义价值观念的深化是其中的主流，但并不完全排除滋生资本主义的价值观念、甚至倒退回封建主义的价值观念去的可能。如何将这些变化因势利导，使科学的和先进的价值观念体系更自觉、更具体、更明确地完备起来，使它得到真正的充实和贯彻，从而避免和战胜旧的观念，显然是我国当前一项关系重大的任务。

在这里，我们仍然面临着无可回避的严峻抉择。

无可逃避的选择

社会主义的价值观念究竟是怎样的，如何在实践中有效地贯彻实现它？在思考这个问题的时候，不应忘记一个前提：社会主义的价值观念和社会主义本身一样，都不是完全现成的、凝固不变的，它们都要随着实践的发展而不断发展、完善。这也就是说，社会主义价值观念要在社会主义实践的过程中，不断地加以探索、总结和创造。前面谈的那些基本内容，只是马克思主义对社会主义价值观念的大体原则所做的规定，不能用它们来代替具体的建设。

我国的社会主义实践，现在进入了中国特色社会主义新时代。这是中华民族重新振兴自己，走上现代化道路的大好时期。四十多年来的经验表明，这场深刻的改革需要通过加强价值观念的建设来指导和保证，我们的价值观念也需要在改革中实现自己的建设和发展。

改革需要价值观念的指导。在改革时期，各种价值观念的相互撞击和冲突必然空前激烈。没有一套明确的、系统的价值观念，就不能做出深刻的、一贯的选择，改革就难以有目标、有步骤地深入下去。正如没有"贫穷不是社会主义"的观念，就不会有"以经济建设为中心"的战略决策和"允许一部分人先富起来"的具体政策；没有"社会主义就是解放生产力"和"改革不仅是发展生产力，也是解放生产力"的观念，就不会有"以发展生产力为评价一切工作的最高标准"的方针；没有"为人民服务"和"使人民共同富裕"的目标观念，就不会有限制和防止两极分化及治贫扶贫的各项配套措施；没有"科学技术是第一生产力"的观念，就不会有发展科学技术事业的大决心和将经济转移到依靠科学技术上来的决策等。科学社会主义基本价值观念的引导，不仅是我国坚持社会主义道路的思想基础，也是我国实行改革开放的思想基础。

但是，仅有基本的观念和原则还是不够的。一方面，随着现代化建设的全面展开和改革开放的深入扩大，实践对价值观念的要求也越来越全面、深入和具体。许多事情往往是不做不知道，一做起来就发现有许多种可能和效果。利弊得失、福祸轻重、功利善恶、真假美丑、成功与风险、收获与代价等，处处都需要有具体的权衡标准和决策依据，因此也就需要有相应的一套既具体有效，又彼此协调一贯，共同构成一个有机系统的价值观念。另一方面，我们长期习惯了的某些基本观念本身，也要在新的历史条件和实践面前接受检验，加以充实和更新。

例如，关于"社会主义是与资本主义根本对立的"这个观念，从实质上说是符合实际的。但是实践也证明，仅仅强调它们彼此对立，而忽视社会主义在人类文明发展过程中的历史继承性和连续性，忽视了二者还有相互学习、借鉴和彼此利用的一面，就会导致在社会主义建设中形成一种自我封闭的僵化态度，不敢和不愿去大胆地学习资本主义对我们有益的经验，吸收它能为我所用的有效成果。这样只会削弱或阻碍我们自己的发展壮大。

又如，长期以来曾有一种观念，认为计划经济才是社会主义的经济本质，而市场经济则是资本主义的经济本质。因此，在发展社会主义的商品经济时，就不敢或不愿放开手脚，充分利用市场机制。然而，实事求是地、科学地看待计划与市场，就需要改变这种观念，看到计划和市场都是配置资源的经济手段，可以为不同的社会制度所采用。

再如，曾有不少人以为"大锅饭""铁饭碗"没有就业的竞争和失业的风险，是社会主义优越性的表现，只有在国有和集体所有制单位里工作，才是干社会主义的职业，只有从政为官，才意味着对社会有大的贡献等。这些观念也随着改革的深入而受到了极大的冲击，事实上发生了深刻的变化。许多人已经看到，真正对发展社会主义社会的生产力有益，真正对增强我国的综合国力有利，真正对改善和提高人民生活水平有效的劳动，绝不限于上述那些形式和条件。相反，有时正需要在改革中突破旧的模式，才能真正调动和发挥广大人民主人翁的积极性，显示社会主义的生命力。

这样的例子可以举出很多。它们尖锐地显示了价值观念建设问题的紧迫性。短短四十几年的改革实践，从多方面提出了深刻问题，既有国家社会的，也有涉及个人的。面对这些问题，我们可以听到生活实践发出的震撼心灵的呼唤，这是现代化的事业在呼唤现代化的价值观念。建设和改革需要价值观念，价值观念本身也需要建设和改革。

短短四十几年的改革实践，也为建设社会主义价值观念体系积累了丰富的正反面经验和材料。只要以科学的、实事求是的方式给予认真的思考和总结，跟上实践的步伐，那么在马克思主义已经阐明的基本原则的基础上，我们中华民族就一定能够建设起自己的一套先进的价值观念体系，并用它去引导自己走向胜利的未来。

一位西方学者曾断言，由于没有完备有效的价值观念，中国的改革只有两种可能：一种是半途而废，因为与原有价值观念相冲突而中止改革；另一种是和平演变，即全盘接受西方资本主义的一套价值观念。

愿我们的实践会最终证明，这个断言是虚妄的。

四、构筑 21 世纪的文化

价值和价值观念体系是各种文化体系的核心和灵魂。我国社会主义的价值观念体系的建设，实际上承担着构筑中华民族 21 世纪文化灵魂的历史使命。

在世界上，文化和价值观念的冲突与变革，正在成为一个具有全球性、时代性的问题。东西方之间、传统与现代之间、不同文化和价值体系之间的比较和冲突，表现得越来越明显。在国内，建设中国特色社会主义的事业，也必然要求有一套与之相应的、先进的思想文化和主导价值观，作为具有高度凝聚力和推动力的共同理想信念，为事业的成功提供精神保证。这一切都告诉我们，现在处于民族文化和人类文化发展的关键时刻，高举起自己的旗帜，切实加强现代文化的建设，才能肩负起无愧于历史的责任。

文化：我们自己的权利和责任

我们价值观念的变革和重建，意味着文化观念的反思和进步。

谈到文化，人们已经有越来越多的感受和意见。它反映出，面对社会发展的历史关头，我们正在进行一场民族文化的自我反思。作为整个民族在世纪之交的一场情感与理智上的自我对话，事关今后的选择和导向，对它的意义自然应该有充分的估计。而当我们从价值观的高度来看待文化时，不能忽视的是，首先必须要有一种清醒的、健康的主体意识。

例如，文化究竟是什么？应该如何看待我们的文化（包括道德）传统与现实及未来的关系？应该由谁、用什么样的标准来评判它的优和劣、精华和糟粕？……在这些问题的背后，则有一个如何对待当代人的权利和责任的问题。

例如，究竟什么是"传统"，传统是否仅仅等于"过去"或"过去已有的东西"？一说起"传统"，中外都有不少人习惯于这样理解和使用它，似乎"传统＝过去"是无可争议的。但这是一种在形式化操作中形成的非常肤浅的表面印象。中外思想家经过认真严肃的考察，曾对"传统"的本质和特征做过各种力求科学的说明。这些说明大同小异，都认为传统是在人们生活中形成和世代相传的思想、道德、习俗等文化内容和形式。

传统是把人的过去和现在联系、连接起来的那些社会因素和方式。就是说，构成"传统"的两大基本要素是在过去或历史上形成的，并且流传至今或仍存在于现今的东西。也就是说，传统是指走到"现在"的"过去"，是"过去"在"现今"的存在和显现，而不是仅指过去曾存在或者人们赋予过去的东西。传统并不是先天注定、一成不变的，而是在实践中不断形成和发展着的。古已有之的东西，未必皆成为传统；古未有过的东西，也未必不能进入传统；说到底，在生活中已经死去的、在历史上湮灭了的东西，并不属于传统；只有在现实中仍然活着并起着作用的既往存在，才是真正的、有生命力的传统。

所以，认识传统必须以"现在"为坐标。如果这样比较理智地、科学地理解传统，那么要了解它的真正面目，就应该是把重点放在现在。要了解中国人的传统，就要首先认识现在的中国人，从现在追溯过去，而不是脱离现实，只知一味地（事实上是按照主观愿望有选择地）回顾过去。单纯用"过去"来解释传统，那么"弘扬传统"就会同复古和保守联系在一起。不仅如此，这种理解方式还必然会遇到一个难题："过去"到什么时候？从何时开始有的东西，才有资格称为"传统"？如京剧，如今被公认为"中国传统艺术的奇葩"，但京剧的形成迄今不过二百多年，那么二百多年以前它算什么？如果当年徽班进京时，人们以"不合传统"拒之，我们还会有今天这个"国粹精华"吗？

立足于现实理解传统，有助于使人注意自己思想文化习俗中更深层的、实质的东西，而不是停留于表面的形式。例如，爱讲传统，并经常以过去为标本来说明传统，这本身也是中国文化的一个重要传统，迄今我们仍在保持。

从孔夫子"法先王""克己复礼"和"信而好古"起，我们民族（主要是上层精英）就有一种习惯和风气：每当重要的历史关头，就要大力回顾过去，追求先人，喜欢走"托古喻今""借古证今"的文化迂回路线。其中包括一些激进的改革者，历来也喜欢从归咎和责备前人入手。对于这种无论是肯定还是否定，都重在探究过去的逆时序思维传统，它的现实基础、文化含义、价值导向和实践意义究竟如何，难道不也需要加以省察吗？省察并不意味着完全否定或抛弃这一传统，但至少可以使我们对此有更明确的自觉，从而追求更科学的方式。可惜的是，已往虽然对此有过反思，但一直很不充分。

在谈到传统主义和反传统主义时，不应忘记一个历史经验，即深入的分析已经表明，中国历史上激烈的反传统主义者，从来都与传统保守主义者一样，身上带有（甚至有时比后者更深的）传统烙印——他们往往是以最具传统特色的方式去反对传统。与之相反，那些并非站在中国文化传统立场上的外国观察者，当不与自己利益冲突时，却常常表现得对我们的传统文化有更多的宽容、理解甚至欣赏的态度。这恰好说明，传统主义和反传统主义常常是同一传统硬币的两面。生活在一定文化环境中的人，即传统的主体之人，不论其对本民族的传统是爱是恨、态度如何，因为他正是在这一传统的母体中发育的，所以都并非或者很难是能够外在于、超越于传统的人。而真正与某一传统相外在、相背离的，却只能是与它本不相干、对它来说属于"非传统"或其他传统体系的人。既然如此，国人如何看待自己人之间的传统与反传统之争，不是应该想得更客观一些、更深入一些、更自觉一些吗？

再如，究竟什么是"文化"。据说世界上关于"文化"的学术界定有上百种之多，可见要统一定义确有难度。但无论如何，在其外延把握上也有基本的共同常识，即文化绝不仅仅有精神文化，还有物质文化、制度文化等；而精神文化也绝不能完全归结为文人文化和文章典籍。否则对于人类文化的理解，将会成为最狭隘浅薄的偏见，"弘扬文化"也会成为最庸俗无聊、华而不实的玩弄形式和文字游戏。而人们关于传统文化的议论和举动中，恰恰存在着"文化＝精神文化＝文献典籍""传统文化＝古代文献典籍"的误区。

按唯物史观的理解，精神文化也有个"虚"和"实"的问题，即人们在精神生活方面所说和所宣传的是什么，与人们实际上所想和所做的是什么之间，存在着一定的差别。一个民族的文化与它的文章、文献、典籍的关系，犹如人的生活方式和实际"所作所为"、与他们出于某种主见而"所言所说"的关系。事实证明，要认识一个民族、一个人有怎样的文化，主要不在于他们的言辞和感情的宣言是什么、表达了怎样的认同，而在于他们是为何和如何（以什么方式）认同和表达的。如前所说，人们对待自己生活的现实态度和选择方式特征，比他们拿在手里的文化经典更能说明其文化和传统。而要深入了解人们真实的所想所为，远比查阅书本要麻烦得多。但唯其如此，才有资格判断一种文化的完整真实。

如果讲文化只关注书本而忽视了人和人的现实生活，讲古代文化只关注古人口中笔下所说的，却忽视了他们身体力行所做和所做到的，讲民族文化只着眼于少数精英而忽视了民族大众等，无异于避实就虚。这样做，很容易把一时的愿望当成了恒久的规则，把少数人的感想当成了普遍的事实，把曾有的宣传声势当成了既有的实际成效。这样看历史，就会如鲁迅所说，看人只看"搽了粉的脸蛋"，而未去"看他的脊梁"；这样谈文化，就只会在"我注六经"与"六经注我"的游移循环中兜圈子，缺乏面对现实的勇气和创造力；这样去设想未来，就总是沉湎于某种昔日的辉煌，用昨天为明天立极，走不出"逆时向思维"的消极心态。

文化是怎样的，归根结底是指人是怎样的。当我们以认真负责的态度整理、弘扬或批判中国传统文化的时候，不应该忘记人，不应该忘记马克思所说：人是怎样的，不在于他如何声称或想象自己，而在于他如何生活；社会是怎样的，不要看它关于自己说了什么，而要看它做什么和怎样做。这就是说，要认识我们自己的文化历史与现状，需要着重于我们自己生活、思想、道德和感情等方式的实际考察和历史进程考察，进行踏实深入、艰苦细致的调查研究，从而得出有理有据、虚实结合一致、有分析有综合的科学结论，而不能仅仅用未必准确地反映了其完整面目的文献典籍整理来完全代替。要建设 21 世纪的中国特色社会主义的新文化，也不是从概念出发，完全按照过去的书本模式来设计和规定未来，而要最终从我们自己的现实出发，向前看，在改造和发展实际生活本身的同时，去探索和建立促进社会全面发展的新思想、新道德、新习俗。在这一方面，历史赋予我们的任务是长期而艰巨的，绝非凭一时的"热"情能完成的。当然，这一切都离不开哲学，即富有生命力和创造力的当代马克思主义哲学，作为其思想指导和武器。

总之，从哲学上对"传统文化"概念进行必要的批判考察，我们应该破除对它的狭隘化、表面化和神秘化、抽象化理解，增加一点重视现实、注重实际、尊重群众、依靠科学、面向未来的意识。说具体些，就是要首先意识到："传统"从过去而来，但并不等于"过去"；"文化"以文献典籍为镜像，但并不仅存于文献典籍之中。因此，"国学"乃中国古今之学，而并非只有"古学"等。与此相应，还需要再以理性的思考为基础，加进一些这样的观念：文化就是生活，文化就是创造；传统存于现在，我们的传统就在于我们的现实。因此，我们对自己的传统文化有充分的责任和权利，不仅继承它，而且创新发展它。与对传统文化的传统理解相比，也许这样的说法，更有利于增强我们对自己民族文化和传统的健全意识。

和而不同：全球化与多元共生

与 21 世纪价值观和文化建设有密切关系的一个重大问题是面对经济"全球化"的趋势，世界多元民族文化的命运和前途如何？我们应该做出怎样的选择和定位？

文化的多元化是人类迄今为止的基本事实。那么它是好事还是坏事？人们是应该继续保持和维护它，还是应该想办法消除它，让全人类逐渐有一个同一的文化？对这个问题，自古以来就有各种不同的想法和猜测。其中最有影响的，要算"大同"理想了。很多人觉得，既然我们是同一个地球上的人类，那么全人类的文化就迟早有一天会统一起来、一致起来。中国古代圣人孔子提出的"天下大同"思想，其核心就是要实现天下文化的大同。西方基督教的《圣经》中也有同样的思想。《圣经》还通过讲述"造巴比伦塔"的故事（这个故事说，由于人们有了不同的语言就再也难以沟通，所以最终无法合作建造一座通天塔），揭示了人类由于语言（文化）的分隔而造成的极大痛苦和不幸。可见，"人同此心，心同此理"，实现全人类文化的统一，确实是一个难以抛弃的崇高梦想。

梦想自有其合理而感人之处，但它毕竟既不是科学，也不是现实。从道理上讲，这里有很多尚未彻底弄明白的问题。例如，全人类的文化究竟是否应该"趋同"？为什么应该"趋同"而不是保持各异？特别是应该趋向于什么样的"同"？这样的趋同如何实现，包括应该由谁（谁有权决定）、以什么方式去实现等问题。从实际上看，从来就有很大的分歧。特别是当有的国家或民族强大起来，想要采取行动，通过战争或其他强制手段，用自己认可的某种文化去"统一"别的国家民族时，被统治者多半不愿意、不接受，甚至拼死抵抗。一次次"趋同"的结果，却总是"趋"而不"同"。

历史上最有名的例子，要数 11—13 世纪欧洲基督徒们的"十字军东征"了。在这三百年里，西欧的基督徒们凭借自己的信仰，想要统一基督教的天下。他们一次又一次组织起强大的军队，向与基督教有过关联的东方伊斯兰国家和地区进攻，前后发动过八次"十字军东征"。那经过、那情景，十分的壮观而惨烈，但结果是以"十字军"的失败而告终，宗教的圣地——耶路撒冷城至今也没有纳入基督徒的"一统天下"。

另一个例子是自从有了《圣经》上的那个"通天塔"的故事，人类关于克服多种语言文字之间障碍的愿望随着实践发展越来越强烈。于是，统一全人类的语言文字成为一个无疑是伟大而光荣的梦想。但是，自从有人精心地创造了一门新的语言——"世界语"以后，实际的情况又是怎样呢？几十年来，这种世界语并未成为人们"趋同"的目标，世界语似乎从未走出世界语协会的范围，至今并无一个国家或民族认同它。

古往今来有无数这样"趋"而不"同"的实例。它们表明，对"大同"或"文化趋同"理想本身，需要从头思考，要有新的理解和思路。

从历史的经验和教训来看，有两个问题是必须弄明白的：一是趋向于什么样的"共同"？换句话说，这里所说的"共、同"是什么意思？是完全的相同、同一、单一，"让大地上只开一种颜色的花朵"，还是"和而不同""大同小异"，达到一种多样化之间的统一、和谐，"让世界成为一座百花园"？二是这样的趋同靠什么力量、如何来实现？换句话说，也就是要由谁（谁有权决定）、以什么方式去实现？是让每一个认为有必要统一的人（国家或民族等），凭借自己的实力和强力去推行，相互决斗，还是尊重人们的自主选择，通过平等交流、合作乃至竞赛的方式，去创造出一种新的秩序、新的统一与和谐？这两个问题之间存在着内在的关联。如何解决这两个问题，实际上决定着人类文化共生与趋同的性质和命运。

为什么十字军东征注定要失败？为什么世界语的美好创意会遭到冷遇呢？原因当然很多，但其中最深刻的原因无非是，说到底，一切文化、语言文字的问题，首先是人们（民族、国家）自己的权利和责任、需要和能力的问题。而人们自己的权利和责任、需要和能力，是一切价值认同和价值选择的起点。凡是侵犯了人们的主体权利与责任，或者不被主体的需要和能力认同的东西，也就是在这个起点上没有根据的东西，在现实中必然不被主体接受。全人类统一的文化，并不能产生于任何人的主观设计和良好愿望，任何人都不可能将一种设计无条件地强加给别人，即使这种设计和它的初始愿望本身含有某种合理性，也不能强加。否则就会导致更深的隔阂、更多的侵害、更大的冲突。

但是，有人不懂得这个道理。世界上总有些人，习惯于认定只有自己的文化才是"文明的""进步的""发达的"，别人的文化则是"落后的""野蛮的"，他们进一步要求别人"趋同"于自己。例如，早期的西方殖民者曾用残酷的手段毁灭"土著文化"，现在他们的手段变得"文明"些了，但有些人仍然以"世界文化警察"自居，伺机用自己的文化和价值观去"同化"世界。这种现象，用他们自己的说法，叫作"文化普世主义"或"价值普遍主义"，而用受到侵犯的国家民族的说法，则是"文化霸权主义""文化帝国主义"。

从学理上看，各种"文化霸权主义"的观念可以归结为两个核心的观点：（1）认为世界上本来就存在普遍的、超阶级、超民族、超文化圈的共同的价值，包括所谓一般的和共同的"人性"、普遍的"人权"、无可争议的"人类基本价值"等；（2）这一切的集中代表，则是他们自己的那一套文化，包括他们奉行和自我欣赏的那一套价值观念等。然而实际上，前一点在理论上已经似是而非（笔者已另有论文《普遍价值的客观基础》发表，所以暂不在这里讨论），后一点则更是妄自尊大的表现。由于这种"文化霸权主义"的存在，人类文化的多样性、多元化发展正在受到一种严峻的挑战和干扰，人类的和平又受到了一种新的威胁。诚然，在当今世界上，全人类共同价值的问题比已往任何时候都更加凸显出来了。随着"地球村"和"经济全球化"形势的发展，特别是由于环境、资源、生态、安全、人口、战争与和平等全球问题日益严重，人们在这些问题上表示的关注也日益共同化和普遍化。于是，各种形式的文化霸权主义似乎也因此而有了更大的"说服力"，认为现代文明的发展趋势将使一些对立和差异趋于消失，人类文明越来越走向"同一"。然而，由于存在我们前面所说的两个问题，人类文化"趋同"的需要和趋势，却并不能为任何文化霸权主义提供证据。换句话说，并不能证明西方文化的"一统天下"正在从神话变成现实。

首先，"趋同"只能表明人类有了越来越多的共同问题，要求人们面对这些共同问题去寻找更多的共同点，以便得出共同的答案，却并不表明这些问题只有一个答案，更不表明这些答案只能以某些人如西方权势的意见为标准。答案只能以全人类的利益为根据，实事求是地得出来，而不能以要求各国人民放弃自己的文化和价值观念为前提。相反，在这些问题上，越是使各国人民的利益得到保证，使各民族的文化得以发展繁荣，共同一致的答案也才有可能真正地形成，并真正地得到执行。例如，保护环境、维护生态是最能体现人类共同的领域，照理说在这个问题上争议最少。但要达成具体的协议，也必须兼顾各国各地区的利益。所以，承认"共同点"与接受西方的结论之间并无联系。

其次，"全球化"也不等于西方化。经济全球化的确使世界经济的联系日益紧密，技术、资金、信息、生产和流通过程的相互依赖性日益加强，但这正是全球各个国家和民族共同参与的结果，而不是必然要消灭各国的民族文化。全球经济的一体化未必意味着全球文化的单一西方化，而只可能是多种文化之间的交会、融合。人类文化的互相学习是必然的现象，而且几千年来从未中断。不同文化体系间的文化交流，并不导致它们趋于同一。纵观人类文明史，文化交流并不能使一种文化被其他文化彻底同化，除非大规模毁灭。一般情况是一种文化汲取另一种文化的成分后，派生出许多新的文化品质、新的文化价值和文化形式，人们常常把这种文化称为"边缘文化""嫁接文化""杂交文化"或"共生文化"。事实上，不同文化互相交融、互相撞击和互相结合的可能性越大，就越有可能形成众多的边缘文化、嫁接文化、共生文化。这说明，现实的文化交流不仅没有使文化趋于同一，反而使文化的衍生形态更加多样，文化格局更加复杂。所谓"国际惯例"、共同"游戏规则"等就是如此。它们并不是天生绝对不变的，往往不过是多元文化相互协调，甚至是各种势力相互较量的产物。因此，当世界各国都加入全球化进程中时，已往的"惯例"和"规则"等必然也必须接受非西方文化的因素，从而使其真正具有"全球"化的面貌。

最后，正如我们前面所说，文化的异同问题，实质上是各国、各民族人民的文化乃至生存发展的权利问题。"有共同之处"和"归于同一"是根本不同的。"有共同之处"是以存在着差异、差别、多样化为基础和前提的。人类文化的多样性统一，意味着没有了多样性也就无所谓统一性。所以，即使有一天全人类达到了"大同"，也仅仅是"大问题、大方面、大体上"的相同，是在公共、共同领域里的共同性，不可能是"俱同""细同"（一切场合、一切问题、一切方面、一切细节均相同）。这种"大同"，只能来自各种文化的优秀成分的汇合，而不是任何一种文化的单一统治。一些人的"文化霸权主义"情结，实际上正是以对二者的混淆为基础，加进了自己一厢情愿的产物。在现实生活中，人们都要保持高度的警惕和自觉性，不被一时的表面现象所迷惑，以致放弃自己应有的权利，成为文化霸权主义或文化奴隶主义的牺牲品。

当前世界文化的大趋势是：一方面，文化的联系越来越紧密，文化的分化越来越复杂多样；另一方面，文化联系的规模、程度和深度越来越扩展，文化的分化也越来越精细、复杂、多样化。风格越来越多、流派越来越多、亚文化越来越多，价值趋向越来越多样，文化的层次和品位也越来越多样。正是从文化发展的多元相对化、多样化、复杂化的总趋势中，可以更清楚地看到人类文化的丰富、兴旺和无限活力。任何想要消灭这种多样性，使之归于单一化的意图，都意味着要向人类文化的生机挑战，结果都是要碰壁的。

既然如此，那么我们需要思考的全球文化图景，就在于它的目标是以达到何种普遍性的体现与和谐为其标志。仅就目前所知，我们看到世界上客观存在着的共生与和谐形态，大体可以归纳成以下几种形式：

第一种是"一体化"的共生与和谐形态，即多元主体之间以某种特定的联系、通过某种特定的方式结合成为一个有机的整体，个体之间犹如机体之器官，彼此"分工合作""统一运行""一损俱损，一荣俱荣"，从而保持了整体的一致与和谐。这种属于同质化意义上的"共生"，多半表现于各个层次上相对独立、完整的整体内部，如跨国经济共同体、组织、国家、民族、阶级、军队、生物种群等内部。至于它是否适用完全异质化的主体之间，特别是在全球人类的层次上，实现这种一体化的概率是很低的。因为是否能够及何时形成这样的一体化，目前尚不可知。如果一旦形成了某种全球统一的严密组织，如建立全球保护生态环境的联盟——"生态联合国"及其有效机构，在全球范围内推行有机分工合作，那么在保护生态领域内的全球一体化局面就有可能出现。当然，目前这还只能是一个想象。

第二种是"百花园"式的共生与和谐，即多元主体各自独立发展，以各自独到的贡献丰富和繁荣人类的整个世界。"百花园式的和谐"并不要求每种花朵趋向于某种一致性，但人类具有的多样化生活本质上却是普遍和一致的。它们犹如百花一样，可以自然地显示出应有的普遍性及共有的价值。这种属于异质化意义上的"共生"，最具有宽容的潜力，它是迄今为止人类多元文化存在的主要方式之一。但它多半具有自然和自发的性质，在缺少自觉的、理性化的保护与引导的情况下，这种共生与和谐容易受到破坏，往往不够稳定。

第三种是"生态圈"式的共生与和谐，即包含了多元主体之间多种联系形式的广义"共生"，其中既包括相互容纳、相互依存、相互补允，也包括不可避免的适度竞争、淘汰、进化等关系。这是一种最接近自然界的状态，也最接近人类历史实际过程的图景。虽然这种意义上的共生包含了某些可能令人失望甚至反感的因素，但是在从科学上思考共生可能具有的形态时，这也将是一个不能无视的方式。

也许还有其他形式需要发现和创造。无论选择哪一种共生形式作为目标，我们当代思考共生原则的一个出发点，都在于要以承认和面对多元化的现实为前提，充分尊重多元主体各自独立的权利和责任，将目标定位于多样化和多元化之间的共生与和谐，而不是企图造就一种新的话语垄断或文化专制。在这一点上，我们需要始终保持清醒，并且把自己民族先进文化的建设与发展放在首位。

主导价值观的定位

社会上的价值观念从来不是单一的，它们总是随着主体的情况而呈现有层次、多样化、多元化的面貌。这是一个基本的、普遍的事实，但并不等于一切多元化都是我们追求的。相反，对于每一个主体（如每一个国家、民族、阶级、群体和个人）来说，价值观念又必然、必须是一元化的、统一的，或者是多种价值观念之间有主有从、有正有偏、有内有外、存异求同的。一个国家、一个政党、一个团体的指导思想如果不是出现了错乱，就只能是一元而不是多元的。

所以，在谈到我国精神文明体系时，首先必须明确：这里指的是国家社会的主导价值观念，即全体人民共同生活层次上的价值观念，而不是一般意义的、各有不同的、多样化的、多元的价值观念。这一价值观的中心内容和精神实质，可以高度概括地表述为"为人民服务"。它是科学、先进、完整而有效的价值观念。

"为人民服务"五个字简明通俗，却有着深厚的理论根基和丰富的历史内涵。众所周知，它是中国共产党和党领导的全部事业的宗旨。所谓"宗旨"，就是"根本的、最高的、统率一切的价值取向、价值标准、价值原则"。毛泽东把这一宗旨表述为"共产党人的一切言论行动，必须以合乎最广大人民群众的最大利益，并为最广大人民群众所拥护的为最高标准"。从理论上看，这里回答的正是一切价值观共有的核心问题——"为什么人"。在价值观中，"为什么人"是确立价值体系的主体和标准：为什么人，就要以他们为价值主体，以符合他们的根本利益为客观的价值标准，即为什么人，就要以他们为评价主体，以符合他们的意愿为主观评价的依据。主体和标准问题在一切价值观中都居于统率和决定的地位，其他原则和取向都由此确定。世界上各种对立价值观之间的根本区别，归根结底就在于究竟是为什么人。毛泽东的表述从价值与评价、主观与客观相统一的高度，明确而完整地回答了这个问题。它代表了中国共产党价值观的最高原则。

"为人民服务"的具体内容和形式随着历史进步而发展。如果说在革命战争年代，"为人民服务"还只是一小部分最先进、最有远见，并富有献身精神人士的自觉价值观，从而还属于个人崇高品德表现的话，那么在共产党已经取得政权并建立社会主义制度的条件下，"为人民服务"则具有了全新的性质和形式，意味着它必须继续成为国家社会的宗旨和制度特征，即成为国家制度、政权性质及全部事业的根本原则和标准。

从价值原则的高度看社会主义制度，意味着"为人民服务"必然要超出思想观念的范围，普遍地贯彻社会的经济、政治和文化制度的方方面面，进一步成为各项事业的共同性质和目标，成为社会实践的普遍特征。也就是说，与推翻旧制度相比，建设社会主义制度需要更加深入全面地贯彻体现"为人民服务"的宗旨，必须使"为人民服务"落实到社会各个领域的基本制度、体制、管理的程序和规范中，成为它们本身的动力源泉、有效机制和客观效果，并且成为衡量一切工作得失成败的标准……总之一句话，成为社会主义社会的"本质现实"。反过来，实现"为人民服务"的方式和效果如何，则直接成为确证和检验社会主义的标志，它关系到社会主义制度的生死存亡、事业的兴衰成败。这一点，通过苏联东欧社会主义国家失败的教训和中国改革开放以来成功的经验，都不难得到验证。因此，关于什么是有中国特色的社会主义的价值观的正确理解和论述，必须以"为人民服务"为核心加以展开。

但是，有些令人遗憾的是，许多迹象表明，不少人至今还不善于或不懂得要从大局和整体的高度上深刻把握这一价值观与社会主义根本原则之间的内在联系，而是对它产生了种种表面化、简单化甚至庸俗化的误解。其主要表现就是仍然把"为人民服务"完全当作一个个体化、道德化的概念和现象，例如，把"为人民服务"只当成纯粹是个人的高尚道德行为，与所谓古代的"仁爱之心"联系在一起，说成似乎某种无缘无故的施舍或牺牲；或者以为它只是意味着要求人们去多做一些额外的"好事"，甚至以为它就是要人们都去付出无偿的劳动等；并且以为它是可以不区分对象、不界定范围、不加区别地向一切人发出一个一般号召。此外，也有把它仅仅看作对领导干部工作作风的要求，仅仅视为"联系群众"的一个必要理由和手段……总之，是完全从个人行为表现和道德化评价的角度去解释和对待为人民服务，从而淡化、转移甚至无视它与社会主义制度本质之间的联系。这种倾向十分值得注意。它不仅在理论上混淆了许多重大是非的界限，在实践上更将导致对社会主义建设极为不利的局面。

当然，不是说不应该向广大群众宣传"为人民服务"，但是就"为人民服务"的主体和对象而言，一定要首先明确几点：

第一，"为人民服务"是为谁服务？社会主义的标志是人民成为国家的主人。这意味着国家社会的事业也是人民自己的事业，人民群众的个人利益、一部分群众的集体利益与全体人民的共同利益和国家利益之间，是根本一致、相互依存和相互联系着的，不应再具有分裂甚至对立的性质。人民的事业依靠人民自己来实现，社会分工也不应再有高低贵贱的差别。在这一前提下，全体人民既是自食其力的劳动者、服务者，又是一切社会服务的对象即享有者，两种身份走向高度的统一：人人既是服务者，又是服务对象，"为人民服务"从根本上具有了人民群众"自我服务"的性质，即全体人民通过分工和相互服务而实现自己共同的福利。人民在总体上占有和享用社会劳动的成果，与人民通过自己的劳动服务来提供这些成果，二者之间是互为前提、相互统一的，没有这种统一就没有社会主义。在这种意义上，一般地对普通群众去讲要"为人民服务"，应该说并不是问题的实质和关键。因为本质上，人民群众从来是自我服务者，为"人民"服务并不是为"他人"服务。（在"人民"这个整体之外的"他人"是谁？）广大群众充分认识到自己的根本利益，就一定会对"为人民服务"产生强烈的要求自觉的愿望，这是"当家做主人"的应有意识。"服务者与服务对象一体化"在这里只是意味着，社会主义"为人民服务"的价值观具有了先进性和广泛性相统一的现实基础，是使中国共产党的先进意识变为人民群众普遍意识的客观根据，而不能用它来代替社会主义制度"为人民服务"这一根本原则的特殊意义。

第二，向谁强调，强调谁要"为人民服务"？我们绝不应该忽视了这里主要是指一切职业岗位和岗位上的服务人员，特别是国家的公职部门和公职人员，即"公仆"。在这里，"为人民服务"是他们的职业和特殊职责：他们手中握有属于人民的资源，并享受人民给予的相应待遇，他们的职责就是"全心全意为人民服务"。当然，他们的服务也仍然属于人民自我服务的范畴，并不是纯粹为"他人"付出无偿劳动，因此也无权要求另外的回报；并且他们还无权以"我也是人民一员"为理由，把手中的公共资源据为私有，否则就是不称职，甚至犯罪。

第三，人民内部"主人意识"与"服务意识"的切实统一，是牢固树立为人民服务价值观的集中体现。在现实中，这种统一并不仅仅是一种精神觉悟和道德要求，还是需要落实为体现社会主义责、权、利一致原则的管理体制和规范，要求有充分的法治、政策和措施作为其基础保证。

结合现实看来，在价值观建设中充分落实主人意识与服务意识的统一，其中特别是服务观念的加强，具有十分紧迫的意义。这不仅是为了提高普遍的思想觉悟和职业道德水平、端正行业风气，更是针对制度建设和一些有重大影响的领导方式和干部作风而言。邓小平曾十分明确地说过："领导就是服务。"然而，目前的管理方式和工作作风仍不能体现这种实质。更为严重的是，少数人只把自己当作所掌管的那部分权力的特殊"主人"，而忘记了"服务"的职责；或把个人和小团体的利益摆在人民群众的利益之上，只用权力来为自己和小圈子服务。这种在"公仆"与主人关系上的割裂和颠倒，正是导致干部和党员队伍中滋生腐败的价值观特征。

总之，无论从哪个方面看，我们价值观的建设都不能淡化社会主义的宗旨。社会主义核心价值观是一个丰富的思想体系，包含许多方面的具体内容和层次。作为国家社会的主导价值观和全体人民的共同价值观，它的核心内容和最高原则就是为人民服务，绝不应该偏离于此。正如江泽民在党的十五大报告中说："建设有中国特色社会主义全部工作的出发点和落脚点，就是全心全意为人民谋利益。"因此，我们价值观建设的关键也在于结合新时期的条件和特点。在理论和实践上把为人民服务的原则更深入全面地贯彻于各个方面，使它落地生根，开花结果。

在现实生活和社会关系日趋多样化的形势下，全国各族人民要有一个共同的社会理想和目标，有一个一致的思想导向和凝聚内核，才能团结起来，为着自己的明天去奋斗，以赢得祖国的振兴和人民的幸福。正如江泽民所指出的："在全社会形成共同理想和精神支柱，是有中国特色社会主义文化建设的根本。"

邓小平理论为全党全国人民团结奋斗提供了共同的理想和目标，确立了新时期社会主义价值观的核心和基础。众所周知，邓小平对科学社会主义理论的重大贡献之一，就是把马克思主义的根本价值观全面具体地贯彻于对社会主义本质、特征、标准和各项具体政策等的理解和规定之中。邓小平关于社会主义本质在于要通过解放和发展生产力最终达到全体人民共同富裕的精辟概括；关于一切要从社会主义初级阶段的实际出发，实事求是，解放思想，走一条中国特色社会主义道路的论述；关于必须以"三个有利于"为标准来衡量我们事业的是非成败的价值信念；关于要面向群众、面向实践，以人民满意不满意、拥护不拥护为判断依据的评价准则；关于坚持改革开放的正确导向、两个文明一起抓、造就"四有"新人、以实现社会全面发展的目标规定；以及做出"一国两制"决策和"科学技术是第一生产力""计划和市场都是手段"等判断所运用的富有时代感和创造性的价值思维方式等，都非常鲜明地体现了马克思主义价值观的精神实质和风格。这些思想构成了一个有机的整体，内容深刻，逻辑完整，现实针对性强。而其始终如一的价值导向，正是党的宗旨，即"为人民服务"。

　　这一"人民主体论的价值观"不仅是共产党人价值观和社会主义制度的本质定位，也是号召、凝聚、团结和依靠全国绝大多数人民群众的最有力的价值导向，能够成为全体人民的共同原则和信念。建成有中国特色的社会主义，使祖国走向富强、民主、文明、和谐、美丽作为全体人民的共同理想和目标，是我们价值观建设的现实内容。它反映了人民的愿望和要求，提供了共同理想和目标的蓝本。我们当前就要把这个最现实的理想和目标作为理想和信念建设的重点，用它来团结和鼓舞大家。因此，就需要结合实际去说明，我们追求的社会主义究竟有哪些方面的特点和优越性，为了实现它需要创造什么样的条件、付出什么样的努力和代价等，其中包含了大量的价值观的问题。这一切都要在全体人民中形成积极明确的共识，才能变成改变事实的巨大力量。考虑到我们正在做的是一项人类历史上前所未有的创造性事业，那么就绝不应轻视这个具体层次的理想建设，绝不应该把它同共产主义远大理想对立起来。现实是通往未来理想的阶梯。离开现实空谈大目标，或用庸俗、片面的观念代替崇高目标，都是要不得的。

　　健全的主体意识是我国人民社会主义核心价值观的基础和核心。这是我们在价值观建设中倡导各种积极思想意识的共同的出发点和落脚点。例如，建设中国特色社会主义就是要为人民谋利益并且依靠人民自己，表明了社会主义的事业与人民主体地位的统一；再如，社会主义的爱国主义是建立在祖国的命运、人民的荣辱与社会主义前途的现实联系基础之上的，人民自己是社会主义制度的主人这一点，是实现爱祖国与爱社会主义相统一的保证；社会主义的集体主义原则有别于已往的各种群体主义，如家族主义、小团体主义、宗派主义、地方主义等之处，根本在于它不是以某个特殊群体的利益为本位，而是以人民、广大人民群众的共同利益为本位的。人民群众在自己的集团中，首先是主人，而不是附属品，正因为如此，个人的发展与集体的发展才是根本上统一的而不是对立的，离开了这样的思想基础，就不能说明什么是社会主义的集体和集体主义原则等。从这些道理中不难理解，在"为人民服务"的价值观中首先确立起健全的人民群众主体意识，是一项带有基础性、普遍性的思想建设内容。

在全社会造就求真务实、开拓进取的风气，使一切行动有利于振兴祖国的伟大事业，是我们价值观建设需要的社会心理状态。成就伟大的事业必须有积极向上、坚韧不拔的健康心理，消极落后的心态必然贻误事业。社会风气往往是反映人们心态的镜子。因此，检验价值观建设效果的一项指标，就是要看求真务实、开拓进取是否得到了倡导和保护，是否形成了社会风气。对我们来说，这种心态的实质，就是要把解放思想、实事求是的思想路线变为大家共同的思想方法；就是要让"三个有利于"、"为人民服务"的价值观和评价标准切实贯彻到各项事业中去；就是要做到重在建设、以立为本、勇于探索、勇于实践，创造出适合我们的秩序、规则和成果；就是要注重实效、尊重科学、尊重实践、尊重群众，让符合人民利益的东西成为主导等。总之一句话，就是要让中华民族自强不息的传统美德与马克思主义的革命精神，在新的历史条件下更充分地结合和体现出来，成为我们民族在 21 世纪的精神风貌。

终篇
让生活之树常青

在经历了一番并非步履轻松的精神漫游之后，我们算是找到了一个入口，走进这片既熟悉又陌生的天地，粗略地窥探了一下"价值王国"的风光，似乎感觉到了它庄严宏大的气氛。我们发现，这个领域是那样的广阔深邃。这里的每个问题，都是那样地贴近我们日常的思想和情感，因而生动和有趣，同时它们的答案却总是歧义重重，并带有深奥的思辨色彩。对每一个问题的具体思考，并未像数学运算和逻辑推理那样，把我们引向一个唯一的、严格精确的判断，却总是使我们的思绪走向更复杂、更多样的空间。我们随便从身边的现象中提出几个为什么，就能找到进入这个王国的入口。一旦将这些追问层层展开，却总是看到眼前的道路无限漫长，而且交叉循环。总之，我们对价值王国的初步勘查，并不是将一池浑水过滤沉淀，使它澄清，倒像是随着溪流进入江河，然后随着江河漂向了大海。

用"汪汪如东海之波，澄之不清，扰之不浊"来形容目前价值理论研究的感受，倒是比较贴切的。为什么对价值问题的研究会有如此的感受？原因很简单，所谓"价值王国"，其实就是我们人类自己的实际生活本身。"我的朋友；理论是灰色的，而生活之树是常青的！"由大诗人歌德发明、被马克思欣赏的这句名言，用在这里再合适不过了。

自从"上帝"种下了"生命之树"和"智慧之树"以后，我们人类的命运就同这两棵树紧紧地连在一起了。"生命之树"是自然之树，是人的自然和环境的自然之树。"智慧之树"则是生活之树，是人类生活本身和生活的智慧之树。

生活是生命的运动和自我实现，而生活的智慧则是生活本身的创造。我们对价值问题的研究，实际上是对人类生活的智慧加以反思。这种反思既不能不面向生活实际，也不能不使用生活的智慧来进行。

生活，有无穷无尽的内容和形式，有无穷无尽的变幻之态，有无止无休的更新和演进过程。在生活实际面前，研究它的理论常常显得贫乏和窘困，特别是当理论忽视了人类生活的智慧时，它的贫乏和窘困就更加不可挽救。但是，理论在一般情况下的"灰色"，它的一时贫乏和窘困，也正是使它决然奋起的动力。当理论面向生活实际，对人类生活的智慧有所洞察和省悟的时候，它就能成为浇灌生活之树的甘霖，为自己赢得无上的光荣和骄傲。所以，重要的不在于理论对生活永远"描摹不尽"，而在于理论要对生活进行永远不尽地"解读""描摹"。拿这个观点来看我们的探索和漫游，就无须对未能看到更多、看得更准而过分遗憾。重要的是，我们已经知道了自己对它的知识不足乃至无知，我们已经看见了探索的道路就在脚下，我们已经感到这条道路上无限风光的魅力。对我们来说，探索"正未有穷期"。

真正应该遗憾的，是理论对生活熟视无睹、失之交臂，甚至格格不入。有时是由于对待现实生活的"贵族老爷式"的立场，有时是由于理论被束缚在一根狭窄僵硬的观念柱子上，有时是二者兼而有之，才会导致理论与现实生活背离，使理论的颜色"灰"透，完全失去生命的绿色。

一般来说，妨碍人们发现、认识和理解价值问题的困难，并不是来自真实的生活和它的现实条件，而是来自头脑中的某些观念。

在现实生活中，人人都在同各种各样的价值打交道，为个人、为集体、为自己的群体和民族、为国家和社会去追求各种各样的价值，并用自己的价值标准去衡量各种各样的事物。也就是说，在价值领域里，几乎人人都是"实干家"。而自古以来的伟人，从亚里士多德到马克思和当代巨匠，从孔子到毛泽东和邓小平，则不仅是各自时代价值的实践家，还是它的思想家和宣传家。只不过他们有的使用了那个字眼，有的未曾使用罢了。

然而我们看到，尽管在实践上人人都是"实干家"，在思想上、理论上或感情上，有些人却把研究价值、宣扬价值视为莫名其妙的奇谈怪论，甚至是离经叛道的亵渎行为："'价值'，这又是从哪里冒出来的新名堂？书本上有过吗？老祖宗说过吗？""价值，这不是资产阶级哲学感兴趣的吗？跟我们谈它是何用意？""一谈价值，就离不开人、主体性、需要、选择、实用、多元等，这不是要引来个人主义、唯心主义、功利主义、实用主义、多元主义……泛滥吗？"诸如此类的反应，使一些人对价值问题的研究抱有特殊的警惕和忌讳，因此即使不去做"思想查禁者"，也要噤口不言，绝不去当它的宣传者。

这种与实际相悖、言行不一的心态，或许类似于视金钱为"阿堵物"的那种清白高贵，或许倒是掩盖着某种胆怯和心虚。价值并不是金钱。追求价值是人类理直气壮、光明正大的行为，因此谈论价值也应该是理直气壮、光明正大的。

当然，更深层的顾虑，是来自一种担心。担心对价值的宣扬会引起各种有害的"主义"泛滥。其实，这种"担心"本身就是一种价值态度，和"坚决反对大谈主体性"本身就是一种强烈的主体性一样。既然自己已经在谈论它，并且觉得这是应该的，那么还有什么可担心的呢？即便是谈论犯罪，人们也未必就去犯罪。研究犯罪学，恰恰是为了减少和防止犯罪。假如有人认为建立犯罪学就会引起罪行泛滥，我们将对他说什么呢？只好对他说："你看问题的方法有毛病。"对价值探索的担心，更是如此。

　　许多情况证明，我们的头脑中，不仅有些观念需要更新，有些态度需要变，而且有些思维方法、思考习惯也需要变。例如，有人以为，要坚持唯物主义，就是要把物看得比人更根本、更高贵，似乎人不是物质世界的最高形态、人的实践不是物质运动的最高形式；要坚持辩证法，就似乎只能谈一个东西和另一个东西，在没有人参与的情况下，是怎样既对立又统一的，而不包括实践的辩证法，不需要谈人是怎样改造它们的，使它们表现出另外情况的对立和统一；要坚持反映论，就只能认为人头脑中的一切东西都是外界的对象、客体给的，思维不反映主体人本身的客观存在、需要等，主体的愿望、兴趣、评价标准等统统是主观主义的表现；要承认人的价值，就只是指人的需要，尤其是个人的需要得到满足的权利，而不包括与权利同时产生的、不可分割的责任，因此越谈人的价值，就越是会走向占有心理的膨胀、个人主义的张扬和私欲横流的泛滥……凡此种种，都是理论脱离生活实际的表现。在理论上，它也同真正的唯物主义、辩证法和科学的思维方式相去甚远。

　　用生活实践的逻辑去思考生活实践，这是让理论和生活一样成为常青之树的唯一途径。生活是人的生机勃勃的创造活动，理论也要永不停顿地探索和创造。狭隘和僵化的观念会使生活在头脑中僵化和褪色，僵化褪色的生活观念会带来灰色的人生。生活本身的智慧则会帮助人的头脑充满绿色的生机，朝气蓬勃的头脑将引导人创造丰硕的人生果实。

　　让我们用生活、实践的智慧来不断充实我们的头脑，让我们用不断充实的头脑指导自己去改造世界，同时创造自己的人生。

　　让我们在实践和思想上，都使生活之树常青！

主要参考文献

1. 马俊峰：《评价活动论》，中国人民大学出版社 1994 年版。

2. 冯平：《评价论》，东方出版社 1995 年版。

3. 王勤、庞井君：《中国国民素质考察报告》，广西人民出版社 1999 年版。

4. 韦政通：《中国的智慧》，吉林文史出版社 1988 年版。

5. 邓悦生、王海明：《新伦理学原理》，中国广播电视出版社 1992 年版。

6. 孙兰英：《意义的失落与重建》，吉林人民出版社 1999 年版。

7. 孙隆基：《中国文化的"深层结构"》，香港一山出版社 1983 年版。

8. 李连科：《哲学价值论》，中国人民大学出版社 1991 年版。

9. 李鹏程：《毛泽东与中国文化》，人民出版社 1993 年版。

10. 李德顺：《价值论——一种主体性的研究》，中国人民大学出版社 1987 年版。

11. 李德顺主编：《价值论译丛》（20 本），中国人民大学出版社 1988—1990 年版。

12. 李德顺主编：《价值学大词典》，中国人民大学出版社 1993 年版。

13. 李德顺：《选择的自我》，北京出版社 1996 年版。

14. 李德顺主编：《人生价值丛书》（11 本），河北人民出版社 1996 年版。

15. 李德顺、孙伟平、李萍：《道德读本》，吉林文史出版社 1996 年版。

16. 李德顺、孙伟平、孙美堂：《家园——文化建设论纲》，黑龙江教育出版社 2000 年版。

17. 刘伟、梁钧平：《冲突与和谐的集合：经济与伦理》，北京教育出版社 1999 年版。

18. 刘嗣水、刘森林：《现代价值观念的追求》，中国科学技术出版社 1995 年版。

19. 刘智峰主编：《道德中国》，中国社会科学出版社 1999 年版。

20. 江畅、戴茂堂：《西方价值观与当代中国社会》，湖北人民出版社 1997 年版。

21. 乔健、潘乃谷主编：《中国人的观念与行为》，天津人民出版社 1995 年版。

22. 沙莲香等：《中国社会文化心理》，中国社会出版社 1998 年版。

23. 陈刚：《大众文化与当代乌托邦》，作家出版社 1996 年版。

24. 陈新汉：《社会评价论》，上海社会科学院出版社 1997 年版。

25. 肖雪慧等：《守望良知：新伦理的文化视野》，辽宁人民出版社 1998 年版。

26. 余英时：《中国传统思想的现代诠释》，江苏人民出版社 1995 年版。

27. 郑晓江等：《传统道德与当代中国社会》，安徽教育出版社 1998 年版。

28. 张灏：《危机中的中国知识分子——寻求秩序与意义》，山西人民出版社 1988 年版。

29. 林语堂：《吾国与吾民》，台北综合出版社 1976 年版。

30. 罗荣渠：《现代化新论》，北京大学出版社 1983 年版。

31. 罗荣渠：《现代化新论续篇》，北京大学出版社 1997 年版。

32. 俞吾金：《寻找新的价值坐标》，复旦大学出版社 1995 年版。

33. 唐日新主编：《国民素质论》，中南工业大学出版社 1998 年版。

34. 梁漱溟著：《中国文化要义》，学林出版社 1987 年版。

35. 费孝通著：《乡土中国》，三联书店 1985 年版。

36. 茅于轼：《中国人的道德前景》，暨南大学出版社 1997 年版。

37. 徐恩、乌恩托娅：《文明的困惑》，天津教育出版社 1999 年版。

38. 章海山：《当代道德的转型和建构》，中山大学出版社 1999 年版。

39. 袁银传：《小农意识与中国现代化》，武汉出版社 2000 年版。

40. 袁贵仁：《人的素质》，中国青年出版社 1993 年版。

41. 袁贵仁：《价值学引论》，北京师范大学出版社 1991 年版。

42. 夏甄陶著：《人是什么》，商务印书馆 2000 年版。

43. 廖申白、孙春晨主编：《伦理学新视点——转型时期的社会伦理与道德》，中国社会科学出版社 1997 年版。

44. 丹尼尔·贝尔：《资本主义文化矛盾》，三联书店 1989 年版。

45. 美国 90 学社、上海科学院编：《社会文化与伦理道德》，上海科学院出版社 1998 年版。

46. ［德］鲁道夫·奥伊肯著，万以译：《生活的意义与价值》，上海译文出版社 1997 年版。

47. ［美］怀特著，曹锦清译：《文化科学——人和文明的研究》，浙江人民出版社 1988 年版。

48. ［美］E. 希尔斯著，傅铿、吕乐译：《论传统》，上海人民出版社 1991 年版。

49. ［英］汤林森著，冯建三译：《文化帝国主义》，上海人民出版社 1999 年版。

50.〔美〕塞缪尔·亨廷顿著，周琪等译：《文明的冲突与世界秩序的重建》，新华出版
   社 1998 年版。

51.〔德〕马克斯·韦伯著，于晓、陈维纲等译：《新教伦理与资本主义精神》，生
   活·读书·新知三联书店 1987 年版。

52.〔美〕赫屈（Elvin Hatch）著，于嘉云译：《文化与道德——人类学中价值观的相对
   性》，（台）时报文化出版企业有限公司 1994 年版。